KLASSIKER
DR. OETKER
— VERLAG —
SEIT 1891

NEUE OFENGERICHTE VON A–Z

DIE DR. OETKER GELING-GARANTIE

UNSER VERSPRECHEN

Liebe Leserin, lieber Leser,

mit den Rezepten in unseren Koch- und Backbüchern möchten wir Sie und Ihre Lieben glücklich machen. Zum Glück braucht es den Erfolg, und den kaufen Sie mit jedem Dr. Oetker Buch gleich mit.

Dafür gibt es die *Dr. Oetker Geling-Garantie*. Sie ist unser Versprechen, dass alle Rezepte aus diesem Buch ganz einfach und sicher gelingen. Die Geling-Garantie startet schon bei der Zutatenliste: alle Zutaten, die wir verwenden, sollten Sie leicht in Ihrem Supermarkt vor Ort einkaufen können. Jeder Zubereitungs-Schritt ist klar und einfach nachvollziehbar.

Eine Garantie können wir Ihnen aber auch deshalb mit gutem Gewissen geben, weil alle Rezepte dieses Buches von unserem erfahrenen Team entwickelt wurden. Anschließend haben wir jedes Gericht in einer ganz normalen Küche nachgekocht oder nachgebacken. Immer wieder. So lange, bis wir uns sicher waren, dass es gelingt. Und zwar auch bei Ihnen zuhause.

Was wir versprechen, halten wir auch. Sollte beim Kochen oder Backen eines unserer Rezepte dennoch etwas daneben gehen oder Ihnen einfach nicht schmecken, dann lassen Sie es uns wissen. Schreiben Sie oder rufen Sie uns an! Wir werden das Rezept nochmals kritisch prüfen und Ihnen helfen, herauszufinden, woran es gelegen haben könnte. Sie erreichen uns über die Dr. Oetker Service-Hotline unter: 00 800-71 72 73 74, Mo–Fr 8:00–18:00 Uhr sowie Sa 9:00–15:00 Uhr. Oder schreiben Sie uns eine E-Mail unter: contact@zsverlag.de

Natürlich freuen wir uns aber auch über weitere Rückmeldungen und auch über Lob. Ihre Ideen, Kommentare und Fragen können Sie jederzeit auch über Facebook posten: www.facebook.com/Dr.OetkerVerlag. Wir sind für Sie da. Garantiert.

Mit herzlichen Grüßen
Ihre Dr. Oetker Redaktion

ALLGEMEINE HINWEISE ZU DEN REZEPTEN

Lesen Sie vor der Zubereitung – besser noch vor dem Einkauf – das Rezept einfach einmal vollständig durch. Aus dem Zusammenhang werden die Zubereitungs-Schritte deutlicher und verständlicher.

PORTIONSANGABEN

Die Anzahl der Portionen finden Sie in jedem Rezept ausgewiesen.

ARBEITSSCHRITTE

Die Zutaten sind in der Reihenfolge ihrer Verarbeitung aufgeführt. Jeder Arbeitsschritt ist einzeln hervorgehoben und extra nummeriert. So haben wir die Rezepte für Sie auch entwickelt und ausprobiert.

ZUBEREITUNGSZEIT UND GARZEIT

Die angegebene Zubereitungszeit schließt die Dauer der Vorbereitung und die eigentliche Zubereitung mit ein. Sie ist ein Anhaltswert und kann je nach individuellem Geschick oder Übung natürlich ein wenig variieren. Längere Wartezeiten, wie zum Beispiel Kühl- oder Abkühlzeiten oder auch Auftauzeit sind in der Regel nicht in der Zubereitungszeit enthalten. Einzige Ausnahme: In dieser Zeit sind parallel andere Arbeitsschritte zu tun. Die Garzeiten sind gesondert ausgewiesen. Bei einigen Rezepten setzt sich die Gesamt-Garzeit aus mehreren Teil-Garzeiten zusammen.

BACKOFENEINSTELLUNG UND BACKZEITEN

Die in den Rezepten angegebenen Backtemperaturen und Backzeiten sind Richtwerte, die je nach individueller Hitzeleistung Ihres Backofens über- oder unterschritten werden können. Prüfen Sie nach Beendigung der angegebenen Backzeit ob das Gericht gar ist, bzw. machen Sie bei Teigen eine Garprobe.
Die Temperaturangaben in diesem Buch beziehen sich auf Elektrobacköfen. Die Temperatur-Einstellungsmöglichkeiten für Gasbacköfen variieren je nach Hersteller, sodass wir keine allgemeingültigen Angaben machen können. Bitte beachten Sie deshalb bei der Einstellung des Backofens die Gebrauchsanleitung des Herstellers. Ein Backofenthermometer eignet sich dabei gut, um die Backofentemperatur im Blick zu haben.

EINSCHUBHÖHE

In den Rezepten in diesem Buch ist die Einschubhöhe immer dann die Mitte des Backofens, wenn nichts anderes angegeben ist.

HINWEISE ZU DEN NÄHRWERTEN

Bei den Nährwertangaben in den Rezepten handelt es sich um auf- bzw. abgerundete ganze Werte. Aufgrund von ständigen Rohstoffschwankungen und/oder Rezepturveränderungen bei Lebensmitteln kann es zu Abweichungen kommen. Die Nährwertangaben dienen daher lediglich Ihrer Orientierung und eignen sich nur bedingt für die Berechnung eines Diätplans.

ABKÜRZUNGEN UND SYMBOLE

EL	Esslöffel
TL	Teelöffel
Msp.	Messerspitze
Pck.	Packung/Päckchen
g	Gramm
kg	Kilogramm
ml	Milliliter
l	Liter
evtl.	eventuell
geh.	gehäuft
gestr.	gestrichen
gem.	gemahlen
ger.	gerieben
TK	Tiefkühlprodukt
°C	Grad Celsius
Kalorien-/Nährwertangaben	
E	Eiweiß
F	Fett
Kh	Kohlenhydrate
kcal	Kilokalorie
Symbole	
◔	Zubereitungs-/Garzeit
✚	Vegetarisch/Laktosefrei/Vegan
▲	Mit Alkohol

ALPINER KRAUT-NUDEL-AUFLAUF

Zubereitungszeit: 45 Minuten
Garzeit: etwa 25 Minuten
+ Vegan
▲ mit Alkohol

ZUTATEN FÜR 4 PORTIONEN

2 ½ l Wasser
2 ½ gestr. TL Salz
250 g vegane Hartweizen-Bandnudeln (ohne Ei)

150 g rote Zwiebeln
500 g Weißkohl
200 g Hokkaido-Kürbis
5 Wacholderbeeren
5 EL Sonnenblumenöl
2 EL Paprikapulver edelsüß
1 EL Zucker
½ EL Kümmelsamen
1 TL gerebelter Majoran
200 ml veganer Weißwein
Salz
gem. Pfeffer
300 ml vegane Gemüsebrühe
300 ml Sojasahne

100 g ger. veganer Käse

30 g Kürbiskerne
½ Bund Dill

PRO PORTION:

E: 21 g, F: 41 g, Kh: 59 g, kcal: 725

1. Wasser in einem großen Topf zugedeckt zum Kochen bringen. Dann Salz und Nudeln hinzugeben. Die Nudeln im geöffneten Topf bei mittlerer Hitze nach Packungsanleitung knapp bissfest kochen, dabei gelegentlich umrühren. Die Nudeln in ein Sieb geben und abtropfen lassen.

2. Die Zwiebeln abziehen, halbieren und in Streifen schneiden. Von dem Weißkohl die äußeren welken Blätter entfernen. Den Kohl vierteln, abspülen, abtropfen lassen und den Strunk herausschneiden. Weißkohl in etwa ½ cm dicke Streifen schneiden, dabei die dicken Blattrippen herausschneiden.

3. Kürbis abspülen und abtropfen lassen. Die Kerne und den faserigen Innenteil entfernen. Kürbis grob reiben. Die Wacholderbeeren grob zerdrücken.

4. Das Sonnenblumenöl in einem weiten Topf erhitzen. Die Kohlstreifen hinzugeben und unter gelegentlichem Rühren kräftig andünsten. Paprika, Zucker, Wacholderbeeren, Kümmel und Majoran unterrühren. Weißwein hinzugießen, zum Kochen bringen und ganz einkochen lassen.

5. Den Kohl mit Salz und Pfeffer würzen. Die Gemüsebrühe nach und nach hinzugießen. Den Kohl zugedeckt bei mittlerer Hitze etwa 15 Minuten garen. Dann die Kürbisraspel unterrühren und die Sojasahne hinzugießen. Alles einmal kurz aufkochen lassen.

6. In der Zwischenzeit den Backofen vorheizen.
Ober-/Unterhitze: etwa 180 °C
Heißluft: etwa 160 °C

7. Die gegarten Nudeln mit dem Kohl-Kürbis-Gemüse in einer großen Auflaufform (gefettet) mischen und evtl. nachwürzen. Den Auflauf mit dem „Käse“ bestreuen.

8. Die Form auf dem Rost in den vorgeheizten Backofen schieben. Den Auflauf **etwa 15 Minuten garen.** Dann die Kürbiskerne auf den Auflauf streuen. Den Auflauf bei gleicher Backofentemperatur **weitere etwa 10 Minuten garen.**

9. Zum Servieren den Dill abspülen, trocken tupfen und die Spitzen von den Stängeln zupfen. Die Dillspitzen grob zerschneiden und auf den Auflauf streuen.

ANANAS, ÜBERBACKEN

◔ Zubereitungszeit: 20 Minuten
Überbackzeit: etwa 15 Minuten
+ Vegan

ZUTATEN FÜR 4 PORTIONEN

8 abgetropfte Ananasscheiben
(aus der Dose, 490 g)
2 EL Orangenmarmelade
50 g vegane Margarine
100 g kernige Haferflocken
50 g feiner Voll-Rohrzucker
50 g gehackte Mandeln
1 Bio-Orange (unbehandelt, ungewachst)

PRO PORTION:

E: 7 g, F: 20 g, Kh: 58 g, kcal: 448

1. Den Backofen vorheizen.
Ober-/Unterhitze: etwa 200 °C
Heißluft: etwa 180 °C

2. Die Ananasscheiben in eine Tarteform (Ø 28 cm, gefettet) legen und mit Orangenmarmelade bestreichen.

3. Die Margarine in einem Topf zerlassen. Haferflocken, Rohrzucker und Mandeln hinzugeben und gut verrühren.

4. Die Haferflocken-Mandel-Masse auf den Ananasscheiben verteilen. Die Form auf dem Rost in den vorgeheizten Backofen schieben. Die Ananastarte **etwa 15 Minuten überbacken**.

5. Die Orange heiß abwaschen, abtrocknen und die Hälfte der Schale mit einem Zestenreißer abziehen. Anschließend die Orange so schälen, dass die weiße Haut vollständig mitentfernt wird. Die Fruchtfilets herausschneiden.

6. Überbackene Ananas mit Orangenschalenstreifen und Orangenfilets garnieren und warm oder kalt servieren.

TIPP:

Mit Sojajoghurt servieren.

APFEL-KNÖDEL-AUFLAUF

Zubereitungszeit: 20 Minuten
Garzeit: etwa 25 Minuten
+ Vegetarisch

ZUTATEN FÜR 4 PORTIONEN

500 g säuerliche Äpfel, z. B. Boskop
1 EL Butter
2 EL Zucker
1 Prise gem. Zimt
3 EL Zitronensaft
400 g Mini-Kartoffel-Knödel (Frischepack aus dem Nährmittelregal)
4–5 TL Wildpreiselbeer-Dessert (aus dem Glas)
2 Eier (Größe M)
Salz
1 Pck. Bourbon-Vanille-Zucker
150 g Schlagsahne
25 g Amarettini (ital. Mandelmakronen)
3 EL gestiftelte Mandeln

PRO PORTION:

E: 12 g, F: 33 g, Kh: 68 g, kcal: 609

1. Äpfel abspülen, abtrocknen, vierteln, entkernen und mit der Schale in Spalten schneiden. Butter in einer Pfanne zerlassen, Zucker und Zimt unterrühren. Apfelspalten hinzugeben und unter Schwenken darin karamellisieren, dann den Zitronensaft hinzugeben.

2. Apfelspalten und Mini-Knödel in eine große, flache Auflaufform (gefettet) schichten. Preiselbeeren in Klecksen darauf verteilen.

3. Den Backofen vorheizen.
Ober-/Unterhitze: etwa 220 °C
Heißluft: etwa 200 °C

4. Eier mit Salz und Vanille-Zucker mit einem Mixer (Rührstäbe) schaumig schlagen, Sahne unterschlagen. Die Eiersahne auf dem Apfel-Knödel-Auflauf verteilen.

5. Amarettini zerbröseln und mit den Mandelstiften vermischen. Den Auflauf damit bestreuen.

6. Die Form auf dem Rost in den vorgeheizten Backofen schieben. Den Apfel-Knödel-Auflauf **etwa 25 Minuten garen.**

TIPP:

Probieren Sie den Auflauf statt mit Mini-Kartoffel-Knödeln mit Gnocchi aus dem Kühlregal.

APPENZELLER GEMÜSELASAGNE

Zubereitungszeit: 50 Minuten, ohne Abkühlzeit
Garzeit: etwa 50 Minuten
+ Vegetarisch

ZUTATEN FÜR 4 PORTIONEN

FÜR DIE SAUCE:

60 g Butter oder Margarine
50 g Weizenmehl
150 g Schlagsahne
350 ml Gemüsebrühe
50 g frisch ger. Appenzeller-Käse
Salz
gem. Pfeffer
ger. Muskatnuss

FÜR DAS GEMÜSE:

50 g getrocknete Tomaten
150 g Staudensellerie
400 g Lauch
1 Knoblauchzehe
2 EL Olivenöl
125 g TK-Blattspinat
1 Stängel Thymian
Salz
gem. Pfeffer

8 Lasagneblätter (etwa 160 g)
50 g frisch ger. Appenzeller-Käse zum Bestreuen

AUSSERDEM:

1 dichte Kastenform (30 x 11 cm) oder eine passende Auflaufform
etwas Fett zum Einstreichen
Backpapier

PRO PORTION:

E: 19 g, F: 40 g, Kh: 45 g, kcal: 629

1. Die Form dünn mit Fett ausstreichen und mit Backpapier auslegen. Kühl stellen.

2. Für die Sauce die Butter oder Margarine in einem Topf zerlassen. Mehl unter Rühren so lange darin erhitzen, bis es hellgelb ist. Nach und nach Sahne und Brühe hinzugießen, mit einem Schneebesen durchschlagen. Darauf achten, dass keine Klümpchen entstehen. Die Sauce etwa 5 Minuten unter Rühren köcheln lassen. Käse unterrühren und unter Rühren schmelzen lassen. Die Sauce mit Salz, Pfeffer und Muskat abschmecken und abkühlen lassen.

3. Für das Gemüse die Tomaten in lauwarmes Wasser legen und etwa 5 Minuten darin einweichen. Die Tomaten auf Küchenpapier abtropfen lassen, mit Küchenpapier abtupfen und in Streifen schneiden.

4. Staudensellerie putzen, abspülen und abtropfen lassen. Lauch putzen, die Stangen längs halbieren, gründlich waschen, abtropfen lassen und quer in etwa 1 cm breite Stücke schneiden. Sellerie quer in schmale Streifen schneiden. Knoblauch abziehen und in Scheiben schneiden.

5. Das Öl in einem Topf erhitzen. Spinat und Knoblauch, Tomaten und Staudensellerie dazugeben. Den Spinat zugedeckt bei mittlerer Hitze etwa 10 Minuten auftauen lassen. Gelegentlich umrühren.

6. Thymian abspülen, trocken tupfen und die Blättchen abzupfen. Thymian und Lauch zum Gemüse in den Topf geben und etwa 5 Minuten mitdünsten. Das Gemüse mit Salz und Pfeffer würzen. So lange offen weiter dünsten, bis die Flüssigkeit fast vollständig verdampft ist.

7. Den Backofen vorheizen.
Ober-/Unterhitze: etwa 160 °C
Heißluft: etwa 140 °C

8. Zwei Lasagneblätter in die vorbereitete Form legen, darauf 3 Esslöffel der Sauce geben. 1/3 des Gemüses darauf verteilen. Wieder 2 Lasagneblätter, 3 Esslöffel der Sauce und 1/3 des Gemüses einschichten. Diesen Vorgang noch einmal wiederholen. Die letzte Schicht Gemüse mit den beiden restlichen Lasagneblättern bedecken. Die restliche Sauce daraufstreichen und mit dem Käse bestreuen.

9. Die Form auf dem Rost in den vorgeheizten Backofen schieben. Die Gemüselasagne **etwa 50 Minuten backen.**

10. Die Form auf einen Kuchenrost stellen. Nach etwa 10 Minuten die Lasagne mithilfe des Backpapiers aus der Form auf eine Platte heben. Das Backpapier entfernen. Die Lasagne aufschneiden und servieren.

AUBERGINEN-NUDEL-AUFLAUF

🕒 Zubereitungszeit: 30 Minuten
Garzeit: etwa 40 Minuten
+ Vegan

ZUTATEN FÜR 4 PORTIONEN

2–3 möglichst große Auberginen (etwa 1,6 kg)
3 l Wasser
2 große Knoblauchzehen
1 großes Bund glatte Petersilie
½ Bund frischer Oregano oder
1 TL gerebelter Oregano
140 ml Olivenöl
½ Bio-Zitrone (unbehandelt, ungewachst)
¼ TL fein geschrotete Chiliflocken
gem. Pfeffer
3 gestr. TL Salz
300 g vegane Nudeln, z. B. Penne
20 g Pflanzencreme zum Kochen
Salz
400 g Cocktailtomaten
75 g abgetropfte Kapernäpfel (aus dem Glas)
etwas Olivenöl für die Form
50 g abgetropfte, kleine schwarze Oliven, ohne Stein
50 g veganes Weizenbrot (vom Vortag)
25 g Pinienkerne

PRO PORTION:

E: 19 g, F: 53 g, Kh: 74 g, kcal: 874

1. Auberginen abspülen, abtrocknen, Stängelansätze entfernen. Auberginen längs in ½ cm dicke Scheiben schneiden, in einer Pfanne ohne Fett von beiden Seiten leicht anrösten, herausnehmen und nebeneinander auf eine Platte legen.

2. Wasser in einem Topf zugedeckt zum Kochen bringen. Knoblauch abziehen und durch eine Knoblauchpresse drücken. Kräuter abspülen, trocken tupfen, die Blättchen von den Stängeln zupfen. Blättchen klein schneiden. 100 ml Olivenöl mit Kräutern und dem Knoblauch verrühren. Zitrone heiß abwaschen, abtrocknen und die Schale fein abreiben. Von der Zitronenhälfte den Saft auspressen und mit der Zitronenschale unter die Kräuter-Marinade rühren. Marinade mit Chili und etwas Pfeffer verrühren, dann gleichmäßig auf den Auberginenscheiben verteilen.

3. Salz und Nudeln in das kochende Wasser geben. Die Nudeln nach Packungsanleitung knapp bissfest kochen, dabei gelegentlich umrühren. Anschließend die Nudeln in ein Sieb geben, mit heißem Wasser abspülen, abtropfen lassen und mit der Pflanzencreme mischen, mit etwas Salz und Pfeffer würzen und kurz ziehen lassen, bis die Nudeln die Creme etwas aufgesogen haben.

4. In der Zwischenzeit den Backofen vorheizen.
Ober-/Unterhitze: etwa 200 °C
Heißluft: etwa 180 °C

5. Tomaten abspülen, abtrocknen, Stängelansätze herausschneiden. Die Hälfte der Tomaten grob würfeln. Restliche Tomaten in feine Scheiben schneiden. Von den Kapernäpfeln die Stängelansätze entfernen. Kapernäpfel halbieren.

6. Die Hälfte der Auberginenscheiben in einer Auflaufform (mit Olivenöl gefettet) gleichmäßig verteilen, mit Salz und Pfeffer würzen. Nudeln, Tomatenwürfel, Oliven und Kapernäpfel mischen, ebenfalls mit Salz und Pfeffer würzen und auf den Auberginenscheiben verteilen. Die restlichen Auberginenscheiben mit der marinierten Seite nach oben darauflegen, mit Salz und Pfeffer würzen. Tomatenscheiben gleichmäßig darauflegen.

7. Weizenbrot grob reiben, mit den Pinienkernen mischen und auf dem Auflauf verteilen. Restliches Olivenöl darauftraufeln. Die Form zugedeckt auf dem Rost in den vorgeheizten Backofen schieben. Den Auflauf **etwa 30 Minuten garen.** Den Deckel abnehmen und den Auflauf **in weiteren etwa 10 Minuten knusprig garen.**

BABY-AUBERGINEN MIT ORIENTALISCHEM JOGHURT

Zubereitungszeit: 45 Minuten, ohne Ziehzeit
Backzeit: etwa 25 Minuten
+ Vegetarisch

ZUTATEN FÜR 4 PORTIONEN

1,2 kg Baby-Auberginen
Meersalz

FÜR DIE MARINADE:

8 Knoblauchzehen
4 rote Chilischoten
8 EL Olivenöl
4 EL Rosmarinnadeln

FÜR DEN ORIENTALISCHEN JOGHURT:

4 Bio-Limetten (unbehandelt, ungewachst)
400 g Joghurt (3,5 % Fett)
4 TL Ras el-Hanout (Marokkanische Gewürzmischung)

ZUSÄTZLICH:

120 g Rucola (Rauke)
8 EL Granatapfelkerne
evtl. 4 Stängel Rosmarin

PRO PORTION:

E: 9 g, F: 15 g, Kh: 21 g, kcal: 269

1. Die Auberginen abspülen, abtrocknen und die Enden abschneiden. Auberginen längs halbieren. Die Schnittflächen mehrmals mit einer Gabel einstechen und mit Salz bestreuen. Die Auberginenhälften etwa 15 Minuten stehen lassen.

2. Den Backofen vorheizen.
Ober-/Unterhitze: etwa 220 °C
Heißluft: etwa 200 °C

3. Anschließend die Auberginenhälften abspülen, trocken tupfen und in eine kleine Auflaufform oder feuerfeste Form legen.

4. Für die Marinade den Knoblauch abziehen und durch eine Knoblauchpresse drücken. Chilischoten abspülen, trocken tupfen, entstielen und in Ringe schneiden.

5. Olivenöl mit Knoblauch, Rosmarinnadeln und Chiliringen verrühren. Die Marinade auf den Auberginenhälften verteilen.

6. Die Form auf dem Rost in den vorgeheizten Backofen schieben. Die Auberginen **etwa 25 Minuten backen.**

7. Für den Joghurt die Limetten heiß abwaschen, abtrocknen und die Schale abreiben. Limetten halbieren und den Saft auspressen. Den Joghurt in einer Schale verrühren, mit Ras el-Hanout, Salz, Limettenschale und -saft würzen.

8. Rucola putzen und die harten Stiele abschneiden. Rucola abspülen und trocken tupfen.

9. Die Auberginen aus der Form nehmen und auf Küchenpapier abtropfen lassen.

10. Auberginen auf einer Platte anrichten, mit Granatapfelkernen und Rucola bestreuen. Nach Belieben mit abgespülten, trocken getupften Rosmarinstängeln garnieren und mit dem orientalischen Joghurt servieren.

BLÄTTERTEIG-ZWIEBELTÖRTCHEN

- Zubereitungszeit: 35 Minuten, ohne Auftau- und Ruhezeit
  Backzeit: etwa 25 Minuten
- + Vegetarisch

ZUTATEN FÜR 12 STÜCK

450 g TK-Blätterteig (4 Platten)
2 Gemüsezwiebeln (etwa 500 g)
2–3 Knoblauchzehen
3 EL Olivenöl
½ TL gerebelter Thymian
1 Lorbeerblatt
Salz, gem. Pfeffer
1 gestr. EL Weizenmehl
2 EL abgetropfte Kapern
1 Msp. gem. Zimt
6 Strauchtomaten (etwa 230 g)
2 EL Schnittlauchröllchen

PRO STÜCK:

E: 3 g, F: 10 g, Kh: 14 g, kcal: 158

1. Blätterteigplatten nach Packungsanleitung auftauen lassen.

2. Zwiebeln und Knoblauch abziehen. Zwiebeln halbieren, in Streifen schneiden. Knoblauch in Scheiben schneiden. Zwei Esslöffel Olivenöl in einem Topf erhitzen. Zwiebelstreifen und Knoblauchscheiben darin unter Rühren andünsten. Thymian und Lorbeerblatt hinzufügen, mit Salz und Pfeffer würzen. Zwiebel-Knoblauch-Masse zugedeckt etwa 10 Minuten bei schwacher Hitze dünsten, Masse mit Mehl bestäuben und unter Rühren kurz andünsten. Kapern unterrühren. Mit Salz, Pfeffer und Zimt würzen. Masse abkühlen lassen (Lorbeerblatt entfernen).

3. Die Blätterteigplatten aufeinanderlegen und auf der bemehlten Arbeitsfläche zu einem Rechteck (etwa 34 x 45 cm) ausrollen, etwa 10 Minuten ruhen lassen.

4. Den Backofen vorheizen.
Ober-/Unterhitze: etwa 200 °C
Heißluft: etwa 180 °C

5. Tomaten abspülen, abtrocknen und die Stängelansätze herausschneiden. Tomaten waagerecht halbieren.

6. Aus dem Blätterteigrechteck mit einer Form 12 runde Platten (Ø 11 cm) ausstechen. Die Teigplatten in eine Muffinform (für 12 Muffins, Böden gefettet) legen und andrücken.

7. Zwiebel-Knoblauch-Masse auf dem Teig verteilen. Tomatenhälften mit der Schnittseite nach oben darauflegen, leicht andrücken. Mit dem restlichen Olivenöl beträufeln, mit Salz und Pfeffer bestreuen. Die Form auf dem Rost in den vorgeheizten Backofen schieben. Törtchen etwa 25 Minuten backen.

8. Die Zwiebeltörtchen etwa 10 Minuten in der Form stehen lassen, dann aus der Form lösen und auf eine Platte legen. Zwiebeltörtchen heiß oder kalt mit Schnittlauchröllchen bestreut servieren.

BRATHÄHNCHEN

Zubereitungszeit: 20 Minuten, ohne Ruhezeit
Bratzeit: etwa 60 Minuten

ZUTATEN FÜR 4 PORTIONEN

2 EL Speiseöl
1 Hähnchen (etwa 1,3 kg)
Salz
gem. Pfeffer
Paprikapulver edelsüß
1 Zwiebel
200 g Möhren
130 g Tomaten
1–2 TL klein geschnittene Rosmarinnadeln
1 Lorbeerblatt
125 ml Hühnerbrühe

PRO PORTION:

E: 55 g, F: 32 g, Kh: 5 g, kcal: 523

1. Speiseöl in einer Fettpfanne verteilen und in den Backofen schieben.

2. Den Backofen vorheizen.
Ober-/Unterhitze: etwa 200 °C
Heißluft: etwa 180 °C

3. Die Fettpfanne in den Backofen schieben und etwa 10 Minuten vorheizen.

4. Das Hähnchen mit Küchenpapier abtupfen. Mit Salz, Pfeffer und Paprika einreiben und in die vorgeheizte Fettpfanne legen. Das Hähnchen **etwa 60 Minuten braten.**

5. In der Zwischenzeit Zwiebel abziehen, klein würfeln. Möhren putzen, schälen, abspülen, abtropfen lassen und in Scheiben schneiden. Tomaten kreuzweise einschneiden und mit kochendem Wasser übergießen. Nach 1–2 Minuten herausnehmen und mit kaltem Wasser abschrecken. Tomaten häuten, halbieren und die Stängelansätze herausschneiden. Tomaten in Würfel schneiden. Nach etwa 15 Minuten Bratzeit Rosmarinnadeln mit dem vorbereiteten Gemüse und einem in Stücke gebrochenem Lorbeerblatt zu dem Hähnchen geben. Die Hühnerbrühe hinzugießen.

6. Das gebratene Hähnchen aus der Fettpfanne nehmen und zugedeckt 5–10 Minuten ruhen lassen, damit sich der Fleischsaft setzt. Evtl. noch etwas Wasser zum Bratensatz geben, nach Belieben den Bratensatz mit dem Gemüse durch ein Sieb streichen. Die Sauce mit Salz, Pfeffer und Paprika abschmecken.

7. Das Hähnchen mit einer Geflügelschere in Stücke teilen (tranchieren), anrichten und mit der Sauce servieren.

BEILAGE:

Baguette, Reis, gemischter Blattsalat.

BRATWURSTSCHNECKEN-AUFLAUF

Zubereitungszeit: 40 Minuten
Garzeit: etwa 50 Minuten

ZUTATEN FÜR 4 PORTIONEN

800 g vorwiegend festkochende Kartoffeln
700 g Kohlrabi
Salz
200 g Schlagsahne
200 ml Gemüsebrühe
70 g frisch ger. Parmesan
gem. Pfeffer
ger. Muskatnuss
4 Stängel Majoran
4 Bratwurstschnecken (je etwa 120 g)

ZUSÄTZLICH:

1 Tarteform (Ø 28 cm) oder passende rechteckige Auflaufform
Fett zum Einfetten der Form

PRO PORTION:

E: 29 g, F: 54 g, Kh: 32 g, kcal: 734

1. Die Kartoffeln schälen, abspülen, abtropfen lassen und in Scheiben schneiden. Kohlrabi schälen, abspülen, abtropfen lassen, vierteln und ebenfalls in Scheiben schneiden. Wasser in einem Topf zum Kochen bringen und Salz hinzugeben.

2. Den Backofen vorheizen.
Ober-/Unterhitze: etwa 200 °C
Heißluft: etwa 180 °C

3. Zuerst die Kohlrabischeiben in das kochende Salzwasser geben und etwa 4 Minuten blanchieren. Kohlrabischeiben mit einer Schaumkelle herausnehmen, mit kaltem Wasser abschrecken und in einem Sieb abtropfen lassen. Die Kartoffelscheiben in dem kochenden Salzwasser etwa 5 Minuten blanchieren, mit der Schaumkelle herausnehmen, mit kaltem Wasser abschrecken und in einem Sieb abtropfen lassen.

4. Sahne mit Brühe und Parmesan in einem Topf unter Rühren zum Kochen bringen und unter Rühren etwas einkochen lassen. Mit Salz, Pfeffer und Muskat würzen.

5. Majoran abspülen, trocken tupfen, die Blätter abzupfen und, bis auf einige zum Garnieren, in Streifen schneiden. Die Kartoffel- und Kohlrabischeiben abwechselnd dachziegelartig in die Tarte- oder Auflaufform (gefettet) schichten. Dabei zwischendurch die Majoranstreifen mit in die Form geben. Die Käse-Sahne-Brühe auf dem eingeschichteten Gemüse verteilen. Die Form auf dem Rost in den vorgeheizten Backofen schieben. Den Auflauf **etwa 30 Minuten garen.**

6. Die Form aus dem Backofen nehmen, die Bratwurstschnecken auf das Gemüse legen. Die Form wieder auf dem Rost in den heißen Backofen schieben. Den Schneckenauflauf bei gleicher Backofentemperatur **in weiteren etwa 20 Minuten fertig garen.**

7. Den Auflauf mit restlichen Majoranblättern bestreuen und servieren.

BROKKOLI-KARTOFFEL-AUFLAUF

Zubereitungszeit: 30 Minuten
Gratinierzeit: etwa 15 Minuten
+ Vegetarisch

ZUTATEN FÜR 4 PORTIONEN

1 ¼ kg Brokkoli
1 Bio-Zitrone (unbehandelt, ungewachst)
150 ml Gemüsebrühe
Salz
gem. Pfeffer
2 Msp. ger. Muskatnuss
1 kg kleine, gegarte Pellkartoffeln
4 Tomaten (etwa 250 g)
100 g Schmand (24 % Fett, Sauerrahm)
4 Scheiben Vollkorn-Knäckebrot
50 g ger. Parmesan

PRO PORTION:

E: 19 g, F: 14 g, Kh: 51 g, kcal: 413

1. Von dem Brokkoli die Blätter entfernen. Brokkoli in Röschen teilen, die Stängel am Strunk schälen und klein schneiden. Brokkoliröschen und klein geschnittene Stängel abspülen und abtropfen lassen. Zitrone heiß abwaschen, abtrocknen und die Schale abreiben. Zitrone halbieren und den Saft auspressen. Zitronenschale beiseitelegen.

2. Brühe mit Zitronensaft, Salz, Pfeffer und Muskat in einem Topf verrühren und zum Kochen bringen. Brokkoliröschen und -stücke hinzufügen, wieder zum Kochen bringen und etwa 5 Minuten kochen lassen.

3. Den Backofen vorheizen.
Ober-/Unterhitze: etwa 200 °C
Heißluft: etwa 180 °C

4. Die Kartoffeln pellen. Den Brokkoli abgießen, dabei die Brühe auffangen. Tomaten abspülen, abtrocknen, vierteln und die Stängelansätze herausschneiden. Kartoffeln, Brokkoli und Tomatenviertel in eine Auflaufform (gefettet) geben. Die aufgefangene Brühe mit Schmand verrühren und daraufträufeln.

5. Knäckebrotscheiben in einen Gefrierbeutel geben. Beutel fest verschließen. Knäckebrot mit einer Teigrolle fein zerbröseln. Knäckebrotbrösel mit der beiseitegelegten Zitronenschale und Parmesan vermischen. Den Auflauf damit bestreuen. Die Form auf dem Rost in den vorgeheizten Backofen schieben. Den Brokkoli-Kartoffel-Auflauf **etwa 15 Minuten gratinieren.**

TIPP:

Sie können den Auflauf auch mit Blumenkohl- oder Romanescoröschen oder auch mit halbierten Kohlrabischeiben oder -würfeln zubereiten. Sie sollten alle Kohlarten etwa 5 Minuten kochen.

BROTAUFLAUF MIT GERÄUCHERTER FORELLE

Zubereitungszeit: 20 Minuten
Garzeit: etwa 20 Minuten

ZUTATEN FÜR 4 PORTIONEN

4–6 Scheiben Mischbrot (etwa 200 g)
3–4 EL Butter (zimmerwarm)
500 g Zwiebeln
2 EL Speiseöl, z. B. Sonnenblumenöl
Salz, gem. Pfeffer
150 g Crème fraîche
2 Eier (Größe M)
1–2 TL Meerrettich (aus dem Glas)
1–2 EL TK-Dill
250 g Tomaten
etwa 250 g geräucherte Forellenfilets ohne Haut

PRO PORTION:

E: 24 g, F: 32 g, Kh: 32 g, kcal: 514

1. Den Backofen vorheizen.
Ober-/Unterhitze: etwa 220 °C
Heißluft: etwa 200 °C

2. Brotscheiben jeweils auf einer Seite dünn mit Butter bestreichen und evtl. nacheinander in einer erhitzten Pfanne von beiden Seiten knusprig anrösten.

3. In der Zwischenzeit Zwiebeln abziehen, zuerst in Scheiben schneiden, dann in Ringe teilen. Öl in der Pfanne erhitzen, restliche Butter hinzugeben und zerlassen. Zwiebelringe darin unter Wenden braun braten, mit Salz und Pfeffer würzen.

4. Crème fraîche mit Eiern verschlagen, Meerrettich und Dill unterrühren, mit Salz und Pfeffer würzen. Tomaten abspülen, trocken tupfen, halbieren und die Stängelansätze herausschneiden. Tomaten in Scheiben schneiden.

5. Evtl. noch vorhandene Gräten aus den Forellenfilets entfernen.

6. Die Hälfte der Zwiebelringe mit Tomatenscheiben, Forellenfilets und Brotscheiben dachziegelartig in eine große, flache Auflaufform (gefettet) schichten. Mit den restlichen Zwiebelringen belegen. Die Crème-fraîche-Eier-Masse darauf verteilen.

7. Die Form auf dem Rost in den vorgeheizten Backofen schieben. Den Auflauf **etwa 20 Minuten garen.**

TIPP:

Der Brotauflauf schmeckt auch mit geräuchertem Lachs oder Stremel-Lachs. Dann die Crème fraîche durch saure Sahne ersetzen.

BUCHTELN, KLASSISCH

- Zubereitungszeit: 25 Minuten
  Teiggeh-/Ruhezeit: etwa 50 Minuten
  Backzeit: etwa 25 Minuten
- \+ Vegetarisch

ZUTATEN FÜR 12 STÜCK

FÜR DEN HEFETEIG:

250 ml Milch (3,5 % Fett)
75 g Butter oder Margarine
500 g Weizenmehl
1 Pck. Trockenbackhefe
50 g Zucker
1 Pck. Vanillin-Zucker
4 Tropfen Zitronen-Aroma
1 Prise Salz
1 Ei (Größe M)

ZUM BESTREICHEN UND BESTÄUBEN:

50 g Butter
etwas Puderzucker

PRO PORTION:

E: 6 g, F: 11 g, Kh: 39 g, kcal: 282

1. Für den Teig die Milch in einem kleinen Topf erwärmen. Butter oder Margarine darin zerlassen.

2. Das Mehl in eine Rührschüssel geben und mit Trockenbackhefe sorgfältig vermischen. Zucker, Vanillin-Zucker, Aroma, Salz, Ei und die warme Milch-Fett-Mischung hinzufügen. Die Zutaten mit einem Mixer (Knethaken) zunächst kurz auf niedrigster, dann auf höchster Stufe in etwa 5 Minuten zu einem glatten Teig verarbeiten. Den Teig zugedeckt so lange an einem warmen Ort gehen lassen, bis er sich sichtbar vergrößert hat (etwa 30 Minuten).

3. Den Backofen vorheizen.
Ober-/Unterhitze: etwa 200 °C
Heißluft: etwa 180 °C

4. Den gegangenen Teig leicht mit Mehl bestäuben, aus der Schüssel nehmen, auf der leicht bemehlten Arbeitsfläche nochmals kurz durchkneten und zu einer Rolle formen. Die Teigrolle in 12 gleich große Stücke schneiden. Teigstücke zu Bällchen formen und nicht zu dicht nebeneinander in eine Auflaufform (gefettet) setzen.

5. Zum Bestreichen die Butter zerlassen. Die Teigbällchen damit bestreichen und nochmals so lange an einem warmen Ort gehen lassen, bis sie sich sichtbar vergrößert haben (etwa 20 Minuten). Die Form auf dem Rost in den vorgeheizten Backofen schieben. Die Buchteln **etwa 25 Minuten backen.**

6. Die Buchteln mit Puderzucker bestäuben und warm servieren.

BUNTER GEMÜSEAUFLAUF MIT POLENTA

Zubereitungszeit: 60 Minuten
Garzeit: etwa 45 Minuten
+ Vegetarisch

ZUTATEN FÜR 4–6 PORTIONEN

500 g gemischtes Gemüse, z. B. Möhren, Lauch, Blumenkohl, Kohlrabi, Zucchini
750 ml Gemüsebrühe
125 g Polenta (Maisgrieß)
1 Bund Petersilie
400 g geschälte Tomaten (aus der Dose)
125 g Kräuter-Crème-fraîche
3 Eigelb (Größe M)
200 g Doppelrahm-Frischkäse mit Kräutern
125 g Kräuter-Crème-fraîche
30 g Sonnenblumenkerne
1 ½ TL gerebelter Thymian
Salz
gem. Pfeffer
3 Eiweiß (Größe M)
2 EL Vollkorn-Semmelbrösel
20 g Margarine

PRO PORTION:

E: 16 g, F: 38 g, Kh: 32 g, kcal: 541

1. Das Gemüse putzen, evtl. schälen, abspülen und abtropfen lassen. Möhren in dünne Streifen, Lauch in dicke Streifen, Blumenkohl in kleine Röschen, Kohlrabi in Würfel und Zucchini in dünne Scheiben schneiden.

2. Die Gemüsebrühe in einem Topf zum Kochen bringen. Die einzelnen Gemüsesorten darin nacheinander in 3–8 Minuten bissfest garen. Das Gemüse jeweils mit einem Schaumlöffel aus der Brühe nehmen, in ein Sieb geben, mit kaltem Wasser abschrecken und abtropfen lassen. Das Gemüse in einer Schüssel vermischen.

3. Von der verbliebenen Gemüsebrühe 500 ml abmessen (evtl. mit Wasser auffüllen), in einen Topf geben und zum Kochen bringen. Polenta unter Rühren einstreuen. Den zugedeckten Topf von der Kochstelle nehmen. Polenta etwa 10 Minuten quellen und anschließend etwas abkühlen lassen.

4. Den Backofen vorheizen.
Ober-/Unterhitze: etwa 200 °C
Heißluft: etwa 180 °C

5. Petersilie abspülen, trocken tupfen und die Blättchen von den Stängeln zupfen, Blättchen klein schneiden.

6. Tomaten (mit dem Saft) in einem Rührbecher klein schneiden und Crème fraîche unterrühren. Tomatensauce beiseitestellen.

7. Eigelb mit Frischkäse, Crème fraîche und Petersilie zur gequollenen Polenta geben und gut untermengen. Sonnenblumenkerne hinzugeben. Mit Thymian, Salz und Pfeffer würzen.

8. Eiweiß steif schlagen und unter die Polenta-Frischkäse-Masse heben. Die Hälfte der Polenta-Frischkäse-Masse in einer Auflaufform (gefettet) gleichmäßig verteilen und mit der Hälfte der Semmelbrösel bestreuen. Gemüse mit der beiseitegestellten Tomatensauce daraufgeben. Restliche Polenta-Frischkäse-Masse daraufstreichen und mit den restlichen Semmelbröseln bestreuen. Margarine in Flöckchen daraufsetzen.

9. Die Form auf dem Rost in den vorgeheizten Backofen schieben. Den Auflauf **etwa 45 Minuten garen.**

TIPP:

Statt Polenta können Sie Dinkel-Vollkorngrieß verwenden.

CHILI-QUINOA-AUFLAUF

- Zubereitungszeit: 40 Minuten
  Garzeit: etwa 25 Minuten
- + Vegetarisch

ZUTATEN FÜR 4 PORTIONEN

200 g Quinoa
700 ml Wasser
1 EL Paprikapulver edelsüß
Salz
200 g rote Zwiebeln
1 rote Chilischote
700 g rote Paprikaschoten
400 g Tomaten
5 EL Sonnenblumenöl
2 EL gem. Kreuzkümmel (Cumin)
300 ml Gemüsebrühe
½ Bund Koriander
400 g abgespülte, abgetropfte Kidney-Bohnen
150 g Cheddar
125 g Taco-Chips

PRO PORTION:

E: 32 g, F: 40 g, Kh: 82 g, kcal: 820

1. Quinoa in einem Sieb unter fließendem heißen Wasser abspülen und abtropfen lassen. Quinoa mit dem Wasser in einen weiten Topf geben und zum Kochen bringen. Paprika und ½ Teelöffel Salz unterrühren. Das Quinoa zugedeckt bei schwacher Hitze etwa 25 Minuten garen (dabei die Packungsanleitung beachten), bis die Flüssigkeit vollständig aufgesogen ist.

2. In der Zwischenzeit die Zwiebeln abziehen, halbieren und in dünne Streifen schneiden. Chilischote entstielen, abspülen, abtropfen lassen und mit den Kernen fein hacken. Die Paprikaschoten halbieren, entstielen, entkernen und die weißen Scheidewände entfernen. Schoten abspülen, abtropfen lassen und in etwa 2 cm große Stücke schneiden.

3. Die Tomaten abspülen, abtropfen lassen und in etwa 1 cm große Stücke schneiden, dabei die Stängelansätze herausschneiden.

4. Das Sonnenblumenöl in einem Topf erhitzen. Zwiebelstreifen, Chili-, Paprika- und Tomatenstücke darin bei starker Hitze unter Rühren kräftig andünsten. Kreuzkümmel unterrühren. Gemüsebrühe hinzugießen, mit Salz würzen. Das Gemüse etwa 3 Minuten kochen lassen.

5. Den Backofen vorheizen.
Ober-/Unterhitze: etwa 200 °C
Heißluft: etwa 180 °C

6. Koriander abspülen, trocken tupfen und die Blättchen von den Stängeln zupfen. Die Hälfte der Korianderblättchen grob schneiden, mit den Kidney-Bohnen zur Gemüsemischung geben, unterrühren und anschließend in einer großen Auflaufform (gefettet) verteilen.

7. Quinoa daraufgeben und verstreichen. Die Form auf dem Rost in den vorgeheizten Backofen (unteres Drittel) schieben. Den Auflauf **etwa 15 Minuten garen.**

8. In der Zwischenzeit Cheddar fein reiben. Den Auflauf mit Taco-Chips belegen und mit Käse bestreuen. Die Form wieder auf dem Rost in den heißen Backofen (mittlere Schiene) schieben. Den Auflauf **in weiteren etwa 10 Minuten goldbraun überbacken.**

9. Die restlichen Korianderblättchen ebenfalls grob zerschneiden. Den Auflauf mit Koriander bestreut servieren.

CHORIZO-GARNELEN-FRITTATA

Zubereitungszeit: 20 Minuten
Backzeit: 25–28 Minuten

ZUTATEN FÜR 6 PORTIONEN

40 g Frühlingszwiebeln
125 g rote Paprikaschote
1 Bio-Zitrone (unbehandelt, ungewachst)
3 Stängel glatte Petersilie
2 Stängel Minze
20 g Chorizo-Wurst, in Scheiben
200 g rohe Garnelen (ohne Kopf und Schale)
6 Eier (Größe M)
Salz
6 EL Olivenöl
20 g geröstete Salzmandeln
1 TL getrocknete Chiliflocken

ZUSÄTZLICH:

6 kleine, runde Auflaufförmchen (Ø 9–10 cm)

PRO PORTION:

E: 14 g, F: 19 g, Kh: 4 g, kcal: 240

1. Den Backofen vorheizen.
Ober-/Unterhitze: etwa 180 °C
Heißluft: etwa 160 °C

2. Die Frühlingszwiebeln putzen, abspülen, abtropfen lassen und in sehr feine Scheiben schneiden. Die Paprikaschote halbieren, entstielen, entkernen, weiße Scheidewände entfernen. Schote abspülen, abtropfen lassen und in etwa ½ cm große Würfel schneiden.

3. Die Zitrone heiß abwaschen, abtrocknen und die Schale fein abreiben. Petersilie und Minze abspülen, abtropfen lassen. Die Blättchen von den Stängeln zupfen. Blättchen klein schneiden.

4. Chorizo in sehr dünne Scheiben schneiden. Die Garnelen entdarmen, dann mit kaltem Wasser abspülen und trocken tupfen. Die Garnelen in etwa ½ cm dicke Scheiben schneiden.

5. Frühlingszwiebelscheiben, Paprikawürfel, Zitronenschale, Petersilie, Minze, Chorizo- und Garnelenscheiben vermischen. Die Eier verschlagen, mit Salz würzen.

6. Die Auflaufförmchen mit 3 Esslöffeln von dem Olivenöl fetten. Die Förmchen auf ein Backblech stellen. Die Gemüse-Wurst-Garnelen-Mischung in den Förmchen verteilen und mit den verschlagenen Eiern übergießen.

7. Das Backblech in den vorgeheizten Backofen (unteres Drittel) schieben. Die Chorizo-Garnelen-Frittatas **25–28 Minuten backen.**

8. In der Zwischenzeit die Mandeln hacken.

9. Das Backblech auf einen Kuchenrost stellen. Die warmen Chorizo-Garnelen-Frittatas mit dem restlichen Olivenöl beträufeln sowie mit den Mandeln und den Chiliflocken bestreuen.

TIPP:

Die Chorizo-Garnelen-Frittata schmeckt warm oder kalt.

COUSCOUS-BROKKOLI-AUFLAUF

Zubereitungszeit: 25 Minuten
Garzeit: etwa 15 Minuten

ZUTATEN FÜR 4 PORTIONEN

400 ml Gemüsebrühe
250 g Instant-Couscous
500 g Brokkoli
2 EL Rosinen
1 Stängel Minze
1 rote Chilischote
1 TL gem. Kreuzkümmel (Cumin)
150 g Crème fraîche
2 EL Sonnenblumenkerne, Salz
100 g milder, cremiger Schafskäse

PRO PORTION:

E: 17 g, F: 23 g, Kh: 55 g, kcal: 498

1. Die Brühe in einem Topf zum Kochen bringen. Couscous in eine Schüssel geben und mit der kochenden Brühe übergießen. Couscous etwa 5 Minuten quellen lassen.

2. In der Zwischenzeit den Brokkoli putzen, abspülen, abtropfen lassen und in feine Röschen teilen. Die Stiele schälen und in Stifte schneiden. Salzwasser in einem Topf zum Kochen bringen. Die Brokkolistifte und -röschen darin 3–4 Minuten garen, dann in ein Sieb geben, mit kaltem Wasser übergießen und abtropfen lassen.

3. Die Rosinen mit heißem Wasser abspülen und abtropfen lassen. Minze abspülen, trocken tupfen und die Blättchen von dem Stängel zupfen, Blättchen fein schneiden.

4. Die Chilischote halbieren, entstielen, entkernen und die Scheidewände herausschneiden. Schote abspülen, trocken tupfen und fein würfeln.

5. Couscous mit einer Gabel etwas auflockern. Minze, Chili, Rosinen, Kreuzkümmel, 100 g Crème fraîche und einen Esslöffel der Sonnenblumenkerne untermischen.

6. Den Backofen vorheizen.
Ober-/Unterhitze: etwa 220 °C
Heißluft: etwa 200 °C

7. Die Couscous-Mischung mit Salz abschmecken und in einer großen Auflaufform (gefettet) oder 4 Portionsauflaufformen (gefettet) verteilen. Brokkoli mit der restlichen Crème fraîche mischen und auf der Couscous-Mischung verteilen. Zuletzt den Schafskäse daraufbröseln und die restlichen Sonnenblumenkerne daraufstreuen.

8. Die Form oder Formen auf dem Rost in den vorgeheizten Backofen schieben. Den Couscous-Brokkoli-Auflauf **etwa 15 Minuten garen.**

BEILAGE:

Dazu einen cremigen Joghurt-Dip und Tomatensalat reichen.

TIPP:

Der Auflauf lässt sich auch prima mit gegartem Reis (z. B. vom Vortag) statt Couscous zubereiten.

DREI-KÖRNER-NOCKERLN

Zubereitungszeit: 40 Minuten, ohne Quell- und Abkühlzeit
Backzeit: etwa 10 Minuten
+ Vegetarisch

ZUTATEN FÜR 4 PORTIONEN

FÜR DIE MAISNOCKERLN:

1 TL Butter
100 g Maisgrieß
125 ml Milch (3,5 % Fett)
125 ml Gemüsebrühe
50 g Schafskäse

FÜR DIE GRÜNKERNNOCKERLN:

1 TL Butter
125 g Grünkernschrot
125 ml Milch (3,5 % Fett)
125 ml Gemüsebrühe
50 g ger. Cheddar

FÜR DIE HIRSENOCKERLN:

1 TL Butter
100 g Hirse
125 ml Milch (3,5 % Fett)
125 ml Gemüsebrühe
2 EL Hartweizengrieß
50 g Blauschimmelkäse
1 Bund Petersilie

FÜR DIE TOMATENSAUCE:

1 kg Tomaten
40 g Butter
2 EL Vollkorn-Weizenmehl
1 abgezogene, zerdrückte Knoblauchzehe
Meersalz
gem. Pfeffer
Paprikapulver edelsüß
6 EL Schlagsahne

PRO PORTION:

E: 23 g, F: 34 g, Kh: 77 g, kcal: 738

1. Für die Maisnockerln die Butter in einem Topf zerlassen, Maisgrieß darin andünsten. Milch und Brühe hinzugießen, zum Kochen bringen und etwa 15 Minuten bei schwacher Hitze ausquellen lassen, Schafskäse unterrühren, nochmals aufkochen und abkühlen lassen.

2. Für die Grünkernnockerln Butter in einem Topf zerlassen, Grünkernschrot darin andünsten. Milch und Brühe hinzugießen und 15–20 Minuten bei schwacher Hitze ausquellen lassen. Die Masse nochmals aufkochen, Käse unterrühren und abkühlen lassen.

3. Für die Hirsenockerln Butter in einem Topf zerlassen, Hirse darin andünsten. Milch und Brühe hinzugießen, Grieß unterrühren, zum Kochen bringen und 15–20 Minuten bei schwacher Hitze ausquellen lassen, Käse unterrühren. Die Masse nochmals aufkochen und abkühlen lassen. Petersilie abspülen, trocken tupfen und die Blättchen von den Stängeln zupfen, Blättchen klein schneiden und unter den Hirsebrei rühren.

4. Den Backofen vorheizen.
Ober-/Unterhitze: etwa 180 °C
Heißluft: etwa 160 °C

5. Von den abgekühlten, fest gewordenen Massen mit 2 kalt abgespülten Esslöffeln Nockerln abstechen und in eine große Auflaufform (gefettet) setzen. Die Form auf dem Rost in den vorgeheizten Backofen schieben. Die Nockerln **etwa 10 Minuten backen.**

6. Für die Tomatensauce Tomaten abspülen, trocken tupfen, halbieren und die Stängelansätze herausschneiden. Tomaten pürieren.

7. Butter mit Mehl verkneten. Tomatenpüree in einen Topf geben, unter Rühren zum Kochen bringen und die Mehlpaste in Flöckchen hinzugeben. Knoblauch unterrühren, mit Salz, Pfeffer und Paprika würzen. Die Püreemasse etwa 10 Minuten unter ständigem Rühren kochen lassen. Sahne unterrühren. Nockerln mit der Sauce servieren.

EIER IN GEMÜSE

Zubereitungszeit: 20 Minuten
Überbackzeit: etwa 10 Minuten
+ Vegetarisch

ZUTATEN FÜR 4 PORTIONEN

2 Zwiebeln
2 Knoblauchzehen
3 Fleischtomaten
je 1 rote, gelbe und grüne Paprikaschote
2 Möhren
3 EL Olivenöl
2 EL Tomatenketchup
1 EL Harissa (afrikanische Gewürzpaste)
Salz
gem. Pfeffer
gerebelter Thymian
8 Eier (Größe M)

PRO PORTION:

E: 17 g, F: 20 g, Kh: 19 g, kcal: 323

1. Zwiebeln und Knoblauch abziehen, in kleine Würfel schneiden. Die Tomaten abspülen, abtropfen lassen, halbieren und die Stängelansätze herausschneiden. Tomaten grob würfeln.

2. Paprikaschoten halbieren, entstielen, entkernen und die weißen Scheidewände entfernen. Schoten abspülen, abtropfen lassen und in Würfel schneiden. Möhren putzen, schälen, abspülen, abtropfen lassen und in Scheiben schneiden.

3. Den Backofen vorheizen.
Ober-/Unterhitze: etwa 200 °C
Heißluft: etwa 180 °C

4. Olivenöl in einer hitzebeständigen Pfanne erhitzen. Zuerst Knoblauch-, dann Zwiebelwürfel und Möhrenscheiben darin andünsten. Tomaten- und Paprikawürfel hinzugeben, bei mittlerer Hitze etwa 10 Minuten unter gelegentlichem Rühren dünsten. Das Gemüse mit Ketchup, Harissa, Salz, Pfeffer und Thymian würzen.

5. Eier vorsichtig aufschlagen und auf das Gemüse setzen. Die Pfanne auf dem Rost in den vorgeheizten Backofen schieben. Die Eier in Gemüse **etwa 10 Minuten überbacken.**

EMPANADILLAS (SPANISCHE TEIGTASCHEN)

● Zubereitungszeit: 80 Minuten, ohne Ruhezeit
Backzeit: 15–20 Minuten je Backblech
+ Vegetarisch

ZUTATEN FÜR 35 STÜCK

FÜR DEN TEIG:

400 g Vollkorn-Weizenmehl
200 g Maismehl
300 g kalte Butter
2 Eier (Größe M)
10–12 EL Wasser, Salz

FÜR DIE FÜLLUNG:

1 Zwiebel, 2 Knoblauchzehen
2 Fleischtomaten (etwa 400 g)
10 abgetropfte schwarze Oliven
1 Chilischote
2 EL Olivenöl
250 g rote Bohnen- oder Alfalfakeimlinge
2 EL Tomatenmark
100 g ger. Parmesan oder Pecorino
2 EL klein geschnittene Petersilie
gem. schwarzer Pfeffer

PRO STÜCK:

E: 3 g, F: 6 g, Kh: 7 g, kcal: 93

1. Für den Teig Mehl mit Maismehl in einer Rührschüssel mischen. Restliche Zutaten hinzufügen und mit einem Mixer (Knethaken) zunächst kurz auf niedrigster, dann auf höchster Stufe zu einem festen Teig verkneten. Den Teig zugedeckt bei Zimmertemperatur 30 Minuten ruhen lassen.

2. Für die Füllung Zwiebel und Knoblauch abziehen, in feine Würfel schneiden. Tomaten kreuzweise einschneiden, mit kochendem Wasser übergießen. Nach 1–2 Minuten herausnehmen und mit kaltem Wasser abschrecken. Tomaten häuten,

halbieren und die Stängelansätze herausschneiden. Tomaten fein würfeln. Oliven halbieren, entsteinen und fein hacken. Chilischote abspülen, abtrocknen, entstielen, halbieren, entkernen und fein würfeln.

3. Den Backofen vorheizen.
Ober-/Unterhitze: etwa 200 °C
Heißluft: etwa 180 °C

4. Olivenöl in einer Pfanne erhitzen. Zwiebelwürfel darin andünsten. Knoblauch, Tomatenwürfel, Oliven, Keimlinge und Tomatenmark unterrühren. Die Zutaten in etwa 10 Minuten unter Rühren zu einer sämigen Masse garen. Anschließend geriebenen Käse, Chilischotenwürfel und Petersilie unterrühren und mit Salz und Pfeffer würzen.

5. Teig auf einer leicht bemehlten Arbeitsfläche etwa ½ cm dick ausrollen. Mit einer Ausstechform (Ø etwa 8 cm) Kreise ausstechen. Teigreste wieder zusammenkneten, erneut ausrollen, weitere Kreise ausstechen – so lange, bis der Teig aufgebraucht ist. Jeweils etwas Füllung in die Mitte eines Teigkreises geben. Ränder mit etwas Wasser bestreichen und die Teigkreise zu Halbkreisen zusammenklappen. Teigränder gut andrücken. Teigtäschchen mit Wasser bestreichen und auf Backbleche (mit Backpapier belegt) legen (etwas Abstand zwischen den Teigtäschchen lassen).

6. Backbleche nacheinander (bei Heißluft zusammen) in den vorgeheizten Backofen schieben. Empanadillas **15–20 Minuten je Blech backen.** Empanadillas mit dem Backpapier auf Kuchenroste ziehen und erkalten lassen.

ENTENKEULEN MIT KICHERERBSEN

Zubereitungszeit: 40 Minuten, plus 18 Stunden Einweichzeit
Garzeit: etwa 110 Minuten

ZUTATEN FÜR 4 PORTIONEN

250 g getrocknete Kichererbsen
8 Wacholderbeeren
2 Lorbeerblätter
20 g getrocknete Steinpilze
2 Stängel Rosmarin
200 g Knollensellerie
300 g Möhren
250 g Lauch
4 Entenkeulen (je etwa 300.g)
Salz
gem. Pfeffer
400 ml Geflügelfond

ZUSÄTZLICH:

1 Bräter oder 1 Auflaufform
(etwa 35 x 24 cm, mit Deckel)
evtl. Alufolie

PRO PORTION:

E: 55 g, F: 51 g, Kh: 35 g, kcal: 836

1. Die Kichererbsen in eine Schüssel geben. So viel Wasser auf die Kichererbsen gießen, dass das Wasser mindestens 5 cm über den Erbsen steht. Die Erbsen mindestens 18 Stunden darin einweichen.

2. Den Backofen vorheizen.
Ober-/Unterhitze: etwa 200 °C
Heißluft: etwa 180 °C

3. Die Kichererbsen in einem Sieb abspülen und abtropfen lassen. Die Wacholderbeeren im Mörser etwas zerdrücken. Kichererbsen, Wacholderbeeren und Lorbeerblätter in einen Bräter oder eine Auflaufform geben und mit 750 ml kochendem Wasser bedecken. Den Bräter oder die Form mit einem Deckel oder Alufolie zudecken. Den Bräter oder die Form auf dem Rost in den vorgeheizten Backofen schieben. Die Kichererbsen **etwa 1 Stunde vorgaren.**

4. Inzwischen die Steinpilze abspülen, dabei den Sand entfernen. Rosmarin abspülen, trocken tupfen und die Nadeln abzupfen. Sellerie und Möhren schälen, abspülen, abtropfen lassen. Sellerie in Würfel, Möhren in Scheiben schneiden. Den Lauch putzen, die Stangen längs halbieren, gründlich waschen und abtropfen lassen. Den Lauch in etwa 1 cm breite Stücke schneiden.

5. Die Entenkeulen evtl. von Federresten befreien. Die Keulen abspülen und trocken tupfen. Die Keulen rundherum mit Salz und Pfeffer einreiben.

6. Vorbereitetes Gemüse, Rosmarin und Steinpilze unter die Kichererbsen rühren, den Geflügelfond dazugeben. Entenkeulen mit der Hautseite nach oben auf das Gemüse legen. Den Bräter oder die Form wieder zudecken und alles **bei gleicher Backofentemperatur weitere etwa 50 Minuten garen.**

7. Den Bräter oder die Form aus dem Backofen nehmen. Den Backofengrill einschalten. Mit einem Löffel das entstandene Fett abschöpfen. Das Gemüse mit Salz und Pfeffer würzen, in eine Schüssel füllen und warm halten.

8. Etwas Wasser in den leeren Bräter oder die Form geben. Die Entenkeulen mit der Hautseite nach oben wieder in den Bräter oder die Form legen und unter dem vorgeheizten Grill einige Minuten hellbraun gratinieren. Die Entenkeulen auf dem Gemüse anrichten.

TIPP:

Falls der Backofen keinen Grill hat, heizen Sie den Backofen auf etwa 250 °C vor und gratinieren die Entenkeulen.

FILETTOPF

Zubereitungszeit: 20 Minuten
Garzeit: etwa 45 Minuten

ZUTATEN FÜR 4 PORTIONEN

600 g Schweinefilet
1 TL milder Senf
6 Scheiben geräucherter Schinkenspeck (Bacon)
230 g abgetropfte Champignons in Scheiben (aus der Dose)
Salz
gem. Pfeffer
je ½ TL gerebelter Majoran, frische Dillspitzen und Petersilienstreifen

FÜR DIE SAUCE:

200 g Schlagsahne
100 ml heiße Fleischbrühe
½ TL Paprikapulver edelsüß
1 Prise Currypulver

PRO PORTION:

E: 40 g, F: 20 g, Kh: 2 g, kcal: 358

1. Den Backofen vorheizen.
Ober-/Unterhitze: etwa 180 °C
Heißluft: etwa 160 °C

2. Schweinefilet mit Küchenpapier abtupfen. In 6 gleich große Scheiben (Medaillons) schneiden.

3. Die Medaillons mit Senf bestreichen und mit je 1 Scheibe Schinkenspeck umwickeln. Die Medaillons nicht zu dicht nebeneinander in eine große Auflaufform (gefettet) legen.

4. Champignonscheiben in die Zwischenräume der Medaillons geben. Die Medaillons und Champignonscheiben mit Salz, Pfeffer, Majoran, Dill und Petersilie bestreuen.

5. Für die Sauce Sahne mit der heißen Brühe verrühren. Mit Paprika und Curry würzen. Die Medaillons und Champignonscheiben mit der Sauce übergießen.

6. Die Form zugedeckt auf dem Rost in den vorgeheizten Backofen schieben. Den Filettopf **etwa 45 Minuten garen.**

TIPP:

Statt der Sahne können Sie die Medaillons auch in einer Sauce aus stückigen Tomaten garen. Dazu 400 g Pizza-Tomaten (aus der Dose) mit Salz, Pfeffer und Kräutern würzen. Die Tomatensauce auf den Medaillons und Champignonscheiben verteilen. Bei gleicher Backofentemperatur und angegebener Zeit garen.

DAZU SCHMECKEN:

Spätzle, Kroketten oder Reis.

FLADENBROT-HÄHNCHEN-PIZZA

Zubereitungszeit: 20 Minuten
Backzeit: etwa 20 Minuten je Backblech

ZUTATEN FÜR 4 PORTIONEN

350 g Hähnchenbrustfilet
4 EL Olivenöl
Salz
gem. Pfeffer
400 g stückige Tomaten (ungewürzt, a.d. Dose)
½ TL gerebelter Oregano
1 Bund Frühlingszwiebeln (150 g)
1 Fladenbrot (400 g)
400 g mittelgroße Tomaten
200 g Schafskäse
50 g abgetropfte, schwarze Oliven (entsteint)
3 Stängel Basilikum

PRO PORTION:

E: 39 g, F: 26 g, Kh: 56 g, kcal: 631

1. Hähnchenfilet mit Küchenpapier abtupfen und in schmale Scheiben schneiden. 2 Esslöffel Öl in einer Pfanne erhitzen. Hähnchenscheiben darin unter Rühren anbraten, mit Salz und Pfeffer würzen, aus der Pfanne nehmen, abkühlen lassen.

2. Die stückigen Tomaten und den Oregano zum Bratensatz in die Pfanne geben. Bei mittlerer Hitze auf etwa ⅔ einkochen lassen, dabei gelegentlich umrühren.

3. Inzwischen die Frühlingszwiebeln putzen, abspülen, abtropfen lassen und schräg in Scheiben schneiden. Die Scheiben zur Tomatenmasse in die Pfanne geben, mit Salz und Pfeffer würzen.

4. Den Backofen vorheizen.
Ober-/Unterhitze: etwa 200 °C
Heißluft: etwa 180 °C

5. Das Fladenbrot waagerecht durchschneiden. Die Hälften mit der Innenseite nach oben auf zwei Backbleche (mit Backpapier belegt) legen. Die Tomaten abspülen, abtrocknen, halbieren und die Stängelansätze herausschneiden. Die Tomaten in dünne Scheiben schneiden. Schafskäse trocken tupfen. Die Oliven in Ringe schneiden.

6. Die Tomatenmasse auf die beiden Brothälften streichen. Tomatenscheiben darauflegen, mit Salz und Pfeffer bestreuen. Fleischscheiben und Olivenringe darauf verteilen. Käse zerbröseln und zum Schluss auf die belegten Brote streuen. Mit restlichem Olivenöl beträufeln.

7. Die Backbleche nacheinander (bei Heißluft zusammen) in den vorgeheizten Backofen schieben. Pizzen **etwa 20 Minuten je Backblech backen.**

8. Basilikum abspülen, trocken tupfen und die Blätter abzupfen. Die Fladenbrot-Pizzen mit Basilikumblättern bestreuen.

BEILAGE:

Gemischter Salat.

FORELLEN AUF TOMATEN-FENCHEL-GEMÜSE

Zubereitungszeit: 25 Minuten
Garzeit: etwa 40 Minuten

ZUTATEN FÜR 4 PORTIONEN

200 g Fenchel
500 g mittelgroße Tomaten
6 EL Olivenöl
Salz
gem. Chilischoten
2 grüne Zucchini (etwa 700 g)
1 Bio-Zitrone (unbehandelt, ungewachst)
4 Forellen (küchenfertig, je etwa 200 g)
100 g entsteinte schwarze Oliven (aus dem Glas)
4 Stängel Basilikum

PRO PORTION:

E: 30 g, F: 23 g, Kh: 9 g, kcal: 382

1. Den Backofen vorheizen.
Ober-/Unterhitze: etwa 180 °C
Heißluft: etwa 160 °C

2. Fenchel putzen, abspülen, abtropfen lassen und das Grün beiseitelegen. Den Fenchel halbieren, den Strunk entfernen. Die Fenchelhälften der Länge nach in Spalten schneiden. Die Tomaten abspülen, abtropfen lassen, halbieren und die Stängelansätze herausschneiden. Tomaten in grobe Stücke schneiden.

3. Fenchel und Tomaten in einer Fettpfanne verteilen, mit 3 Esslöffeln Öl beträufeln und mit Salz und Chili würzen. Die Fettpfanne in den vorgeheizten Backofen schieben. Das Gemüse **etwa 15 Minuten vorgaren.**

4. Inzwischen von den Zucchini die Enden abschneiden. Die Zucchini abspülen, abtrocknen und in Scheiben schneiden. Die Zitrone heiß abwaschen, abtrocknen und in Scheiben schneiden.

5. Forellen innen und außen unter fließendem kalten Wasser abspülen, trocken tupfen und von innen und außen mit Salz einreiben.

6. Die Forellen mit Zitronenscheiben füllen. Zucchini und Olivenringe unter das vorgegarte Gemüse heben. Die Forellen auf das Gemüse legen und mit restlichem Öl beträufeln. Die Fettpfanne in den vorgeheizten Backofen schieben. Forellen und Gemüse **etwa 25 Minuten garen.**

7. Basilikum abspülen, trocken tupfen und die Blätter abzupfen. Das beiseitegelegte Fenchelgrün hacken. Das Gemüse mit Salz und Pfeffer abschmecken. Das Gemüse mit den Kräutern auf Tellern anrichten. Die Forellen auf das Gemüse legen.

TIPP:

Statt grüner Zucchini können Sie, je nach Jahreszeit, auch gelbe oder gelbe und grüne Zucchini gemischt verwenden.

FRÜHLINGSGRATIN

Zubereitungszeit: 30 Minuten
Garzeit: 20–30 Minuten
+ Vegetarisch

ZUTATEN FÜR 4 PORTIONEN

1 ¼ kg gemischtes Gemüse, z. B. Kohlrabi, Möhren, Brokkoli, Blumenkohl, grüner und weißer Spargel
1 l Wasser
1 gestr. TL Salz
1 Knoblauchzehe
200 g Schlagsahne
2 Eier (Größe M)
gem. Pfeffer
ger. Muskatnuss
100 g ger. Emmentaler
50 g ger. Parmesan

PRO PORTION:

E: 20 g, F: 31 g, Kh: 10 g, kcal: 403

1. Den Backofen vorheizen.
Ober-/Unterhitze: etwa 180 °C
Heißluft: etwa 160 °C

2. Kohlrabi und Möhren putzen, schälen, abspülen und abtropfen lassen. Kohlrabi in Scheiben und Möhren in Stücke schneiden. Brokkoli und Blumenkohl putzen, in kleine Röschen teilen. Brokkolistängel schälen. Brokkoli und Blumenkohl abspülen und abtropfen lassen.

3. Den weißen Spargel schälen und die unteren Enden abschneiden (grünen Spargel nur im unteren Drittel schälen). Spargel in 2–3 cm lange Stücke schneiden, abspülen und abtropfen lassen.

4. Das Wasser in einem Topf zum Kochen bringen. Salz hinzufügen. Das Gemüse portionsweise jeweils 2–3 Minuten darin vorgaren. Das Gemüse

mit einem Schaumlöffel aus dem Topf nehmen und in einem Sieb oder Durchschlag abtropfen lassen. Das Gemüse in eine Auflaufform (gefettet) schichten.

5. Knoblauch abziehen und durch eine Knoblauchpresse drücken oder fein hacken. Sahne und Eier verschlagen, mit Knoblauch, Salz, Pfeffer und Muskat abschmecken.

6. Das Gemüse mit der Eiersahne übergießen. Beide Käsesorten daraufstreuen. Die Form auf dem Rost in den vorgeheizten Backofen schieben. Das Gratin **20–30 Minuten garen.**

TIPPS:

Je nach Jahreszeit kann man auch andere Gemüsesorten wie Bohnen, Fenchel, Knollensellerie, Lauch, Rosenkohl, Staudensellerie, Steckrüben oder Zuckerschoten verwenden.
Zum Garnieren kleine Kohlrabiblätter beiseitelegen. Diese abspülen, trocken tupfen, fein hacken. Das Gratin damit bestreuen und servieren.
Als Beilage reicht das Gratin auch für 6 Portionen. Dann z. B. neue kleine Kartoffeln in Butter geschwenkt oder kurz gebratenes Fleisch, z. B. Rumpsteaks oder Schmetterlingssteaks vom Schwein, dazu servieren.

GEFÜLLTE THUNFISCH-FLADENBROTE

Zubereitungszeit: 20 Minuten
Backzeit: 10–15 Minuten

ZUTATEN FÜR 6 STÜCK

300 g abgetropfter Thunfisch naturell (aus der Dose)
6 kleine Fladenbrote (Fertigprodukt, je etwa 150 g)
50 ml Olivenöl
3 große Tomaten
3 Zwiebeln
etwa 125 g abgetropfte, schwarze Oliven ohne Stein
etwa 100 g abgetropfte, grüne Oliven, mit Paprika gefüllt
Salz, gem. weißer Pfeffer
gerebelter Oregano
6 Scheiben Käse, z. B. Gouda (je etwa 50 g)

PRO STÜCK:

E: 34 g, F: 30 g, Kh: 68 g, kcal: 686

1. Den Backofen vorheizen.
Ober-/Unterhitze: etwa 200 °C
Heißluft: etwa 180 °C

2. Den Thunfisch mit einer Gabel zerpflücken. Fladenbrote waagerecht durchschneiden. Jeweils beide Brothälften etwas aushöhlen. Die unteren Brothälften auf ein Backblech (mit Backpapier belegt) legen, mit etwas Olivenöl beträufeln und mit Thunfisch belegen.

3. Tomaten abspülen, abtrocknen, halbieren und die Stängelansätze herausschneiden. Tomaten in Scheiben schneiden. Zwiebeln abziehen, zunächst in dünne Scheiben schneiden, dann in Ringe teilen. Schwarze Oliven in kleine Stücke hacken, grüne Oliven in dünne Scheiben schneiden.

4. Tomatenscheiben, Zwiebelringe, Olivenstücke und -scheiben auf dem Tunfisch verteilen. Alles mit Salz, Pfeffer und Oregano würzen. Den Käse in dünne Streifen schneiden und als Gitter darauflegen. Den Belag mit den oberen Brothälften bedecken, diese mit dem restlichen Olivenöl bestreichen.

5. Das Backblech in den vorgeheizten Backofen schieben. Die Fladenbrote **10–15 Minuten backen,** bis der Käse geschmolzen ist.

6. Die Fladenbrote etwas abkühlen lassen, nach Belieben halbieren und lauwarm servieren.

TIPP:

Sie können die Thunfischmasse auch auf Baguettescheiben verteilen. Schneiden Sie die Käsescheiben dann passend für die Brotscheiben zu. Überbacken Sie die Thunfischbaguettes, bis der Käse zerläuft.

GEMÜSE-FLATBREAD

Zubereitungszeit: 45 Minuten
Ruhe-/Gehzeit: etwa 1 1/2 Stunden
Backzeit: 20–25 Minuten je Backblech
+ Vegetarisch

ZUTATEN FÜR 12–16 PORTIONEN

FÜR DEN HEFETEIG:

600 g Weizenmehl (Type 550)
2 TL Trockenbackhefe, 2 gestr. TL Salz
2 EL fein gehackte Rosmarinnadeln
450 ml lauwarmes Wasser
4 EL Olivenöl

FÜR DEN BELAG:

150 g Fenchel
1 rote Paprikaschote (etwa 200 g)
150 g Cocktailtomaten
20 große Basilikumblätter
200 g Ricotta (ital. Frischkäse)
20 g abgetropfte Kapern
Salz, gem. schwarzer Pfeffer
100 g abgetropfter Mozzarella
50 g ger. Parmesan

PRO PORTION:

E: 9 g, F: 8 g, Kh: 34 g, kcal: 247

1. Für den Teig Mehl in eine Rührschüssel geben und mit der Hefe sorgfältig vermischen. Salz und Rosmarin untermischen. Wasser und Olivenöl hinzugeben. Die Zutaten mit einem Mixer (Knethaken) zunächst kurz auf niedrigster, dann auf höchster Stufe in etwa 5 Minuten zu einem glatten Teig verarbeiten. Teig zugedeckt an einem warmen Ort etwa 1 ½ Stunden gehen lassen.

2. Für den Belag Fenchel putzen, abspülen, abtropfen lassen. Paprikaschote halbieren, entstielen, entkernen, weiße Scheidewände entfernen. Schote abspülen, abtropfen lassen. Fenchel und Paprikaschote in hauchdünne Scheiben hobeln. Die Tomaten abspülen, abtrocknen und jeweils in 3 Scheiben schneiden. Die Basilikumblätter abspülen, trocken tupfen und grob zerschneiden.

3. Den Backofen vorheizen.
Ober-/Unterhitze: etwa 250 °C
Heißluft: nicht empfehlenswert

4. Den Teig in etwas Mehl wenden, nicht mehr durchkneten und halbieren. Die Teighälften auf zwei Backblechen (gefettet, mit Backpapier belegt) zu jeweils etwa 2 cm dicken, rechteckigen Fladen formen. Die Teigfladen gleichmäßig mit Ricotta bestreichen, danach mit Basilikum und Kapern bestreuen. Fenchel, Paprika und Tomaten gleichmäßig darauf verteilen.

5. Die Fladen mit Salz und Pfeffer bestreuen. Den Mozzarella in kleine Stücke zupfen, mit Parmesan auf den Fladenbroten verteilen. Die Backbleche nacheinander in den vorgeheizten Backofen (unterste Schiene) schieben. Gemüse-Flatbread **20–25 Minuten je Backblech backen.**

6. Die Backbleche auf Kuchenroste stellen. Gemüse-Flatbread jeweils in 6–8 gleich große Stücke schneiden und heiß servieren.

GEMÜSEGRATIN MIT KICHERERBSEN

- Zubereitungszeit: 50 Minuten
  Garzeit: etwa 25 Minuten
- \+ Vegetarisch

ZUTATEN FÜR 4 PORTIONEN

500 g Brokkoli
500 g Hokkaido-Kürbis
2 rote Paprikaschoten (350 g)
1 Zwiebel (50 g)
4 EL Olivenöl
40 g Tomatenmark
½ TL gerebelter Oregano
1 TL Harissa (afrikanische Würzpaste)
1 TL gem. Kreuzkümmel (Cumin)
350 ml Gemüsebrühe
Salz
gem. Pfeffer
240 g abgetropfte Kichererbsen (aus der Dose)
250 g Schafskäse
20 g schwarze Sesamsamen
2 EL Olivenöl zum Beträufeln

ZUSÄTZLICH:

1 Auflaufform (etwa 35 x 24 cm) oder mehrere kleine Auflaufformen
Öl zum Ausstreichen der Form

PRO PORTION:

E: 23 g, F: 36 g, Kh: 24 g, kcal: 535

1. Brokkoli putzen und in Röschen teilen. Brokkoliröschen abspülen, abtropfen lassen und in kochendem Salzwasser etwa 2 Minuten blanchieren. Brokkoliröschen in ein Sieb geben, mit kaltem Wasser abschrecken und abtropfen lassen.

2. Den Kürbis abspülen, abtropfen lassen, in Spalten schneiden, Kerne und den faserigen Innenteil entfernen. Die ungeschälten Kürbisspalten in kurze, schmale Streifen schneiden (etwa 400 g). Die Paprikaschoten vierteln, entstielen, entkernen und die weißen Scheidewände entfernen. Die Schoten abspülen, abtropfen lassen und in schmale Streifen schneiden. Die Zwiebel abziehen, halbieren und in Streifen schneiden.

3. Das Öl in einer großen Pfanne erhitzen. Die Kürbisstreifen darin in 2 Portionen jeweils etwa 2 Minuten andünsten, anschließend aus der Pfanne nehmen.

4. Den Backofen vorheizen.
Ober-/Unterhitze: etwa 220 °C
Heißluft: etwa 200 °C

5. Paprika- und Zwiebelstreifen in dem verbliebenen Bratfett unter Rühren kurz anbraten. Tomatenmark, Oregano, Harissa und Kreuzkümmel unterrühren. Die Brühe dazugeben und aufkochen. Die Kürbisstreifen wieder hinzufügen. Alles mit Salz und Pfeffer würzen.

6. Kichererbsen in einem Sieb mit kaltem Wasser abspülen, abtropfen lassen und in der Auflaufform oder kleineren Formen verteilen. Das Gemüse aus der Pfanne und den Brokkoli dazugeben. Schafskäse zerbröseln und auf das Gemüse streuen. Das Ganze mit Sesam bestreuen und mit Olivenöl beträufeln.

7. Die Form oder Formen auf dem Rost in den vorgeheizten Backofen schieben. Den Auflauf **etwa 25 Minuten garen.**

TIPP:

Wenn jüngere Kinder mitessen, Harissa erst am Tisch hinzufügen.

GORGONZOLA-SPINAT-FLADEN

Zubereitungszeit: 35 Minuten
Ruhe-/Gehzeit: etwa 50 Minuten
Backzeit: etwa 25 Minuten je Backblech
+ Vegetarisch

ZUTATEN FÜR 4 STÜCK (8 PORTIONEN)

FÜR DEN HEFETEIG:

500 g Weizenmehl (Type 550)
1 Pck. Trockenbackhefe
4 EL Olivenöl
40 g Sesamsamen, ungeschält
1 gestr. TL Salz

FÜR DEN BELAG:

800 g Baby-Spinat
2 Frühlingszwiebeln
1 Knoblauchzehe
1 EL Olivenöl
Salz
gem. Pfeffer
ger. Muskatnuss
200 g Schmand (Sauerrahm)
80 g gehackte Walnusskerne
150 g Gorgonzola
100 g geraspelter Käse, z. B. Gouda

PRO PORTION:

E: 19 g, F: 33 g, Kh: 49 g, kcal: 571

1. Für den Teig Mehl in eine Rührschüssel geben und mit der Trockenbackhefe sorgfältig vermischen. Lauwarmes Wasser, Olivenöl, Sesam und Salz hinzufügen. Die Zutaten mit einem Mixer (Knethaken) zunächst kurz auf niedrigster, dann auf höchster Stufe in etwa 5 Minuten zu einem glatten Teig verarbeiten.

2. Den Teig zugedeckt so lange an einem warmen Ort gehen lassen, bis er sich sichtbar vergrößert hat (etwa 30 Minuten).

3. Den Teig auf der leicht bemehlten Arbeitsfläche nochmals kurz durchkneten, dann in 4 gleich große Portionen teilen. Die Teigportionen mit einer Teigrolle zu länglich-ovalen Fladen (etwa 25 x 12 cm) ausrollen. Dabei rundherum je einen kleinen Rand formen.

4. Die Teigfladen auf 2 Backbleche (mit Backpapier belegt) legen und jeweils in der Mitte mit einer Gabel mehrmals einstechen.

5. Die Teigfladen zugedeckt nochmals so lange an einem warmen Ort gehen lassen, bis sie sich sichtbar vergrößert haben (etwa 20 Minuten).

6. In der Zwischenzeit den Backofen vorheizen.
Ober-/Unterhitze: etwa 220 °C
Heißluft: etwa 200 °C

7. Für den Belag Spinat verlesen, gründlich waschen und gut abtropfen lassen. Dann in reichlich kochendem Salzwasser etwa 1 Minute blanchieren. Anschließend in ein Sieb geben, mit kaltem Wasser abspülen, abtropfen lassen und mit den Händen gut ausdrücken. Spinat grob hacken.

8. Frühlingszwiebeln putzen, abspülen, abtropfen lassen und in feine Scheiben schneiden. Knoblauch abziehen und sehr fein hacken.

9. Spinat mit Frühlingszwiebelscheiben, Knoblauch und Olivenöl mischen, mit Salz, Pfeffer und Muskat würzen.

10. Die gegangenen Teigfladen mit Schmand bestreichen. Die Spinatmasse gleichmäßig darauf verteilen und mit Walnusskernen bestreuen.

11 Gorgonzola in Stückchen schneiden. Die Fladen damit und mit dem geraspelten Käse bestreuen.

12. Die Backbleche nacheinander (bei Heißluft zusammen) in den vorgeheizten Backofen schieben. Die Gorgonzola-Spinat-Fladen e**twa 25 Minuten je Backblech backen.**

13. Die Backbleche auf Kuchenroste stellen. Gorgonzola-Spinat-Fladen sofort servieren, ehe der Käse abkühlt.

GRATINIERTE MÖHREN MIT QUINOA UND SCHAFSKÄSE

Zubereitungszeit: 45 Minuten
Gratinierzeit: etwa 15 Minuten
+ Vegetarisch

ZUTATEN FÜR 4 PORTIONEN

170 g Quinoa
2 Schalotten (etwa 70 g)
200 g Staudensellerie
20 g getrocknete Tomaten
5 EL Olivenöl
500 ml Gemüsebrühe
1 ½ kg kleine Möhren
Salz
gem. Pfeffer
200 g Schafskäse

PRO PORTION:

E: 19 g, F: 25 g, Kh: 41 g, kcal: 464

1. Quinoa gründlich waschen und in einem Sieb abtropfen lassen. Die Schalotten abziehen, zuerst in Scheiben schneiden, dann in Ringe teilen.

2. Staudensellerie putzen, abspülen, abtropfen lassen und in schmale Scheiben schneiden. Selleriegrün beiseitelegen. Die Tomaten in Streifen schneiden.

3. Zwei Esslöffel des Olivenöls in einem Topf erhitzen. Schalottenringe, Quinoa und die Tomatenstreifen darin unter Rühren andünsten. 375 ml von der Brühe hinzugießen, zum Kochen bringen und zugedeckt etwa 12 Minuten bei mittlerer Hitze vorgaren. Sellerieschelben hinzugeben und weitere etwa 5 Minuten mitgaren lassen.

4. In der Zwischenzeit Möhren putzen, schälen, dabei etwa 1 cm von den Stängelansätzen stehen lassen. Möhren abspülen und gut abtropfen lassen. Dicke Möhren der Länge nach halbieren oder vierteln.

5. Zwei weitere Esslöffel Olivenöl in einem großen, flachen Topf erhitzen. Die Möhren darin portionsweise andünsten. Die restliche Brühe hinzugießen und zum Kochen bringen. Möhren zugedeckt etwa 12 Minuten bei mittlerer Hitze dünsten.

6. Den Backofen vorheizen.
Ober-/Unterhitze: etwa 200 °C
Heißluft: etwa 180 °C

7. Das Quinoa-Gemüse mit Salz und Pfeffer würzen und in eine flache Auflaufform (etwa 2 ½-Liter-Inhalt, gefettet) geben. Möhren darauf verteilen.

8. Den Schafskäse trocken tupfen, in kleine Stücke teilen und auf die Möhren legen. Mit restlichem Olivenöl beträufeln. Die Form auf dem Rost in den vorgeheizten Backofen schieben. Die Möhren mit Quinoa **etwa 15 Minuten goldbraun überbacken.**

9. Beiseitegelegtes Selleriegrün in kleine Stücke zupfen. Die gratinierten Möhren mit Quinoa und Schafskäse anrichten und mit dem klein gezupften Selleriegrün garnieren und servieren.

GRIESSAUFLAUF MIT OBST

Zubereitungszeit: 15 Minuten
Garzeit: etwa 35 Minuten

ZUTATEN FÜR 6 PORTIONEN

500 ml Milch (3,5 % Fett)
Salz
125 g Weichweizen
1 Pck. Pudding-Pulver Vanille-Geschmack
75 g Butter
60 g Zucker
1 Pck. Vanillin-Zucker
3 Eier (Größe M)
1 gestr. TL Backpulver
500 g abgetropfte Mirabellen (aus der Dose)
2 EL gestiftelte, geröstete Mandeln
1 EL Puderzucker

PRO PORTION:

E: 10 g, F: 20 g, Kh: 55 g, kcal: 445

1. Den Backofen vorheizen.
Ober-/Unterhitze: etwa 180 °C
Heißluft: etwa 160 °C

2. Von der Milch 3 Esslöffel abnehmen und beiseitestellen. Restliche Milch mit Salz in einem Topf zum Kochen bringen.

3. Grieß in die von der Kochstelle genommene Milch rühren und zum Quellen stehen lassen. Das Pudding-Pulver mit der beiseitegestellten Milch anrühren.

4. Butter schaumig rühren, nach und nach Zucker, Vanillin-Zucker, Eier, Backpulver und den noch warmen Grießbrei mit dem angerührten Pudding-Pulver unterrühren.

5. Mirabellen unter die Grießmasse heben und in eine Auflaufform (gefettet) oder 6 Portionsauflaufförmchen (gefettet) geben. Die Form oder Förmchen auf dem Rost in den vorgeheizten Backofen schieben. Den Auflauf **etwa 35 Minuten garen.**

6. Den Auflauf mit Mandeln bestreuen und mit Puderzucker bestäubt servieren.

HACK-HEFEZÖPFE

- Zubereitungszeit: 45 Minuten, ohne Abkühlzeit
  Ruhe-/Gehzeit: etwa 45 Minuten
  Backzeit: 25–30 Minuten

ZUTATEN FÜR 2 STÜCK (8 PORTIONEN)

ZUM VORBEREITEN:

2 Knoblauchzehen
1 gestr. TL Salz
4 EL Olivenöl
2 TL gerebelter Oregano

FÜR DEN HEFETEIG:

500 g Weizenmehl (Type 550)
1 Pck. Trockenbackhefe
300 ml lauwarme Buttermilch

FÜR DIE FÜLLUNG:

1 Zwiebel
1 rote Paprikaschote
400 g Gehacktes
(halb Rind-, halb Schweinefleisch)
100 g ger. Käse, z. B. Gouda oder Emmentaler
1 EL klein geschnittene, gemischte Kräuter
(frisch oder TK), z. B. Petersilie,
Schnittlauch und Basilikum
100 g abgetropfte schwarze Oliven, in Scheiben
1 EL Paprikamark
Salz, gem. Pfeffer

1 Eiweiß zum Bestreichen

PRO PORTION:

E: 23 g, F: 21 g, Kh: 51 g, kcal: 482

1. Zum Vorbereiten Knoblauch abziehen, sehr fein würfeln, mit Salz bestreuen und mit einer Gabel zu einem Mus verarbeiten. Olivenöl und Oregano gut unterrühren.

2. Für den Teig das Mehl in eine Rührschüssel geben und mit der Hefe sorgfältig vermischen. Die lauwarme Buttermilch und das Knoblauchmus hinzufügen. Die Zutaten mit einem Mixer (Knethaken) zunächst kurz auf niedrigster, dann auf höchster Stufe in etwa 5 Minuten zu einem glatten Teig verarbeiten. Den Teig zugedeckt so lange an einem warmen Ort gehen lassen, bis er sich sichtbar vergrößert hat (etwa 30 Minuten).

3. Für die Füllung Zwiebel abziehen und klein würfeln. Paprikaschote halbieren, entstielen, entkernen und die weißen Scheidewände entfernen. Schote abspülen, abtropfen lassen und in kleine Würfel schneiden. Zwiebel-, Paprikawürfel, Gehacktes, geriebenen Käse, Kräuter, Oliven und Paprikamark gründlich miteinander mischen, mit Salz und Pfeffer würzen. Die Mischung in 3 gleich große Portionen teilen.

4. Den gegangenen Teig auf der leicht bemehlten Arbeitsfläche nochmals kurz durchkneten, dann in 3 gleich große Portionen teilen. Jede Portion zu einem Rechteck (etwa 20 x 40 cm) ausrollen und mit verschlagenem Eiweiß bestreichen. Füllung gleichmäßig auf den Teigrechtecken verteilen, dabei einen etwa 2 cm breiten Rand frei lassen. Gehacktesmasse leicht andrücken. Teigrechtecke von der längeren Seite her fest aufrollen. Die Teigrollen jeweils längs halbieren.

5. Je 3 Hälften vorsichtig zu einem Zopf flechten, dann auf ein Backblech (mit Backpapier belegt) legen. Die Hefezöpfe nochmals zugedeckt so lange an einem warmen Ort gehen lassen, bis sie sich sichtbar vergrößert haben (etwa 15 Minuten).

6. In der Zwischenzeit den Backofen vorheizen.
Ober-/Unterhitze: etwa 200 °C
Heißluft: etwa 180 °C

7. Das Backblech in den vorgeheizten Backofen schieben. Hefezöpfe **25–30 Minuten backen.**

8. Das Backblech auf einen Kuchenrost stellen. Die Hack-Hefezöpfe warm oder kalt servieren.

HACKNESTER

Zubereitungszeit: 25 Minuten
Überbackzeit: etwa 10 Minuten

ZUTATEN FÜR 4 PORTIONEN

1 Brötchen (Semmel) vom Vortag
1 Zwiebel
500 g Gehacktes
(halb Rind-, halb Schweinefleisch)
1 Ei (Größe M)
1 TL gerebelter Thymian
1 Msp. Paprikapulver rosenscharf
Salz
gem. Pfeffer
4 EL Speiseöl
300 g Tomaten
200 g Schafskäse
etwas Rucola (Rauke)

PRO PORTION:

E: 36 g, F: 44 g, Kh: 12 g, kcal: 593

1. Brötchen in kaltem Wasser einweichen. Zwiebel abziehen und in kleine Würfel schneiden.

2. Gehacktes in eine Schüssel geben. Ei, ausgedrücktes Brötchen und Zwiebelwürfel gut unterkneten. Mit Thymian, Paprika, Salz und Pfeffer würzen.

3. Aus der Hackfleischmasse mit angefeuchteten Händen 8 Frikadellen formen. In die Mitte der Frikadellen je eine Vertiefung drücken.

4. Speiseöl in einer Pfanne erhitzen. Die Frikadellen darin von der unteren Seite anbraten, herausnehmen und auf ein Backblech (mit Backpapier belegt) setzen.

5. Den Backofengrill vorheizen.

6. Tomaten kreuzweise einschneiden, mit kochendem Wasser übergießen. Nach 1–2 Minuten herausnehmen und mit kaltem Wasser abschrecken. Tomaten häuten, halbieren und die Stängelansätze herausschneiden. Die Tomaten in kleine Würfel schneiden. Schafskäse zerbröseln.

7. Tomatenwürfel mit den Käsebröseln vermischen, achteln und jeweils eine Portion in die Vertiefungen der Frikadellen füllen.

8. Das Backblech unter den vorgeheizten Backofengrill schieben und die Hacknester **etwa 10 Minuten überbacken.**

9. In der Zwischenzeit Rucola verlesen und die dicken Stängel entfernen. Rucola abspülen und trocken tupfen. Die Hacknester vom Backblech nehmen, auf Tellern anrichten und mit Rucola garnieren.

BEILAGE:

Ofenfrisches Baguette.

HACKROLLE

Zubereitungszeit: 40 Minuten, ohne Ruhe- und Abkühlzeit
Garzeit: Strudel 20–30 Minuten

ZUTATEN FÜR 4 PORTIONEN

FÜR DEN TEIG:

125 g Weizenmehl
1 Prise Salz
1 Ei (Größe M)
2 EL lauwarmes Wasser
knapp 2 EL Speiseöl

FÜR DIE FÜLLUNG:

1 Bund Petersilie
1 Bund Majoran
2 Zwiebeln
250 g Champignons
20 g Butter
500 g Rindergehacktes
Salz
gem. Pfeffer
ger. Muskatnuss
30 g zerlassene Butter
1 Eigelb (Größe M)

PRO PORTION:

E: 34 g, F: 36 g, Kh: 27 g, kcal: 571

1. Für den Teig Mehl in eine Rührschüssel geben. Salz, Ei, Wasser und Speiseöl hinzufügen. Zutaten mit einem Mixer (Knethaken) erst kurz auf kleiner, dann auf höchster Stufe zu einem glatten Teig verarbeiten. In einem kleinen Topf Wasser kochen, das Wasser ausgießen und den Topf abtrocknen. Den Teig auf Backpapier in den heißen Topf legen. Den Topf mit einem Deckel verschließen. Den Teig etwa 30 Minuten ruhen lassen.

2. Für die Füllung Petersilie und Majoran abspülen, trocken tupfen und die Blättchen von den Stängeln zupfen. Blättchen klein schneiden. Zwiebeln abziehen und in kleine Würfel schneiden. Champignons putzen, evtl. kurz abspülen, trocken tupfen und in dünne Streifen schneiden.

3. Butter in einer Pfanne zerlassen. Gehacktes darin unter Rühren anbraten. Dabei die Fleischklümpchen mit einer Gabel zerdrücken. Zwiebelwürfel und Champignonstreifen unterrühren. Die Hackfleischmasse mit Salz, Pfeffer und Muskat würzen. Die Pfanne von der Kochstelle nehmen, Kräuter unterrühren. Masse erkalten lassen.

4. Den Backofen vorheizen.
Ober-/Unterhitze: etwa 180 °C
Heißluft: etwa 160 °C

5. Den Teig auf einem bemehlten Geschirrtuch dünn zu einem Rechteck (etwa 30 x 40 cm) ausrollen und mit zerlassener Butter bestreichen. Auf zwei Drittel des Teiges die Hackfleischmasse verteilen (an den Seiten etwa 3 cm frei lassen). Die frei gelassenen Teigränder der langen Seiten auf die Füllung klappen. Den Teig mithilfe des Tuches von der kurzen Seite aus aufrollen und an den Enden gut zusammendrücken. Die Rolle auf ein Backblech (gefettet, mit Backpapier belegt) legen.

6. Eigelb verschlagen, die Rolle damit bestreichen. Das Backblech in den vorgeheizten Backofen schieben. Den Strudel **20–30 Minuten garen.**

7. Die Rolle vom Backblech nehmen, in Scheiben schneiden, anrichten und sofort servieren.

HACK-STEINPILZ-QUICHE MIT DILL

- Zubereitungszeit: 50 Minuten, ohne Kühlzeit
  Backzeit: etwa 50 Minuten
- ▲ Mit Alkohol

ZUTATEN FÜR 10 STÜCKE

FÜR DEN TEIG:

250 g Weizenmehl
Salz
125 g kalte Butter, in Würfel geschnitten
1 Ei (Größe M)
3 EL Wasser

FÜR DIE FÜLLUNG:

20 g getrocknete Steinpilze
200 ml kochendes Wasser
75 g Zwiebeln
1–2 Knoblauchzehen
3 EL Sonnenblumenöl
500 g Gehacktes (½ Rind-, ½ Schweinefleisch)
50 ml trockener Weißwein
6 Stängel Dill
175 g Emmentaler (im Stück)
3 Eier (Größe M)
300 g Schmand (Sauerrahm)
4 EL mittelscharfer Senf
gem. schwarzer Pfeffer
einige Stängel Dill

ZUSÄTZLICH:

Hülsenfrüchte, z. B. Erbsen, Linsen, zum Blindbacken

PRO STÜCK:

E: 22 g, F: 38 g, Kh: 21 g, kcal: 515

1. Für den Teig Mehl mit ½ Teelöffel Salz und Butterwürfeln in eine Rührschüssel geben und mit einem Mixer (Knethaken) zunächst kurz auf niedrigster, dann auf höchster Stufe zu einer krümeligen Masse verarbeiten. Ei und 3 Esslöffel Wasser hinzugeben, kurz zu einem glatten Teig verkneten. Den Teig in Frischhaltefolie gewickelt etwa 1 Stunde in den Kühlschrank legen.

2. In der Zwischenzeit für die Füllung die Steinpilze in einer kleinen Schüssel mit 200 ml kochendem Wasser übergießen, mindestens 25 Minuten quellen lassen. Zwiebeln und Knoblauch abziehen, klein würfeln.

3. Die Steinpilze in einem Sieb abtropfen lassen, dabei das Steinpilzwasser auffangen. Die Steinpilze fein hacken.

4. Sonnenblumenöl in einer großen Pfanne erhitzen. Das Gehackte mit den Zwiebel- und Knoblauchwürfeln unter Rühren etwa 4 Minuten bei starker Hitze anbraten. Dabei die Fleischklümpchen mit einer Gabel zerdrücken. Gehacktes mit Salz würzen und die Steinpilze untermischen. Weißwein und das Steinpilzwasser hinzugießen, zum Kochen bringen und so lange einkochen lassen, bis fast keine Flüssigkeit mehr vorhanden ist. Die Pfanne von der Kochstelle nehmen. Die Hackfleisch-Pilz-Masse erkalten lassen.

5. Den Teig auf der bemehlten Arbeitsfläche zu einer runden Platte (Ø etwa 32 cm) ausrollen und in eine Tarteform (Ø 28 cm, gefettet) legen, dabei den Rand andrücken, evtl. gerade schneiden. Teigboden mehrmals mit einer Gabel einstechen. Den Teig in der Form nochmals etwa 30 Minuten in den Kühlschrank stellen.

6. Den Backofen vorheizen.
Ober-/Unterhitze: etwa 200 °C
Heißluft: etwa 180 °C

7. Den Dill abspülen, trocken tupfen und die Spitzen von den Stängeln zupfen. Spitzen klein schneiden. Käse fein reiben. Dill, Käse, Eier, Schmand und Senf in einer Schüssel glatt verrühren, mit Salz und Pfeffer würzen. Die Hackfleisch-Pilz-Masse untermischen.

8. Den kalt gestellten Teig mit Backpapier belegen und Hülsenfrüchte darauf verteilen. Die Form auf dem Rost in den vorgeheizten Backofen schieben. Den Teig **etwa 15 Minuten vorbacken** (blindbacken). Anschließend das Backpapier mit den Hülsenfrüchten entfernen. Den Boden **weitere etwa 5 Minuten backen.**

9. Die Form auf einen Rost stellen. Die vorbereitete Hackfleischmasse auf dem vorgebackenen Boden verteilen.

10. Die Form wieder auf dem Rost in den heißen Backofen (untere Schiene) schieben. Die Quiche bei gleicher Backofentemperatur in **etwa 28 Minuten goldbraun backen.**

11. Dill abspülen und trocken tupfen. Die Spitzen von den Stängeln zupfen. Spitzen etwas kleiner zupfen.

12. Die Form auf einen Rost stellen. Die Quiche leicht abkühlen lassen, dann den Rand mit einem Messer lösen. Die Quiche aus der Form lösen und auf eine Platte setzen.

13. Die Quiche mit Dillspitzen bestreuen und anschließend in 10 Stücke schneiden. Hack-Steinpilz-Quiche am besten noch heiß oder lauwarm servieren.

TIPP:

Schmeckt gut mit einem gemischten Blattsalat.

HACK-ZUCCHINI-INVOLTINI

Zubereitungszeit: 50 Minuten
Garzeit: 30–35 Minuten

ZUTATEN FÜR 4 PORTIONEN

75 g Pecorino (ohne Rinde)
75 g Cantuccini (ital. Mandelgebäck)
6 Stängel Basilikum
350 g Gehacktes
(halb Rind-, halb Schweinefleisch)
2 Eier (Größe M)
fein abger. Schale von 1 Bio-Zitrone
(unbehandelt, ungewachst)
Salz
gem. schwarzer Pfeffer
2 große Zucchini (je etwa 300 g)
4 EL Olivenöl
4 Stängel glatte Petersilie
30 g Pistazienkerne, geröstet und gesalzen
einige Basilikumblättchen

PRO PORTION:

E: 32 g, F: 40 g, Kh: 19 g, kcal: 557

1. Pecorino in etwa 1 cm große Würfel schneiden und mit den Cantuccini im Blitzhacker fein zerbröseln. Basilikum abspülen und trocken tupfen. Von 4 Basilikumstängeln die Blättchen abzupfen und klein schneiden. Restliche Stängel beiseitelegen.

2. Den Backofen vorheizen.
Ober-/Unterhitze: etwa 180 °C
Heißluft: etwa 160 °C

3. Das Gehackte in eine Schüssel geben. Zwei Drittel (etwa 100 g) der Käse-Cantuccini-Brösel, Eier, Zitronenschale, klein geschnittenes Basilikum, Salz und Pfeffer hinzugeben. Die Zutaten gut verkneten.

4. Zucchini abspülen, abtrocknen und die Enden abschneiden. Zucchini der Länge nach in 20 jeweils 3–4 mm dicke Scheiben schneiden oder hobeln. Auf dem unteren Teil der Zucchinischeiben jeweils etwas von der Hackfleischmasse verteilen und aufrollen.

5. Die Zucchini-Hack-Röllchen aufrecht, mit der offenen Seite nach oben dicht an dicht in eine feuerfeste Form oder Auflaufform (mit 1 Esslöffel Olivenöl bestrichen) setzen.

6. Petersilie abspülen, trocken tupfen und die Blättchen von den Stängeln zupfen. Von den beiseitegelegten Basilikumstängeln ebenfalls die Blättchen abzupfen. Die Petersilien- und Basilikumblättchen grob zerschneiden. Mit den Pistazienkernen und den restlichen Käse-Cantuccini-Bröseln nochmals in den Blitzhacker geben und fein zerbröseln. 1 Esslöffel des restlichen Olivenöls untermischen. Die Bröselmasse auf den Hack-Zucchini-Röllchen (Involtini) verteilen.

7. Die Form auf dem Rost in den vorgeheizten Backofen (unteres Drittel) schieben. Hack-Zucchini-Involtini **30–35 Minuten garen.**

8. Falls die Bröselmasse zu dunkel wird, sie locker mit Backpapier belegen.

9. Hack-Zucchini-Involtini auf Tellern anrichten und vor dem Servieren jeweils mit dem restlichen Olivenöl beträufeln, mit grob gemahlenem Pfeffer bestreuen und mit abgespülten, trocken getupften Basilikumblättchen garnieren.

TIPP:

Dazu passt frisches Baguette oder ein grob gestampftes Kartoffelpüree.

HAFER-MANGOLD-AUFLAUF MIT ZWIEBEL-NUSS-KRUSTE

◷ Zubereitungszeit: 30 Minuten
Garzeit: etwa 15 Minuten
+ Vegan

ZUTATEN FÜR 4 PORTIONEN

2 TL Tomatenmark
800 ml vegane Gemüsebrühe
200 g grobe Hafergrütze
1 Lorbeerblatt
Salz
gem. Pfeffer
1 Staude Mangold (etwa 800 g)
3 mittelgroße Zwiebeln
1 Knoblauchzehe
6 EL veganes Speiseöl
40 g grob gehackte Macadamia- oder Walnusskerne
200 ml Soja-Kochcreme
ger. Muskatnuss
350 g mittelgroße Tomaten

PRO PORTION:

E: 16 g, F: 37 g, Kh: 38 g, kcal: 554

1. Tomatenmark mit Brühe verrühren. Die Hafergrütze in einen Topf geben und bei mittlerer Hitze unter Wenden anrösten, bis der Hafer beginnt zu duften. Die Brühe-Tomatenmark-Mischung unter Rühren hinzugießen. Das Lorbeerblatt hinzugeben, alles mit etwas Salz und Pfeffer würzen und kurz aufkochen lassen. Den Topf von der Kochstelle nehmen. Die Grütze zugedeckt etwa 20 Minuten quellen lassen. Dann das Lorbeerblatt entfernen.

2. In der Zwischenzeit Mangold putzen, die Stängel von den Blättern schneiden. Blätter und Stängel gründlich waschen und abtropfen lassen. Die Blätter und Stängel in kleine Stücke schneiden.

3. Zwiebeln und Knoblauch abziehen, klein würfeln. Etwas Speiseöl in einer Pfanne erhitzen. Die Zwiebel- und Knoblauchwürfel darin goldbraun anrösten. Dann die Zwiebel- und Knoblauchwürfel aus der Pfanne nehmen, mit den gehackten Nusskernen mischen.

4. Restliches Speiseöl in der Pfanne erhitzen. Mangoldstängel darin bei starker Hitze etwa 3 Minuten anbraten, dabei gelegentlich umrühren. Mangoldblätter hinzugeben und kurz mit anbraten. Soja-Kochcreme hinzugießen. Alles mit Salz, Pfeffer und Muskat würzen, die Flüssigkeit ohne Deckel bei starker Hitze leicht sämig einkochen. Mangold und verbliebene Flüssigkeit in eine große Auflaufform (gefettet) geben.

5. Den Backofen vorheizen.
Ober-/Unterhitze: etwa 220 °C
Heißluft: etwa 200 °C

6. Die Tomaten abspülen, abtrocknen und in dünne Scheiben schneiden, dabei die Stängelansätze herausschneiden. Die Tomatenscheiben und die gequollene Hafergrütze abwechselnd streifenweise auf den Mangold schichten. Dabei die Tomatenscheiben mit Salz und Pfeffer würzen.

7. Die Nuss-Zwiebel-Mischung auf dem Auflauf verteilen. Die Form auf dem Rost in den vorgeheizten Backofen schieben. Den Auflauf **etwa 15 Minuten garen.**

HÄHNCHENFLÜGEL MIT KARTOFFELN UND CIDRE

Zubereitungszeit: 30 Minuten
Garzeit: etwa 70 Minuten

ZUTATEN FÜR 4 PORTIONEN

1 kg kleine, fest kochende Kartoffeln
250 g Schalotten oder kleine Zwiebeln
2 EL Olivenöl
Salz
gem. Pfeffer
1 TL Fenchelsamen
100 ml Gemüsebrühe
1 kg Hähnchenflügel (Chicken-Wings)
150 g Cabanossi (Knoblauchwurst)
150 ml Cidre (moussierender Apfelwein)
oder Apfelwein
1 Bund Schnittlauch

ZUSÄTZLICH:

1 Bräter oder eine Auflaufform (etwa 35 x 24 cm)

PRO PORTION:

E: 31 g, F: 42 g, Kh: 35 g, kcal: 662

1. Den Backofen vorheizen.
Ober-/Unterhitze: etwa 200 °C
Heißluft: etwa 180 °C

2. Kartoffeln mit der Gemüsebürste gründlich reinigen und in einem Sieb abspülen und abtropfen lassen. Kartoffeln der Länge nach halbieren. Schalotten oder kleine Zwiebeln abziehen und in Spalten schneiden.

3. Den Bräter mit dem Öl ausstreichen. Kartoffeln und Schalotten oder kleine Zwiebeln in den Bräter geben, vermengen und mit Salz, Pfeffer und Fenchel würzen. Die Brühe dazugeben. Den Bräter auf dem Rost in den vorgeheizten Backofen schieben und **etwa 30 Minuten vorgaren.**

4. Inzwischen die Hähnchenflügel von evtl. Federresten befreien. Die Flügel mit Küchenpapier abtupfen. Die Flügel mit Salz und Pfeffer würzen. Cabanossi in kleine Würfel schneiden.

5. Cabanossi und Cidre im Bräter verteilen. Die Zutaten im Bräter umrühren. Die Hähnchenflügel auf die Kartoffeln legen. Den Bräter wieder in den Backofen schieben. Die Zutaten weitere **etwa 40 Minuten garen,** dabei 2–3-mal mit dem Pfannenwender umrühren. Bei Bedarf zusätzlich etwas Wasser in den Bräter geben.

6. Schnittlauch abspülen, trocken tupfen und schräg in Röllchen schneiden. Die geschmorten Zutaten mit Salz und Pfeffer abschmecken und mit Schnittlauchröllchen bestreuen.

TIPP:

Die Hähnchenflügel nach Ende der Garzeit kurz unter dem Backofengrill gratinieren, damit die Haut etwas knuspriger wird.

HAMBURGER PFANNFISCH

Zubereitungszeit: 50 Minuten, ohne Abkühlzeit
Garzeit: etwa 15 Minuten

ZUTATEN FÜR 4 PORTIONEN

500 g etwa gleich große Kartoffeln
150 g Butter
500 g gemischte Fischfilets, z. B. Schellfisch, Scholle und Kabeljau (ohne Haut und Gräten)
4 Schalotten
2 TL mittelscharfer Senf
250 g junger Wirsing
Salz
gem. Pfeffer

FÜR DIE SENFSAUCE:

2 Schalotten
1 EL Sonnenblumenöl
100 ml Fisch- oder Gemüsefond
100 g Schlagsahne
2 EL mittelscharfer Senf
80 g kalte Butter
1 Prise Chilipulver

PRO PORTION:

E: 28 g, F: 61 g, Kh: 20 g, kcal: 749

1. Kartoffeln schälen, abspülen, trocken tupfen und in etwa ½ cm dicke Scheiben schneiden.

2. Von der Butter 50 g in einer Pfanne zerlassen. Kartoffelscheiben darin unter mehrmaligem Wenden anbraten.

3. Den Backofen vorheizen.
Ober-/Unterhitze: etwa 200 °C
Heißluft: etwa 180 °C

4. Fischfilets mit Küchenpapier abtupfen und in etwa 2 cm dicke Scheiben schneiden.

5. Schalotten abziehen, zuerst in Scheiben schneiden, dann in Ringe teilen. 50 g von der restlichen Butter in einer zweiten Pfanne zerlassen. Schalottenringe darin glasig dünsten, abkühlen lassen und mit Senf verrühren.

6. Wirsing putzen, abspülen, abtropfen lassen und in feine Streifen schneiden. Wirsingstreifen in kochendem Salzwasser etwa 2 Minuten blanchieren, mit eiskaltem Wasser abschrecken und in einem Sieb abtropfen lassen.

7. Ein Drittel der Kartoffelscheiben kreisförmig in eine Springform (Ø 24 cm, gefettet, evtl. außen einen Streifen Alufolie darumlegen) legen, mit Salz und Pfeffer bestreuen. Die Hälfte der Wirsingstreifen daraufgeben und die Hälfte der Fischfiletscheiben darauf verteilen, mit Salz und Pfeffer bestreuen. Die Hälfte der Schalotten-Senf-Masse daraufstreichen.

8. Den Vorgang wiederholen und mit den restlichen Kartoffelscheiben abschließen. Die Kartoffelscheiben mit Salz und Pfeffer bestreuen. Restliche Butter zerlassen, abkühlen lassen und darauftträufeln. Die Form auf dem Rost in den vorgeheizten Backofen schieben. Den Hamburger Pfannfisch **etwa 15 Minuten garen**.

9. Die Form auf einen Rost stellen. Den Pfannfisch in der Form etwas abkühlen lassen.

10. Für die Senfsauce die Schalotten abziehen und fein würfeln. Das Sonnenblumenöl in einem Topf erhitzen, die Schalottenwürfel darin glasig dünsten. Fond und Sahne hinzugießen, den Senf unterrühren und die Sauce erhitzen. Die Butter in grobe Würfel schneiden und unter die Sauce mixen. Die Sauce mit Salz, Pfeffer und Chili abschmecken. Den Topf von der Kochstelle nehmen und die Sauce warm halten.

11. Den Springformrand entfernen. Den Pfannfisch auf einer vorgewärmten Platte anrichten und in Tortenstücke schneiden. Die Senfsauce dazureichen.

HIRSCHRÜCKENFILET MIT NUSSKRUSTE

Zubereitungszeit: 45 Minuten, ohne Ruhezeit
Garzeit: etwa 55 Minuten

ZUTATEN FÜR 4 PORTIONEN

750 g Hirschrückenfilet
Salz
gem. Pfeffer
30 g Butterschmalz

FÜR DIE HASELNUSSKRUSTE:

30 g Butterschmalz (zimmerwarm)
100 g gem. Haselnusskerne
1 Prise Zucker
2 Eigelb (Größe M)
1–2 EL Semmelbrösel
Salz
grob gem. bunter Pfeffer
3 EL klein geschnittene Kräuter (Petersilie, Thymian, Rosmarin)

FÜR DIE SAUCE:

250 ml Wildfond
100 ml Rotwein
5 Wacholderbeeren
1 geh. EL Weizenmehl
2 EL kaltes Wasser
2 EL Cognac
3 EL Portwein

PRO PORTION:

E: 46 g, F: 40 g, Kh: 11 g, kcal: 628

1. Den Backofen bei Ober-/Unterhitze auf 95 °C vorheizen. Einen feuerfesten Teller oder eine Auflaufform auf dem Rost (unteres Drittel) miterwärmen.

2. Hirschrückenfilet mit Küchenpapier abtupfen, evtl. enthäuten. Filet mit Salz und Pfeffer würzen.

3. Butterschmalz in einer Pfanne erhitzen. Hirschrückenfilet darin 4–5 Minuten von allen Seiten gut anbraten, herausnehmen und auf dem vorgewärmten Teller oder in der Auflaufform in den vorgeheizten Backofen (unteres Drittel) schieben. Hirschrückenfilet **etwa 55 Minuten garen**. Die Pfanne mit dem Bratensatz für die Sauce beiseitestellen.

4. In der Zwischenzeit für die Haselnusskruste Butterschmalz schaumig rühren. Haselnusskerne, Zucker und Eigelb unterrühren. Von den Semmelbröseln nur so viel unterrühren, dass eine streichfähige Masse entsteht. Die Masse mit Salz und Pfeffer würzen, Kräuter unterrühren.

5. Für die Sauce die beiseitegestellte Pfanne mit dem Bratensatz erhitzen. Den Wildfond und Rotwein unterrühren, Wacholderbeeren zerdrücken und hinzufügen. Die Sauce zum Kochen bringen und etwas einkochen lassen.

6. Mehl mit Wasser anrühren, in die Sauce rühren und unter Rühren zum Kochen bringen. Die Sauce etwa 5 Minuten kochen lassen, dann mit Cognac, Portwein, Salz und Pfeffer abschmecken. Die Sauce warm stellen.

7. Das gegarte Hirschrückenfilet aus dem Backofen nehmen. Den Backofengrill auf etwa 240 °C einschalten.

8. Das Hirschrückenfilet mit der Haselnussmasse bestreichen. Die Masse andrücken und das Filet auf ein Backblech legen. Das Backblech unter den vorgeheizten Backofengrill schieben. Das Hirschrückenfilet **etwa 5 Minuten knusprig braun überbacken.**

9. Das überbackene Hirschrückenfilet etwa 5 Minuten ruhen lassen, dann in Scheiben schneiden und mit der Sauce servieren.

BEILAGE:

Spätzle und feines Buttergemüse.

HIRSEAUFLAUF MIT GEMÜSE

Zubereitungszeit: 50 Minuten
Garzeit: etwa 15 Minuten
+ Vegetarisch

ZUTATEN FÜR 4 PORTIONEN

FÜR DIE HIRSEMASSE:

150 g Hirse
1 Zwiebel (30 g)
2 EL Rapsöl
300 ml Gemüsebrühe
1 Lorbeerblatt
½ TL Fenchelsamen
Meersalz
gem. Pfeffer
ger. Muskatnuss

FÜR DEN BELAG:

500 g braune Champignons
1 Knoblauchzehe
200 g Lauch
250 g Staudensellerie
4 EL Olivenöl
2 Eier (Größe M)
150 g Schlagsahne
100 ml Milch
geriebene Muskatnuss
80 g frisch geriebener Käse, z. B. alter Gouda oder Emmentaler

ZUSÄTZLICH:

1 Tarteform (Ø etwa 28 cm) oder mehrere kleine Tarteformen
Butter oder Margarine zum Einfetten

PRO PORTION:

E: 19 g, F: 40 g, Kh: 33 g, kcal: 577

1. Hirse auf ein Sieb geben, unter fließendem kalten Wasser abspülen und gut abtropfen lassen. Zwiebel abziehen, halbieren und in kleine Würfel schneiden.

2. Öl in einem Topf erhitzen. Zwiebelwürfel und Hirse darin kurz unter Rühren andünsten. Brühe hinzugießen, Lorbeerblatt und Fenchelsamen hinzugeben. Die Zutaten zum Kochen bringen und zugedeckt etwa 15 Minuten bei mittlerer Hitze garen. Mit Salz, Pfeffer und Muskat würzen. Das Lorbeerblatt entfernen.

3. Den Backofen vorheizen.
Ober-/Unterhitze: etwa 200 °C
Heißluft: etwa 180 °C

4. Für den Belag die Champignons putzen, mit Küchenpapier abreiben und halbieren oder vierteln. Knoblauch abziehen und zerdrücken. Lauch putzen, die Stangen längs halbieren, gründlich waschen und quer in Streifen schneiden. Staudensellerie putzen und die harten Außenfäden abziehen. Sellerie abspülen, abtropfen lassen, die Blätter beiseite legen, die Stangen quer in Streifen schneiden.

5. Die Hälfte des Olivenöls in einer Pfanne erhitzen. Die Champignons darin anbraten, mit Salz und Pfeffer würzen und in eine Schüssel geben. Im restlichen Olivenöl Staudensellerie und Lauch anbraten und zu den Champignons in die Schüssel geben. Das Gemüse mit Salz und Pfeffer würzen.

6. Die Hirse in der Tarteform oder den -formen verteilen, Gemüse mit dem Sud darauf verteilen. Eier mit Milch und Sahne verrühren. Den Eier-Sahne gleichmäßig über das Gemüse geben. Das Gemüse mit Käse bestreuen.

7. Die Form auf dem Rost in den vorgeheizten Backofen schieben. Den Hirseauflauf mit Gemüse etwa 15 Minuten garen. Nach dem Backen mit Selleriegrün bestreuen.

INDISCHER CURRY-STECKRÜBEN-AUFLAUF MIT NUSSKRUSTE

Zubereitungszeit: 45 Minuten
Garzeit: etwa 35 Minuten
+ Vegetarisch

ZUTATEN FÜR 4 PORTIONEN

1 Knoblauchzehe
1 mittelgroße Zwiebel
1 kg Steckrübe
2 EL Butter
Salz
gem. Pfeffer
1–2 TL Currypulver
¼ TL Cayennepfeffer
400 ml fettreduzierte Kokosmilch
100 ml kräftige Gemüsebrühe
1 großes Bund Frühlingszwiebeln
2 Zwiebeln
3 EL Butter
125 g rote Linsen
3 Eier (Größe M)
50 g geröstete Cashewkerne

PRO PORTION:

E: 20 g, F: 46 g, Kh: 40 g, kcal: 653

1. Knoblauch und Zwiebel abziehen, fein würfeln. Steckrübe putzen, schälen, abspülen, abtropfen lassen und in etwa 6 x 10 cm große, feine Scheiben schneiden.

2. Butter in einer großen Pfanne zerlassen. Die Zwiebel- und Knoblauchwürfel darin andünsten. Die Steckrübenscheiben hinzugeben und kurz von beiden Seiten anbraten, mit Salz, Pfeffer, Curry und Cayennepfeffer kräftig würzen. Kokosmilch und Brühe hinzugießen und zum Kochen bringen. Die Steckrübenscheiben zugedeckt etwa 10 Minuten garen.

3. In der Zwischenzeit die Frühlingszwiebeln putzen, abspülen, abtropfen lassen und schräg in etwa 2 cm große Stücke schneiden. Zwiebeln abziehen und in Scheiben schneiden.

4. Von der Butter 1 ½ Esslöffel in einer Pfanne zerlassen. Zunächst die Zwiebelscheiben darin goldbraun braten, herausnehmen und beiseitestellen. Restliche Butter in die Pfanne geben. Die Frühlingszwiebelstücke darin andünsten, dann beiseitestellen.

5. Die Steckrübenscheiben mit einer Schaumkelle aus der Pfanne nehmen. Die Kokos-Kochflüssigkeit beiseitestellen.

6. Die Linsen abspülen, abtropfen lassen und mit der beiseitegestellten Kokos-Kochflüssigkeit in einem Topf zum Kochen bringen. Die Linsen zugedeckt in etwa 7 Minuten bissfest garen, dabei gelegentlich umrühren. Die Linsen mit einer Schaumkelle aus dem Topf nehmen. Die Kochflüssigkeit etwas abkühlen lassen.

7. Den Backofen vorheizen.
Ober-/Unterhitze: etwa 180 °C
Heißluft: etwa 160 °C

8. Die Steckrübenscheiben, Linsen und Frühlingszwiebelstücke schichtweise in eine große Auflaufform (gefettet) schichten.

9. Eier verschlagen, mit etwas Salz, Pfeffer und Curry würzen. Die abgekühlte, beiseitegestellte Kochflüssigkeit nach und nach unterschlagen. Die Eierflüssigkeit über die Auflaufzutaten gießen.

10. Cashewkerne hacken und zusammen mit den angebratenen Zwiebelscheiben auf dem Auflauf verteilen. Die Form auf dem Rost in den vorgeheizten Backofen schieben. Den Auflauf in **etwa 35 Minuten goldbraun garen.** Damit die Cashewkerne nicht zu dunkel werden, den Auflauf nach etwa 25 Minuten Garzeit mit einem Stück Backpapier zudecken.

JAKOBSMUSCHELGRATIN

Zubereitungszeit: 25 Minuten
Gratinierzeit: 6–8 Minuten

ZUTATEN FÜR 4 PORTIONEN

12 vorbereitete, große Jakobsmuschelkerne mit Rogen
500 g junger Blattspinat
2 Schalotten
2 EL Olivenöl
Salz
gem. Pfeffer
1 Knoblauchzehe
80 g Butter (zimmerwarm)
½ Bund Kerbel
½ Bund Schnittlauch
½ Bund Dill
30 g frisch ger. Parmesan
1 Bio-Zitrone (unbehandelt, ungewachst)
Cayennepfeffer
1 große Tomate

ZUSÄTZLICH:

4 ofenfeste Förmchen

PRO PORTION:

E: 14 g, F: 21 g, Kh: 7 g, kcal: 282

1. Die Jakobsmuschelkerne mit Küchenpapier abtupfen. Den Spinat verlesen und die dicken Stiele abschneiden. Spinat gründlich waschen und trocken schleudern oder gut trocken tupfen.

2. Die Schalotten abziehen und klein würfeln. Olivenöl in einem Topf erhitzen. Die Schalottenwürfel darin andünsten. Den Spinat hinzugeben und kurz zusammenfallen lassen. Mit Salz und Pfeffer würzen. Die Spinatmasse in einem Sieb abtropfen lassen.

3. Den Backofen vorheizen.
Ober-/Unterhitze: etwa 240 °C
Heißluft: nicht empfehlenswert!

4. Knoblauch abziehen und durch eine Knoblauchpresse drücken. Den Knoblauch unter die Butter mengen. Die Kräuter abspülen, trocken tupfen und die Blättchen bzw. Spitzen von den Stängeln zupfen. Kerbel, Dill und Schnittlauch getrennt voneinander klein schneiden. Die Kräuter mit dem Parmesan zur Butter geben und gut unterarbeiten.

5. Zitrone heiß abwaschen, abtrocknen und die Schale abreiben. Zitrone halbieren und den Saft auspressen. Die Kräuterbutter mit Salz, Pfeffer, Cayennepfeffer, Zitronenschale und -saft abschmecken.

6. Die Tomate abspülen, trocken tupfen, halbieren und den Stängelansatz herausschneiden. Tomate in Würfel schneiden.

7. Den Spinat in 4 Förmchen verteilen. Jeweils 3 mit Salz und Pfeffer gewürzte Jakobsmuschelkerne daraufsetzen. Kräuterbutter auf den Muscheln verteilen und mit Tomatenwürfeln bestreuen.

8. Die Förmchen auf dem Rost in den vorgeheizten Backofen schieben. Das Jakobsmuschelgratin **6–8 Minuten gratinieren.**

TIPP:

Sie können das Gericht statt mit Jakobsmuscheln auch mit 600 g Fischfilet zubereiten. Schneiden Sie das Fischfilet in etwa 50 g schwere Stücke, von denen Sie jeweils drei auf den Spinat setzen.

KABINETTPUDDING

Zubereitungszeit: 30 Minuten
Garzeit: etwa 80 Minuten
+ Vegetarisch

ZUTATEN FÜR 4 PORTIONEN

100 ml Apfelsaft
100 g gem. getr. Beeren
1 Bio-Limette (unbehandelt, ungewachst)
100 g Schlagsahne
150 ml Milch (3,5 % Fett)
6 Eier (Größe M)
½ Pck. Bourbon-Vanille-Zucker
200 g Löffelbiskuits
1 reife Mango (etwa 450 g)
evtl. Melissenblätter, Limettenspalten oder Mangoscheiben zum Garnieren

ZUSÄTZLICH:

1 ofenfeste Brioche- oder Puddingform (Ø etwa 20 cm) oder zwei kleine ofenfeste Formen
Alufolie
Butter oder Margarine zum Einfetten
1 Auflaufform oder 1 Bräter

PRO PORTION:

E: 19 g, F: 21 g, Kh: 71 g, kcal: 565

1. Apfelsaft mit den Beeren in einen Topf geben, zugedeckt aufkochen lassen, von der Kochstelle nehmen und etwas abkühlen lassen.

2. Den Backofen vorheizen.
Ober-/Unterhitze: etwa 180 °C
Heißluft: etwa 160 °C

3. Die Limette heiß abwaschen und trocken tupfen. Etwa ⅓ der Limettenschale fein reiben. Die Limette beiseite legen. Die Limettenschale mit Sahne, Milch, Eiern und Vanille-Zucker verrühren. Die Löffelbiskuits mit einem Sägemesser in etwa 2 cm lange Stücke schneiden.

4. Die Biskuitstücke in einer Schüssel mit der Eier-Masse übergießen, die Früchte mit dem Saft unterheben. Die Masse in die Form (gefettet) füllen und mit einem Bogen Alufolie (gefettet) verschließen.

5. Die Form in eine passende Auflaufform oder Bräter stellen, die Auflaufform auf einem Kuchenrost in den vorgeheizten Backofen schieben. So viel heißes Wasser in die Auflaufform gießen, dass die Brioche- oder Puddingform mind. 3 cm hoch im Wasser steht.

6. Den Kabinettpudding in dem Wasserbad (80–90 °C Wassertemperatur) im Backofen **etwa 70 Minuten stocken lassen.**

7. Inzwischen die ungeschälte Mango aufrecht stellen, das Fruchtfleisch rundherum vom Stein schneiden, schälen und grob würfeln. Die Limette halbieren und auspressen. Mangofruchtfleisch pürieren und mit 2–3 Esslöffel Limettensaft abschmecken.

8. Den Pudding vorsichtig aus dem Wasserbad nehmen, 5 Minuten auf dem Kuchenrost abkühlen lassen. Den Pudding mit einem Messer vom Rand der Form lösen, auf einen Teller stürzen und nach Belieben mit Melissenblättern oder Limettenscheiben garnieren.

9. Die Mangosauce zum Pudding servieren.

KALBSBRUST MIT APFEL-MEERRETTICH-FÜLLUNG

Zubereitungszeit: 50 Minuten
Garzeit: 80–90 Minuten

ZUTATEN FÜR 6 PORTIONEN

FÜR DIE FÜLLUNG:

400 g Lauch
350 g säuerliche Äpfel (z. B. Boskop)
3 Stängel Thymian
2 EL Speiseöl
120 g Weißbrot (vom Vortag)
30 g ger. Meerrettich (aus dem Glas)
Salz, gem. Pfeffer
1 Kalbsbrust (etwa 1,5 kg, mit eingeschnittener Tasche, beim Metzger vorbestellen)
3 EL Speiseöl
500 ml Gemüsebrühe
800 g Süßkartoffeln
500 g Lauch
30 g ger. Meerrettich (aus dem Glas)
1–2 EL Zitronensaft
einige Stängel glatte Petersilie

ZUSÄTZLICH:

kleine Holzstäbchen
Küchengarn
1 Bräter (etwa 35 x 24 cm)

PRO PORTION:

E: 54 g, F: 47 g, Kh: 51 g, kcal: 849

1. Für die Füllung den Lauch putzen, die Stangen längs halbieren, gründlich waschen und abtropfen lassen. Den Lauch quer in etwa 1 cm breite Stücke schneiden. Die Äpfel schälen, vierteln und die Kerngehäuse herausschneiden. Die Apfelviertel in grobe Würfel schneiden. Thymian abspülen, trocken tupfen, die Blätter abstreifen und hacken.

2. Das Öl in einem Topf erhitzen. Lauch, Äpfel und Thymian in den Topf geben und zugedeckt bei mittlerer Hitze etwa 5 Minuten andünsten. Dabei mehrfach umrühren.

3. Inzwischen das Weißbrot entrinden, in Würfel schneiden und in eine Schüssel geben. Das heiße Apfel-Lauch-Gemüse zum Weißbrot geben, mit Meerrettich vermengen und mit Salz und Pfeffer abschmecken. Die Füllung abkühlen lassen.

4. Die Kalbsbrust abtupfen und von innen mit Salz und Pfeffer würzen. Das Fleisch zum Füllen zusammenlegen. In die offene lange, und in eine offene kurze Seite von oben nach unten in etwa 2 großen Abständen Holzstäbchen stecken. Einen langen Faden Küchengarn kreuzweise um die Stäbchen schlingen, festziehen und mit einem Knoten fixieren, sodass die beiden Seiten geschlossen sind.

5. Den Backofen vorheizen.
Ober-/Unterhitze: etwa 200 °C
Heißluft: etwa 180 °C

6. Die Füllung esslöffelweise in die Tasche der Kalbsbrust füllen und leicht andrücken. Die offene Seite, wie beschrieben, ebenfalls mit Holzstäbchen und Küchengarn schließen. Das Fleisch von außen mit Salz und Pfeffer einreiben.

7. Das Öl im Bräter erhitzen, das Fleisch von beiden Seiten darin anbraten, etwa ⅓ der Brühe in den Bräter gießen. Den Bräter auf dem Rost in den vorgeheizten Backofen schieben. Das Fleisch **etwa 50 Minuten vorgaren,** dabei gelegentlich mit der Brühe aus dem Bräter begießen.

8. Inzwischen die Süßkartoffeln schälen, abspülen und in etwa 2 cm große Würfel schneiden. Den Lauch putzen, der Länge nach halbieren, gründlich waschen, abtropfen lassen und quer in etwa 3 cm lange Stücke schneiden.

9. Das Gemüse in den Bräter geben, ⅓ der Brühe dazugeben und umrühren. Den Bräter wieder in den Ofen schieben. Fleisch und Gemüse **30–40 Minuten garen.** Das Gemüse gelegentlich wenden und das Fleisch mit der restlichen Brühe begießen.

10. Das Fleisch aus dem Bräter nehmen und zugedeckt etwa 10 Minuten warm halten. Inzwischen das Gemüse mit Meerrettich, Salz, Pfeffer und Zitronensaft abschmecken.

11. Petersilie abspülen, trocken tupfen, die Blätter abzupfen und, bis auf einige zum Garnieren, klein schneiden. Petersilie unter das Gemüse heben. Fleisch aufschneiden und mit restlicher Petersilie garnieren.

TIPP:

Anstelle von Meerrettich aus dem Glas können Sie auch frisch geriebenen oder geraspelten Meerrettich verwenden.

KALBSHAXE BAYERISCH

Zubereitungszeit: 30 Minuten
Garzeit: etwa 1 ½ Stunden

ZUTATEN FÜR 4 PORTIONEN

1 Kalbshaxe (etwa 1 ½ kg)
Salz
gem. Pfeffer
gem. Kümmel
5 EL Speiseöl, z. B. Sonnenblumenöl
200 g abgezogene Perlzwiebeln
400 ml Kalbsfond oder -brühe
1 EL Tomatenmark
gem. grober Pfeffer
ger. Meerrettich

PRO PORTION:

E: 48 g, F: 24 g, Kh: 9 g, kcal: 441

1. Den Backofen vorheizen.
Ober-/Unterhitze: etwa 180 °C
Heißluft: etwa 160 °C

2. Kalbshaxe mit Küchenpapier abtupfen. Mit Salz, Pfeffer und Kümmel würzen.

3. Speiseöl in einem Bräter erhitzen. Die Haxe darin von allen Seiten scharf anbraten.

4. Den Bräter auf dem Rost in den vorgeheizten Backofen (unteres Drittel) schieben. Die Haxe **etwa 30 Minuten schmoren.**

5. Die Perlzwiebeln hinzufügen, **etwa 15 Minuten mitgaren.** Dann Kalbsfond oder -brühe hinzugießen. Tomatenmark unterrühren und das Ganze **weitere etwa 45 Minuten bei gleicher Backofentemperatur schmoren.**

6. Die Kalbshaxe aus dem Bräter nehmen und auf einer vorgewärmten Platte anrichten. Das Fleisch vom Knochen lösen und in Scheiben schneiden. Die Sauce mit Salz, Pfeffer und Meerrettich abschmecken und dazu servieren.

BEILAGE:

Kartoffelklöße und Jägerkohl oder einen bayerischen Krautsalat. Gut schmeckt dazu ein kühles Bier.

KANINCHENKEULEN

Zubereitungszeit: 20 Minuten
Garzeit: etwa 55 Minuten

ZUTATEN FÜR 4 PORTIONEN

4 Kaninchenkeulen (je etwa 200 g)
Salz
gem. Pfeffer
1–2 Stängel Rosmarin
200 g Möhren
100 g Knollensellerie
2 Zwiebeln
50 g abgetropfte schwarze Oliven, ohne Stein
150 g Tomaten
4 EL Olivenöl
700 ml Gemüsebrühe

PRO PORTION:

E: 35 g, F: 25 g, Kh: 6 g, kcal: 391

1. Den Backofen vorheizen.
Ober-/Unterhitze: etwa 160 °C
Heißluft: etwa 140 °C

2. Kaninchenkeulen mit Küchenpapier abtupfen, mit Salz und Pfeffer würzen.

3. Den Rosmarin abspülen und trocken tupfen. Möhren und Sellerie putzen, schälen, abspülen, abtropfen lassen und in Stücke schneiden. Zwiebeln abziehen und würfeln. Oliven halbieren. Tomaten abspülen, abtropfen lassen, halbieren und die Stängelansätze herausschneiden. Die Tomaten grob würfeln.

4. Das Olivenöl in einem Bräter erhitzen. Die Kaninchenkeulen darin von allen Seiten anbraten. Keulen herausnehmen, das vorbereitete Gemüse und Rosmarin in den Bräter geben, 2–3 Minuten andünsten. Kaninchenkeulen wieder hinzugeben.

5. Brühe hinzugießen. Den Bräter zugedeckt auf dem Rost in den vorgeheizten Backofen (unteres Drittel) schieben. Die Kaninchenkeulen **etwa 55 Minuten garen.**

6. Die Kaninchenkeulen herausnehmen, mit dem Gemüse auf einer Platte anrichten und zugedeckt warm stellen.

BEILAGE:

Bandnudeln oder Ciabatta und Brokkoli.

TIPPS:

Kaninchenkeulen herausnehmen, mit der Hälfte des Gemüses auf einer Platte anrichten, zugedeckt warm stellen. Restliches Gemüse pürieren, durch ein Sieb streichen, in einem Topf mit 75–100 g Crème fraîche verrühren. 50 g entsteinte Oliven klein schneiden, unter die Sauce rühren. 1 Esslöffel Speisestärke mit 2 Esslöffeln Wasser anrühren, in die Sauce rühren, kurz aufkochen lassen. Sauce mit Salz, Pfeffer und 1 Esslöffel Senf abschmecken, zu den Keulen reichen. Die Olivensauce wird noch würziger, wenn Sie zusätzlich 20 g Olivencreme (aus Glas oder Tube) zusammen mit der Brühe unterrühren. Die Keulen sollten immer mit Flüssigkeit bedeckt sein, damit sie nicht austrocknen.

KARTOFFELAUFLAUF

Zubereitungszeit: 20 Minuten
Garzeit: etwa 30 Minuten

ZUTATEN FÜR 4 PORTIONEN

1 kg festkochende Kartoffeln
200 g Kochschinken (1 dicke Scheibe)
Salz
gem. Pfeffer
100 ml Gemüsebrühe
150 g saure Sahne
3 Eier (Größe M)
ger. Muskatnuss
100 g ger. Gouda
40 g Butter
evtl. einige Basilikumblättchen

PRO PORTION:

E: 29 g, F: 27 g, Kh: 35 g, kcal: 507

1. Kartoffeln gründlich waschen, knapp mit Wasser bedeckt zugedeckt zum Kochen bringen. Kartoffeln 20–25 Minuten kochen. Kartoffeln abgießen, mit kaltem Wasser abschrecken, etwas abkühlen lassen und pellen.

2. Den Backofen vorheizen.
Ober-/Unterhitze: etwa 200 °C
Heißluft: etwa 180 °C

3. Schinken in Würfel schneiden. Kartoffeln in gleich große Scheiben schneiden.

4. Kartoffelscheiben und Schinkenwürfel abwechselnd in eine große, flache Auflaufform (gefettet) schichten. Dabei die Kartoffelscheiben mit Salz und Pfeffer bestreuen. Die letzte Schicht sollte aus Kartoffelscheiben bestehen.

5. Die Brühe mit saurer Sahne und Eiern verschlagen, mit Salz, Pfeffer und Muskat würzen.

6. Die Eiersahne auf dem Auflauf verteilen und mit Käse bestreuen. Die Butter in Flöckchen daraufsetzen. Die Form auf dem Rost in den vorgeheizten Backofen schieben. Den Auflauf **etwa 30 Minuten garen.**

7. Nach Belieben die Basilikumblättchen abspülen, trocken tupfen, evtl. die Hälfte der Blättchen in Streifen schneiden. Den Auflauf mit Basilikum garniert servieren.

TIPP:

Möchten Sie den Kartoffelauflauf vegetarisch zubereiten, ersetzen Sie den Kochschinken durch Paprikawürfel. Würzen Sie den Guss dann zusätzlich mit Paprikapulver edelsüß. Servieren Sie einen frischen gemischten Blattsalat zu dem Kartoffelgratin.

KARTOFFELGRATIN

Zubereitungszeit: 40 Minuten
Garzeit: 45–55 Minuten
+ Vegetarisch

ZUTATEN FÜR 4 PORTIONEN

1 Knoblauchzehe
800 g festkochende Kartoffeln
Salz, gem. Pfeffer
ger. Muskatnuss
125 ml Milch (1,5 % Fett)
125 g Schlagsahne
2 EL ger. Parmesan

ZUSÄTZLICH:

etwas Butter zum Einfetten der Auflaufform

PRO PORTION:

E: 7 g, F: 16 g, Kh: 26 g, kcal: 284

1. Den Backofen vorheizen.
Ober-/Unterhitze: etwa 200 °C
Heißluft: etwa 180 °C

2. Eine ovale Auflaufform mit etwas Butter einfetten. Den Knoblauch abziehen, längs halbieren und die Auflaufform damit ausreiben.

3. Die Kartoffeln schälen, abspülen, trocken tupfen und in dünne Scheiben schneiden. Dachziegelartig in die vorbereitete Form schichten, dabei die Kartoffelscheiben schichtweise kräftig mit Salz, Pfeffer und Muskat würzen.

4. Die Milch mit der Sahne verrühren und über die Kartoffelscheiben gießen. Den Käse daraufstreuen. Die Form auf dem Rost in den vorgeheizten Backofen schieben. Das Gratin **45–55 Minuten garen,** bis es schön goldbraun ist und die Kartoffeln gar sind.

TIPPS:

Das Gratin kann auch in Portionsformen zubereitet werden. Die Garzeit verringert sich dann auf 40–45 Minuten. Das Gratin passt perfekt zu saucenlosen Fleisch-, Fisch- oder Gemüsegerichten und frischen Salaten.

REZEPTABWANDLUNG:

Statt Milch und Sahne etwa 250 ml Gemüsebrühe verwenden. Diese mit 2 Esslöffeln Crème fraîche verrühren und über die Kartoffelscheiben gießen. Dann die Kartoffelscheiben mit Käse und zusätzlich einigen Butterflöckchen bestreuen, wie beschrieben backen.

REZEPTVARIANTE 1:

Für **Kartoffelgratin mit Champignons** 150 g Kartoffeln durch dünne Champignonscheiben ersetzen. Champignon- und Kartoffelscheiben im Wechsel einschichten.

REZEPTVARIANTE 2:

Für ein **Kartoffel-Möhren-** bzw. **Kartoffel-Zucchini-Gratin** 300 g Kartoffeln durch die gleiche Menge an dünnen Möhren- oder Zucchinischeiben ersetzen.

KARTOFFELKUCHEN MIT SPINAT-KÄSE-FÜLLUNG

- Zubereitungszeit: 35 Minuten, ohne Abkühlzeit
  Backzeit: etwa 50 Minuten
- Vegetarisch

ZUTATEN FÜR 12 STÜCKE

FÜR DEN TEIG:

250 g mehligkochende Kartoffeln
2 EL Olivenöl
100 g Dinkelmehl (Type 630)
1 Eigelb (Größe M), 1 gestr. TL Salz

FÜR DEN BELAG:

1 EL Olivenöl
400 g TK Blattspinat
2 Bund Frühlingszwiebeln (200 g)
1 Bio-Zitrone (unbehandelt, ungewachst)
100 g geröstete, gesalzene Erdnusskerne
250 g Speisequark (20 % Fett i. Tr.)
2 Eigelb (Größe M)
75 g Crème fraîche, Salz
gem. Pfeffer, gem. Koriander
2 Eiweiß (Größe M)

ZUSÄTZLICH:

1 Springform (Ø 26 cm)
Butter oder Margarine zum Einfetten der Form

PRO STÜCK:

E: 9 g, F: 11 g, Kh: 11 g, kcal: 187

1. Für den Teig die Kartoffeln gründlich waschen, in einem Topf knapp mit Wasser bedeckt, zugedeckt zum Kochen bringen und in 20–25 Minuten gar kochen. Kartoffeln abgießen, in einem Sieb mit kaltem Wasser abspülen, abtropfen lassen, heiß pellen und durch eine Kartoffelpresse drücken. Kartoffeln abkühlen lassen und in eine Rührschüssel geben.

2. Öl, Mehl, Eigelb und Salz zur Kartoffelmasse geben und kurz zu einem festen Teig verkneten. Den Teig auf einer bemehlten Arbeitsfläche zu einer runden Platte (Ø etwa 32 cm) ausrollen und in die Springform legen, dabei die Teigränder hochziehen und an den Rand der Form drücken. Kühl stellen.

3. Den Backofen vorheizen.
Ober-/Unterhitze: etwa 200 °C
Heißluft: etwa 180 °C

4. Für den Belag das Öl in einem Topf erhitzen, den tiefgekühlten Spinat dazugeben und zugedeckt bei schwacher Hitze etwa 10 Minuten zugedeckt dünsten. Inzwischen die Frühlingszwiebeln putzen, abspülen und schräg in feine Ringe schneiden.

5. Spinat so lange offen dünsten, bis die Flüssigkeit verdampft ist. Zwiebelringe unterheben. Die Masse etwas abkühlen lassen.

6. Die Zitrone heiß abwaschen, abtrocknen und die Hälfte der Schale fein reiben. Die Zitrone halbieren und auspressen. Die Erdnusskerne grob hacken.

7. Zitronenschale, Quark, Eigelb, Crème fraîche und die Hälfte der Erdnusskerne unter die abgekühlte Spinatmasse heben und mit Salz, Pfeffer, Koriander und etwas Zitronensaft würzen. Eiweiß steif schlagen und kurz unterheben.

8. Die Spinatmasse auf dem Teig verteilen und mit den restlichen Erdnusskernen bestreuen. Die Form auf dem Rost in den vorgeheizten Backofen schieben. Den Kartoffelkuchen **etwa 50 Minuten backen.**

9. Die Form auf einen Rost stellen. Den Kartoffelkuchen etwas abkühlen lassen, dann aus der Form lösen und auf eine Platte gleiten lassen.

10. Den Kartoffelkuchen lauwarm oder kalt evtl. mit etwas Crème fraîche servieren.

KARTOFFEL-SCHICHTTORTE

Zubereitungszeit: 40 Minuten, ohne Ruhezeit
Backzeit: etwa 50 Minuten

ZUTATEN FÜR 6 PORTIONEN

500 g dicke Möhren
700 g festkochende Kartoffeln
250 g Blattspinat
Salz
200 g Schlagsahne
4 Eier (Größe M)
gem. Pfeffer, ger. Muskatnuss
einige Stängel Kerbel
20 g Lauch-Sprossen
200 g Stremellachs

ZUSÄTZLICH:

1 runde oder quadratische Auflauf- oder Tarteform (Ø 26–28 cm)
Butter oder Margarine zum Einfetten
Backpapier

PRO PORTION:

E: 16 g, F: 18 g, Kh: 20 g, kcal: 315

1. Die Form dünn ausfetten, mit Backpapier auslegen und kühl stellen.

2. Kartoffeln und Möhren putzen, schälen, abtropfen lassen und in dünne Scheiben schneiden. Spinat putzen und die dicken Stiele abschneiden. Dann den Spinat gründlich waschen und gut abtropfen lassen.

3. In einem Topf Salzwasser zum Kochen bringen. Nacheinander die Kartoffelscheiben darin etwa 5 Minuten, die Möhrenscheiben etwa 3 Minuten und den Spinat etwa 10 Sekunden vorgaren. Jeweils mit kaltem Wasser abschrecken und getrennt in Sieben gut abtropfen lassen.

4. Den Backofen vorheizen.
Ober-/Unterhitze: etwa 180 °C
Heißluft: etwa 160 °C

5. Sahne mit Eiern verschlagen, mit Salz, Pfeffer und Muskat kräftig würzen. Die Hälfte der Kartoffelscheiben in die Form schichten. Nacheinander Möhrenscheiben und Spinat daraufgeben und mit restlichen Kartoffelscheiben bedecken. Die Eiersahne darauf verteilen.

6. Die Form auf dem Rost in den vorgeheizten Backofen (untere Schiene) schieben. Die Schichttorte **etwa 50 Minuten backen.**

7. Die Form auf einen Rost stellen. Die Kartoffel-Schichttorte etwa 10 Minuten ruhen lassen. Anschließend die Schichttorte mit Hilfe des Backpapiers aus der Form auf eine Platte heben. Das Backpapier entfernen.

8. Kerbel abspülen und trocken tupfen. Die Blättchen von den Stängeln zupfen. Lauch-Sprossen in ein Sieb geben und mit heißem Wasser abspülen und abtropfen lassen. Stremellachs von der Haut lösen und in Stücke teilen.

9. Sprossen, Kerbel und Lachsstücke auf der Torte verteilen und sofort servieren.

TIPP:

Statt mit Möhren können Sie die Schichttorte auch mit Petersilienwurzel- oder Kohlrabischeiben zubereiten.

KARTOFFEL-SPINAT-GRATIN

Zubereitungszeit: 30 Minuten, ohne Auftauzeit
Garzeit: etwa 50 Minuten
+ Vegetarisch

ZUTATEN FÜR 4 PORTIONEN

450 g TK-Blattspinat
Salz
gem. Pfeffer
ger. Muskatnuss
1 kg festkochende Kartoffeln
125 ml Milch (3,5 % Fett)
125 ml Gemüsebrühe
1 Bund Schnittlauch
125 g abgetropfter Mozzarella

PRO PORTION:

E: 14 g, F: 8 g, Kh: 34 g, kcal: 274

1. Blattspinat nach Packungsanleitung auftauen lassen.

2. Den Backofen vorheizen.
Ober-/Unterhitze: etwa 200 °C
Heißluft: etwa 180 °C

3. Den aufgetauten Spinat leicht ausdrücken, mit Salz, Pfeffer und Muskat würzen.

4. Kartoffeln schälen, abspülen, abtropfen lassen und in feine Scheiben schneiden. Kartoffelscheiben dachziegelartig in eine flache Auflaufform (gefettet) schichten. Den Spinat dazwischen verteilen.

5. Milch mit Brühe in einem kleinen Topf verrühren und erhitzen, mit Salz, Pfeffer und Muskat würzen. Die Kartoffeln und den Spinat damit übergießen.

6. Die Form auf dem Rost in den vorgeheizten Backofen schieben. Kartoffel-Spinat-Gratin **etwa 25 Minuten garen.**

7. Schnittlauch abspülen, trocken tupfen und in feine Röllchen schneiden. Mozzarella in kleine Würfel schneiden. Schnittlauchröllchen mit den Käsewürfeln mischen und auf dem Gratin verteilen. Gratin weitere **etwa 25 Minuten überbacken.**

TIPPS:

Statt Mozzarella können Sie auch 3 Esslöffel fein geriebenen Parmesan oder alten Gouda über das Gratin streuen. Das Gratin bekommt dadurch einen herzhafteren Geschmack.

Rühren Sie 1 abgezogene, durch eine Knoblauchpresse gedrückte Knoblauchzehe vor dem Einschichten unter den Spinat.

KARTOFFEL-TARTE-TATIN

- Zubereitungszeit: 60 Minuten
  Backzeit: 25–30 Minuten je Form
- Vegetarisch

ZUTATEN FÜR 12 STÜCKE

450 g TK-Blätterteig (6 Platten)
1,4 kg kleine, festkochende Kartoffeln (z. B. Linda)
1–2 gestr. TL Salz
600 g Möhren
4 Schalotten
2 EL Olivenöl
gem. Pfeffer, 16 Blätter Salbei
100 g Zucker
40 g Butter

PRO STÜCK:

E: 4 g, F: 12 g, Kh: 38 g, kcal: 282

1. Die Blätterteigplatten nach Packungsanleitung auftauen lassen.

2. In der Zwischenzeit die Kartoffeln unter fließendem kalten Wasser abbürsten, in einem Topf knapp mit Wasser bedeckt zugedeckt zum Kochen bringen, Salz hinzugeben. Kartoffeln in etwa 20 Minuten gar kochen.

3. Möhren putzen, schälen, abspülen, abtropfen lassen, in kochendem Salzwasser in 5–10 Minuten (je nach Möhrendicke) gar kochen. Dann die Möhren mit kaltem Wasser abschrecken, abtropfen lassen.

4. Die gegarten Kartoffeln ebenfalls abschrecken, abtropfen lassen. Kartoffeln noch warm pellen, die Längsseiten gerade schneiden. Kartoffeln und Möhren in etwa 2 cm dicke Scheiben schneiden.

5. Schalotten abziehen und klein würfeln. Olivenöl in einer Pfanne erhitzen. Schalottenwürfel darin andünsten, mit etwas Salz und Pfeffer würzen. Salbeiblätter abspülen, trocken tupfen und grob schneiden.

6. Den Backofen vorheizen.
Ober-/Unterhitze: etwa 220 °C
Heißluft: etwa 200 °C

7. Zucker und Butter in einem kleinen Topf erhitzen, bis ein heller Karamell entsteht. Den Karamell sofort in 2 Tarteformen (Ø je 30 cm, gefettet, mit Backpapier ausgelegt) verteilen und verstreichen. Salbei darauf verteilen, die Kartoffel- und Möhrenscheiben dicht an dicht in den Karamell setzen. Schalottenwürfel darauf verteilen.

8. Jeweils 3 Blätterteigplatten aufeinanderlegen und auf der bemehlten Arbeitsfläche zu 2 runden Platten (Ø mindestens je 30 cm) ausrollen. Jeweils eine Teigplatte in eine Tarteform legen. Den Teig am Rand leicht andrücken und überstehende Teigreste abschneiden.

9. Die Formen nacheinander (bei Heißluft zusammen) auf dem Rost in den vorgeheizten Backofen schieben. Die Tartes **25–30 Minuten je Form backen.**

10. Die Formen auf Kuchenrosten etwa 3 Minuten abkühlen lassen. Dann jeweils einen großen, flachen Teller umgedreht darauflegen. Tartes aus den Formen stürzen, die Tarteformen entfernen.

KÄSEMUFFINS

Zubereitungszeit: 15 Minuten, ohne Abkühlzeit
Backzeit: etwa 25 Minuten
+ Vegetarisch

ZUTATEN FÜR 12 STÜCK

250 g Weizenmehl
3 gestr. TL Backpulver
½ gestr. TL Salz
3 Eier (Größe M)
125 g Buttermilch
75 ml Olivenöl
1 TL Paprikapulver edelsüß
200 g ger. Emmentaler

PRO STÜCK:

E: 9 g, F: 13 g, Kh: 16 g, kcal: 221

1. Den Backofen vorheizen.
Ober-/Unterhitze: etwa 200 °C
Heißluft: etwa 180 °C

2. Das Weizenmehl mit Backpulver in einer Rührschüssel mischen. Salz, Eier, Buttermilch und Olivenöl hinzufügen.

3. Die Zutaten mit einem Mixer (Rührstäbe) zunächst kurz auf niedrigster, dann auf höchster Stufe in etwa 1 Minute zu einem glatten Teig verarbeiten. Paprika und geriebenen Käse unterrühren.

4. Den Teig mit einem Löffel in eine Muffinform (für 12 Muffins, gefettet, gemehlt) füllen. Die Form auf dem Rost in den vorgeheizten Backofen schieben. Käsemuffins **etwa 25 Minuten backen.**

5. Die Form auf einen Kuchenrost stellen. Die Muffins etwa 5 Minuten in der Form abkühlen lassen. Anschließend vorsichtig aus der Form nehmen und auf dem mit Backpapier belegten Kuchenrost erkalten lassen.

TIPP:

Die Muffins schmecken warm besonders gut zusammen mit entkernten Oliven zu einem kräftigen Rotwein.

KÄSEPÄCKCHEN MIT PFEFFERKIRSCHEN

Zubereitungszeit: 90 Minuten
Backzeit: 12–14 Minuten
+ Vegetarisch

ZUTATEN FÜR 12 PORTIONEN

FÜR DIE PFEFFERKIRSCHEN:

500 g Süßkirschen
1 EL abgetropfter, grüner Pfeffer in Lake
2 EL Speisestärke
2 EL Zucker
300 ml Kirschsaft
1 Pck. Geriebene Zitronenschale
1 Stange Zimt

FÜR DIE KÄSEPÄCKCHEN:

80 g Butter
24 Filoteigblätter (z. B. aufgetaute TK-Teigblätter 21 ½ x 21 ½ cm)
2 feste Camemberts oder Munsterkäse (je etwa 300 g)
1 EL Kümmelsamen
Fleur de Sel

PRO STÜCK:

E: 15 g, F: 21 g, Kh: 44 g, kcal: 425

1. Für die Pfefferkirschen die Kirschen abspülen, abtropfen lassen, entstielen und entsteinen. Die Pfefferkörner grob hacken.

2. Speisestärke mit Zucker und 4 Esslöffeln von dem Kirschsaft anrühren. Kirschen mit restlichem Kirschsaft, Zitronenschale und Zimtstange in einem Topf zum Kochen bringen. Die angerührte Speisestärke in die von der Kochstelle genommene Kirschmasse rühren und unter Rühren nochmals aufkochen lassen. Gehackte Pfefferkörner unterrühren. Pfefferkirschen erkalten lassen.

3. In der Zwischenzeit für die Käsepäckchen die Butter zerlassen.

4. Den Backofen vorheizen.
Ober-/Unterhitze: etwa 220 °C
Heißluft: etwa 200 °C

5. Jedes Filoteigblatt mit etwas zerlassener Butter bestreichen und jeweils 2 Blätter aufeinanderlegen. Den Käse in je 6 etwa gleich große, rechteckige Stücke schneiden und je ein Käsestück in die Mitte der bestrichenen Filoteigblätter geben. Darauf jeweils 1 Esslöffel von den Pfefferkirschen verteilen. Je 2 gegenüberliegende Teigseiten auf die Füllung legen und zu einem kompakten Päckchen aufrollen.

6. Die Käsepäckchen mit der Naht nach unten und mit etwas Abstand auf ein Backblech (mit Backpapier belegt) legen. Die Päckchen mit der restlichen zerlassenen Butter bestreichen. Mit Kümmel und Fleur de Sel bestreuen.

7. Das Backblech in den vorgeheizten Backofen schieben. Die Käsepäckchen **12–14 Minuten knusprig backen.**

8. Die Käsepäckchen vom Backblech nehmen, nach Belieben halbieren, mit den restlichen Pfefferkirschen anrichten und sofort servieren.

KNUSPER-FISCHSTÜCKE AUS DEM BACKOFEN

Zubereitungszeit: 10 Minuten
Garzeit: etwa 20 Minuten

ZUTATEN FÜR 4 PORTIONEN

500–600 g festes Fischfilet, z. B. Seelachs, Lachs, Lachsforelle (frisch oder TK)
2 EL Zitronensaft
Salz
gem. Pfeffer
1 Bund glatte Petersilie
1–2 Stängel frischer Thymian oder Rosmarin
5 EL Butter (zimmerwarm)
6 EL Semmelbrösel, z. B. Vollkornbrösel
2 EL milder Senf
1 TL Tomatenmark

PRO PORTION:

E: 29 g, F: 25 g, Kh: 18 g, kcal: 418

1. Fischfilets (TK-Fischfilets vorher auftauen lassen) mit Küchenpapier abtupfen und eventuell vorhandene Gräten sorgfältig entfernen. Fischfilets mit Zitronensaft beträufeln und kurz marinieren.

2. Den Backofen vorheizen.
Ober-/Unterhitze: etwa 200 °C
Heißluft: etwa 180 °C

3. Petersilie und Thymian oder Rosmarin abspülen, trocken tupfen und die Blättchen bzw. Nadeln von den Stängeln zupfen. Blättchen oder Nadeln sehr klein schneiden.

4. Die Butter in eine kleine Rührschüssel geben. Semmelbrösel, 1 Esslöffel Senf, ½ Teelöffel Salz und etwas Pfeffer hinzufügen. Die Zutaten gut verkneten. Die klein geschnittenen Kräuter unterarbeiten.

5. Die Fischfilets in 6–8 Portionsstücke teilen und nebeneinander in eine große Auflaufform (gefettet) legen. Mit Salz und Pfeffer würzen.

6. Restlichen Senf mit Tomatenmark verrühren. Die Fischfiletstücke dünn damit bestreichen. Die Butter-Kräuter-Mischung darauf verteilen. Die Form auf dem Rost in den vorgeheizten Backofen schieben. Die Fischfilets **etwa 20 Minuten garen.**

BEILAGE:

Kartoffelpüree und Gurkensalat mit Dill-Sahne-Dressing.

TIPPS:

Wenn Sie die Knusper-Fischstücke mit einer asiatischen Note servieren möchten, würzen Sie die Fischfilets mit Sojasauce und etwas Chilipulver. Tauschen Sie 3 Esslöffel Semmelbrösel gegen 3 Esslöffel Sesamsamen aus. Dazu passt ein Gurkensalat mit Limetten-Ingwer-Dressing und frischem Koriander.

Isst jemand mit, der nicht gern Fisch mag oder allergisch darauf reagiert, nehmen Sie etwas von der Butter-Kräuter-Mischung ab und setzen eine waagerecht halbierte, mit Salz und Pfeffer gewürzte Fleischtomate in eine kleine Auflaufform. Die Form mit in den vorgeheizten Backofen schieben und die Tomate etwa 15 Minuten mitgaren lassen.

KOHLRABI-MÖHREN-AUFLAUF

Zubereitungszeit: 60 Minuten
Garzeit: etwa 40 Minuten
+ Vegetarisch

ZUTATEN FÜR 4 PORTIONEN

500 g Möhren
500 g Kohlrabi
2 EL Butter (20 g)
2 EL Sojasauce
Salz, gem. Pfeffer
1 Stange Lauch
1 Knoblauchzehe
1 EL Butter (10 g)
500 g Speisequark (20 % Fett)
3 Eier (Größe M)
100 ml Milch (3,5 % Fett)
3 EL klein geschnittene Petersilie
½ gestr. TL Kräutersalz
50 g ger. Gouda
2 EL Sesamsamen
2 EL Butter (20 g)
etwas klein geschnittene Petersilie

PRO PORTION:

E: 29 g, F: 31 g, Kh: 18 g, kcal: 469

1. Möhren putzen. Möhren und Kohlrabi schälen, abspülen, abtropfen lassen und in dünne Scheiben schneiden oder hobeln.

2. Butter in einer großen Pfanne zerlassen. Möhren- und Kohlrabischeiben darin zugedeckt unter gelegentlichem Wenden etwa 10 Minuten dünsten. Das Gemüse mit Sojasauce, Salz und Pfeffer würzen.

3. Den Backofen vorheizen.
Ober-/Unterhitze: etwa 180 °C
Heißluft: etwa 160 °C

4. In der Zwischenzeit den Lauch putzen, die Stange längs halbieren, gründlich waschen, abtropfen lassen und in dünne Scheiben schneiden. Knoblauch abziehen und in kleine Würfel schneiden. Butter in einer Pfanne zerlassen. Die Lauchscheiben und Knoblauchwürfel bei mittlerer Hitze darin unter gelegentlichem Rühren andünsten.

5. Den Quark mit den Eiern und der Milch in einer Schüssel gut verschlagen. Petersilie und Kräutersalz unterrühren, mit Pfeffer würzen. Die Lauch-Knoblauch-Masse hinzugeben und sorgfältig unterrühren.

6. Die Hälfte der Möhren- und Kohlrabischeiben in einer großen Auflaufform (gefettet) verteilen. Die Hälfte der Quarkmasse darauf verstreichen. Restliche Möhren- und Kohlrabischeiben darauflegen, dann die restliche Quarkmasse darauf verteilen.

7. Den Auflauf mit Käse und Sesam bestreuen. Butter in Flöckchen daraufsetzen.

8. Die Form auf dem Rost in den vorgeheizten Backofen schieben. Den Auflauf **etwa 40 Minuten goldbraun garen.**

9. Den Kohlrabi-Möhren-Auflauf mit Petersilie bestreuen und servieren.

KOHLROULADEN MIT BULGURFÜLLUNG

Zubereitungszeit: 30 Minuten
Garzeit: etwa 45 Minuten
+ Vegetarisch

ZUTATEN FÜR 6 PORTIONEN

Salz
1 Kopf Wirsing oder Weißkohl (etwa 1 ½ kg)
1 Zwiebel
2 EL Rapsöl
125 g Bulgur
2 TL Currypulver
400 ml Gemüsefond
150 g Crème fraîche
1 Ei (Größe M)
5 Stängel Minze
150 g Tomaten
Salz, gem. Pfeffer
1–2 TL Speisestärke
2 EL kaltes Wasser

ZUSÄTZLICH:

Küchenpapier
Küchengarn oder Rouladennadeln

PRO PORTION:

E: 9 g, F: 14 g, Kh: 23 g, kcal: 257

1. In einem großen Topf reichlich Wasser zum Kochen bringen. Salz hinzufügen (auf 1 Liter Wasser 1 Teelöffel Salz). In der Zwischenzeit von dem Wirsing oder Weißkohl die äußeren welken Blätter entfernen. 18 große Blätter lösen, Blattrippen entfernen oder flach schneiden. Kohlblätter etwa 3 Minuten in das kochende Salzwasser legen, mit einer Schaumkelle herausnehmen und die Blätter trocken tupfen. Restlichen Wirsing oder Kohl (etwa 500 g) in feine Streifen schneiden.

2. Zwiebel abziehen und klein würfeln. Rapsöl in einem Topf erhitzen. Zwiebelwürfel mit dem Bulgur und den Kohlstreifen darin unter Rühren andünsten. Curry hinzugeben. Mit 300 ml vom Gemüsefond ablöschen und alles einmal aufkochen lassen. Den Topf von der Kochstelle nehmen. Bulgur zugedeckt etwa 12 Minuten quellen lassen, dabei häufig umrühren. Crème fraîche und das Ei unter die Bulgurmasse rühren.

3. Minze abspülen, trocken tupfen und die Blättchen von den Stängeln zupfen, Blättchen klein schneiden. Tomaten abspülen, trocken tupfen, halbieren und die Stängelansätze herausschneiden. Tomaten in Würfel schneiden. Minze und Tomatenwürfel unter die Bulgurmasse geben, mit Salz und Pfeffer würzen.

4. Den Backofen vorheizen.
Ober-/Unterhitze: etwa 160 °C
Heißluft: etwa 140 °C

5. Zwei Blätter Küchenpapier auf eine Arbeitsfläche legen. Jeweils 3 Kohlblätter übereinander auf das Küchenpapier legen, je ein Sechstel der Bulgurmasse darauf verteilen. Die Blätter seitlich einschlagen und aufrollen. Die Rouladen mit Küchengarn umwickeln oder mit Rouladennadeln feststecken. Die Kohlrouladen in eine große Auflaufform (gefettet) legen und den restlichen Gemüsefond hinzugießen. Die Form auf dem Rost in den vorgeheizten Backofen schieben. Die Kohlrouladen **etwa 45 Minuten garen.**

6. Rouladen aus der Form nehmen, Küchengarn oder Rouladennadeln entfernen, auf eine vorgewärmte Platte legen und warm stellen.

7. Bratenfond zum Kochen bringen. Speisestärke mit Wasser anrühren, in den Fond rühren, unter Rühren aufkochen. Etwa 5 Minuten bei schwacher Hitze kochen lassen. Sauce mit Salz und Pfeffer würzen und mit den Rouladen servieren.

BEILAGE:

Salzkartoffeln oder Kartoffelklöße.

KRÄUTERROLLBRATEN

Zubereitungszeit: 60 Minuten, ohne Ruhezeit
Garzeit: etwa 2 Stunden

ZUTATEN FÜR 8–10 PORTIONEN

2 ½ kg Schweinekotelett
(am Stück, ohne Knochen)
Salz
gem. Pfeffer
Paprikapulver edelsüß
Cayennepfeffer
75 g Butter (zimmerwarm)
75 g Semmelbrösel
5 Stängel Rosmarin
3 rote Peperoni
8 Knoblauchzehen
2 EL klein geschnittene, gemischte Kräuter,
z. B. Petersilie, Schnittlauch
5 EL Olivenöl
125 ml Wasser
2 Tomaten
1 Bund glatte Petersilie
2 EL gerebelter Thymian
rosa Pfefferbeeren

PRO PORTION:

E: 58 g, F: 31 g, Kh: 8 g, kcal: 591

1. Das Fleisch mit Küchenpapier trocken tupfen. Das Fleischstück von der breiten Seite im oberen Drittel von rechts nach links waagerecht einschneiden, dabei etwa 1 cm Rand frei lassen (nicht durchschneiden!). Dann auf die gleiche Weise im unteren Drittel das Fleisch von links nach rechts einschneiden. Das Fleisch auseinanderklappen, sodass ein langes, flaches Stück entsteht. Das Fleischstück mit Salz, Pfeffer, Paprika und Cayennepfeffer würzen.

2. Für die Füllung Butter mit Semmelbröseln verrühren. 2 Rosmarinstängel abspülen, trocken tupfen und die Nadeln von den Stängeln zupfen. 2 Peperoni halbieren, entstielen, entkernen, abspülen, trocken tupfen und in dünne Streifen schneiden. 2 Knoblauchzehen abziehen und durch eine Knoblauchpresse drücken.

3. Den Backofen vorheizen.
Ober-/Unterhitze: etwa 200 °C
Heißluft: etwa 180 °C

4. Rosmarin, Peperoni und Knoblauch mit den Kräutern unter die Butter-Semmelbrösel-Masse rühren. Die Masse auf das vorbereitete Fleischstück streichen, das Fleisch von der kürzeren Seite aus aufrollen. Fleisch von außen mit Salz und Pfeffer einreiben. Die Fleischrolle mit Küchengarn zusammenbinden.

5. Olivenöl in einem Bräter erhitzen. Den Rollbraten darin von allen Seiten kräftig anbraten, etwas Wasser hinzufügen. Den Bräter zugedeckt auf dem Rost in den vorgeheizten Backofen schieben. Verdampfte Flüssigkeit nach und nach durch restliches Wasser ersetzen. Den Rollbraten **etwa 75 Minuten garen.**

6. Tomaten abspülen, abtrocknen und die Stängelansätze herausschneiden, Tomaten vierteln. Restliche Knoblauchzehen abziehen und in Scheiben schneiden. Peperoni halbieren, entstielen, entkernen, abspülen, trocken tupfen und in dünne Streifen schneiden. Die restlichen Rosmarinstängel abspülen, trocken tupfen und in kleine Zweige zupfen. Petersilie abspülen und trocken tupfen. Die Blättchen von den Stängeln zupfen, Blättchen grob zerkleinern.

7. Tomaten, Knoblauch, Peperoni, Rosmarin, Thymian, Petersilie und Pfefferbeeren zum Rollbraten in den Bräter geben und umrühren. Den Bräter wieder zurück auf dem Rost in den heißen Backofen schieben und alles in weiteren **etwa 45 Minuten bei gleicher Backofentemperatur garen** (evtl. noch etwas Wasser hinzufügen).

8. Den Bräter aus dem Backofen nehmen. Den gegarten Rollbraten herausnehmen und zugedeckt etwa 10 Minuten ruhen lassen. Den Bratensatz mit Wasser loskochen und mit den Gewürzen abschmecken. Das Küchengarn entfernen, den Rollbraten in Scheiben schneiden und mit der Sauce servieren.

KREOLISCHER LAMMHACK-KARTOFFEL-AUFLAUF

Zubereitungszeit: 35 Minuten
Garzeit: etwa 40 Minuten

ZUTATEN FÜR 4 PORTIONEN

2 Eier (Größe M)
1–2 EL rote Currypaste
1 TL gem. Gewürznelken
1 EL gem. Piment (Nelkenpfeffer)
1 EL gem. Ingwer
700 g Lammgehacktes
40 g Semmelbrösel
fein abger. Schale von 1 Bio-Limette (unbehandelt, ungewachst)
Salz
4 EL Olivenöl
450 g kleine Kartoffeln (je etwa 40 g)
75 g rote Zwiebeln
175 g Cocktailtomaten
15 Minzeblättchen

PRO PORTION:

E: 38 g, F: 44 g, Kh: 28 g, kcal: 663

1. Eier mit Currypaste, Nelken, Piment und Ingwer so lange verschlagen, bis sich die Currypaste aufgelöst hat.

2. Lammgehacktes in eine Schüssel geben. Eier-Würz-Mischung, Semmelbrösel, Limettenschale und Salz hinzugeben, alles gut verkneten.

3. Die Hackfleischmasse in einer Tarteform (Ø 22 cm, mit 1 Esslöffel Olivenöl gefettet) gleichmäßig verteilen und leicht andrücken.

4. Den Backofen vorheizen.
Ober-/Unterhitze: etwa 200 °C
Heißluft: etwa 180 °C

5. Die Kartoffeln unter fließendem kalten Wasser abbürsten, abtropfen lassen und in etwa 3 mm dicke Scheiben schneiden oder hobeln. Zwiebeln abziehen und ebenfalls in etwa 3 mm dicke Scheiben schneiden. Kartoffel- und Zwiebelscheiben zusammen in kochendem Salzwasser etwa 1 Minute blanchieren. Anschließend in einem Sieb sehr gut abtropfen lassen. Die Kartoffel- und Zwiebelscheiben mit 2 Esslöffeln des restlichen Olivenöls und etwas Salz mischen und auf der Hackfleischmasse in der Form verteilen.

6. Den Auflauf auf dem Rost in den vorgeheizten Backofen schieben und **etwa 40 Minuten garen.**

7. In der Zwischenzeit die Tomaten abspülen, trocken tupfen, vierteln und die Stängelansätze herausschneiden. Minzeblättchen abspülen, trocken tupfen und grob zerschneiden. Tomatenspalten und Minze mit dem restlichen Olivenöl vermischen und mit etwas Salz würzen. Die Tomaten-Minze-Mischung nach etwa 30 Minuten Backzeit auf dem Auflauf verteilen und den Auflauf fertig garen.

TIPP:

Servieren Sie zu diesem Auflauf einen Dip aus cremig gerührtem griechischen Joghurt, verrührt mit Limettensaft und in Streifen geschnittenen Minzeblättchen.

KÜRBISAUFLAUF MIT BULGUR UND LINSEN

Zubereitungszeit: 45 Minuten
Garzeit: etwa 50 Minuten
+ Vegetarisch

ZUTATEN FÜR 4 PORTIONEN

125 g Bulgur
100 g rote Linsen
500 ml Wasser
½ gestr. TL Salz
75 g Zwiebeln
2 Knoblauchzehen
½–1 rote Chilischote
3 EL Olivenöl
400 g stückige Tomaten (aus der Dose)
Salz, ½ gestr. EL Zucker
700 g Hokkaido-Kürbis
250 g abgetropfter Mozzarella
1 Stängel Rosmarin
100 g Ciabatta vom Vortag
fein abger. Schale von ½ Bio-Zitrone (unbehandelt, ungewachst)
5 EL Olivenöl

PRO PORTION:

E: 25 g, F: 37 g, Kh: 59 g, kcal: 669

1. Bulgur und Linsen mit dem Wasser in einem Topf zum Kochen bringen, Salz hinzugeben. Bulgur und Linsen zugedeckt bei schwacher Hitze etwa 13 Minuten kochen lassen, bis die ganze Flüssigkeit aufgesogen ist.

2. Zwiebeln und Knoblauch abziehen, fein würfeln. Chilischote abspülen, abtropfen lassen, entstielen und mit den Kernen fein hacken. Das Olivenöl in einem Topf erhitzen. Die Zwiebel- und Knoblauchwürfel mit den Chilistückchen darin unter Rühren andünsten. Die stückigen Tomaten hinzugießen, mit Salz und Zucker würzen, etwa 5 Minuten kochen lassen.

4. Den Kürbis abspülen, abtropfen lassen, vierteln, die Kerne und den faserigen Innenteil entfernen. Kürbis in etwa 3 mm dicke Scheiben schneiden oder hobeln und mit etwas Salz bestreuen. Mozzarella in kleine Stücke zupfen.

5. Den Backofen vorheizen.
Ober-/Unterhitze: etwa 180 °C
Heißluft: etwa 160 °C

6. Die Bulgur-Linsen-Mischung in einer großen Auflaufform (gefettet) verteilen. Die Hälfte der Kürbisscheiben darauflegen, dann die Hälfte vom Mozzarella und die Hälfte der Tomatensauce daraufgeben. Restliche Kürbisscheiben und restliche Tomatensauce darauf verteilen, zuletzt den restlichen Mozzarella darauflegen.

7. Die Form auf dem Rost in den vorgeheizten Backofen schieben. Auflauf **etwa 35 Minuten garen.**

8. Rosmarin abspülen, trocken tupfen und die Nadeln von dem Stängel zupfen und fein schneiden. Ciabatta in kleine Stücke schneiden und im Blitzhacker zu etwas größeren Bröseln verarbeiten. Die Brösel mit Rosmarin, Zitronenschale und Olivenöl vermischen. Die Bröselmischung auf dem Auflauf verteilen. Den Auflauf bei gleicher Backofentemperatur **weitere etwa 15 Minuten garen,** bis die Kruste goldbraun ist.

KÜRBIS-GEMÜSE-PIE

Zubereitungszeit: 40 Minuten
Garzeit: etwa 35 Minuten
+ Vegan

ZUTATEN FÜR 4 PORTIONEN

FÜR DAS GEMÜSE:

800 g Kürbis (z. Muskatkürbis)
150 g Petersilienwurzel
170 g Lauch
2 EL Olivenöl
100 ml Gemüsebrühe
125 ml Haferdrink (ungesüßt)
2 Stängel Thymian
½ Bund glatte Petersilie
250 g Maronen (gegart, im Vakuumpack)
Salz, gem. Pfeffer

FÜR DEN KNETTEIG:

50 g Roggenmehl (Type 1150)
150 g Weizen-Vollkornmehl
½ gestr. TL Backpulver, ½ TL Salz
75 ml Haferdrink (ungesüßt)
3 EL Olivenöl

ZUM BESTREICHEN:

2 EL Haferdrink (ungesüßt)

ZUSÄTZLICH:

1 ofenfeste Schüssel oder Auflaufform (etwa 1,5 l Inhalt)

PRO PORTION:

E: 14 g, F: 22 g, Kh: 69 g, kcal: 565

1. Den Kürbis schälen, in Spalten schneiden, den faserigen Innenteil und die Kerne entfernen. Die Kürbisspalten in etwa 1,5 cm große Würfel schneiden. Die Petersilienwurzel schälen und in sehr kleine Würfel schneiden. Den Lauch putzen, die Stangen längs halbieren, gründlich waschen und abtropfen lassen. Den Lauch in etwa 1 cm breite Stücke schneiden.

3. Das Öl in einem Topf erhitzen. Die Petersilienwurzel darin andünsten. Kürbis und Lauch dazugeben und andünsten. Brühe und Haferdrink hinzufügen. Das Gemüse zugedeckt bei schwacher Hitze etwa 8 Minuten dünsten.

4. Den Backofen vorheizen.
Ober-/Unterhitze: etwa 200 °C
Heißluft: etwa 180 °C

5. Die Kräuter abspülen und trocken tupfen. Etwas Thymian zum Garnieren beiseite legen. Vom restlichen Thymian und von der Petersilie die Blätter abzupfen und grob hacken.

6. Maronen und Kräuter zum Gemüse geben und aufkochen. Das Gemüse mit Salz und Pfeffer würzen und etwas abkühlen lassen.

7. Inzwischen den Teig zubereiten. Dafür die Mehle, Backpulver und Salz in einer Rührschüssel mischen. Haferdrink und Olivenöl dazugeben und mit dem Mixer (Knethaken) zunächst kurz auf niedrigster, dann auf höchster Stufe gut durcharbeiten. Anschließend auf einer leicht bemehlten Arbeitsfläche kurz zu einem Teig verkneten.

8. Den Teig auf der bemehlten Arbeitsfläche zu einer runden Platte (Ø etwa 23 cm) ausrollen und mit einer Gabel mehrfach einstechen. Aus der Mitte der Platte ein Loch für den Dampfabzug (Ø etwa 3 cm) ausstechen.

9. Das Gemüse mit der Brühe in die Schüssel füllen. Den Schüsselrand mit Wasser bestreichen. Den Teig auf das Gemüse legen und am Rand fest andrücken, überstehenden Teigrand abschneiden. Den Teig dünn mit Haferdrink bestreichen. Die Form auf dem Rost in den vorgeheizten Backofen schieben. Pie **etwa 35 Minuten backen.**

10. Den Pie mit Thymian garniert servieren.

KÜRBIS-KOKOSMILCH-AUFLAUF MIT SEITAN

Zubereitungszeit: 50 Minuten
Garzeit: etwa 25 Minuten
+ Vegan

ZUTATEN FÜR 4 PORTIONEN

750 g Kürbis, z. B. Hokkaido-Kürbis
1 Zwiebel, 2 Knoblauchzehen
1 EL Rapsöl
Salz, gem. Pfeffer
¼ TL Cayennepfeffer
400 ml Kokosmilch
250 g Tomaten
500 g Seitan
2 EL Rapsöl
2 EL Currypulver
1 Bund Frühlingszwiebeln
1 TL gem. Ingwer
1 ½ EL vegane Semmelbrösel
2 EL vegane Margarine (zimmerwarm)
35 g gesalzene Erdnusskerne

PRO PORTION:

E: 34 g, F: 43 g, Kh: 28 g, kcal: 633

1. Den Kürbis abspülen und trocken tupfen. Kürbis vierteln, Kerne und faserigen Innenteil entfernen. Kürbis in etwa 1 cm dicke Spalten schneiden, eventuell schälen. Zwiebel und Knoblauch abziehen, fein würfeln. Rapsöl in einem breiten Topf erhitzen, Zwiebel- und Knoblauchwürfel darin andünsten. Die Kürbisspalten hinzugeben, kurz mitdünsten lassen, mit Salz, Pfeffer und Cayennepfeffer würzen. Kokosmilch unterrühren. Die Zutaten ohne Deckel etwa 5 Minuten garen, dabei gelegentlich umrühren.

2. Den Backofen vorheizen.
Ober-/Unterhitze: etwa 220 °C
Heißluft: etwa 200 °C

3. Tomaten abspülen, trocken tupfen, halbieren und die Stängelansätze herausschneiden. Tomaten würfeln. Kürbisspalten mit einem Schaumlöffel oder mit einer Zange aus dem Topf nehmen und mit den Tomatenwürfeln in eine große, flache Auflaufform (gefettet) geben. Den Kokosfond unter gelegentlichem Rühren kräftig einkochen lassen.

4. In der Zwischenzeit Seitan mit Küchenpapier trocken tupfen und in etwa ½ cm breite Streifen schneiden. Rapsöl in einer Pfanne erhitzen. Die Seitanstreifen darin von allen Seiten anbraten, kräftig mit Curry würzen.

5. Die Frühlingszwiebeln putzen, abspülen, abtropfen lassen und in etwa 1 cm breite Scheiben schneiden. Frühlingszwiebeln zu den Seitanstreifen in die Pfanne geben und etwa ½ Minute mitbraten lassen, mit Salz und Pfeffer würzen. Die Seitan-Frühlingszwiebel-Mischung gleichmäßig auf der Kürbis-Tomaten-Mischung verteilen. Ingwer mit Semmelbröseln, Margarine und etwas Cayennepfeffer vermischen, auf den Seitanstreifen verstreichen. Den eingekochten Kokosfond daraufträufeln. Die Erdnusskerne hacken und daraufstreuen.

6. Die Form auf dem Rost in den vorgeheizten Backofen schieben. Den Auflauf **etwa 25 Minuten garen.** Der Auflauf ist fertig, wenn die Kruste knusprig braun ist.

KÜRBISWEDGES MIT BACON

Zubereitungszeit: 35 Minuten
Backzeit: 18–20 Minuten

ZUTATEN FÜR 6 PORTIONEN

ZUM VORBEREITEN:

30 g Kürbiskerne

1 kleiner Hokkaido-Kürbis (etwa 600 g)
10 g Butter
1 EL Quittengelee oder Aprikosenkonfitüre
1 EL Zitronensaft
1 TL gem. Koriander
Salz
Cayennepfeffer
12 Stängel Thymian
12 Scheiben Bacon (Frühstücksspeck, etwa 175 g)

FÜR DEN DIP:

250 g Crème fraîche
2 EL Sahnemeerrettich
6 TL Kürbiskernöl

PRO PORTION:

E: 8 g, F: 31 g, Kh: 10 g, kcal: 351

1. Zum Vorbereiten Kürbiskerne in einer Pfanne ohne Fett unter Wenden rösten, anschließend auf einen Teller geben.

2. Den Backofen vorheizen.
Ober-/Unterhitze: etwa 200 °C
Heißluft: etwa 180 °C

3. Kürbis abspülen, abtrocknen und halbieren. Die Kerne herausschaben. Den Kürbis mit Schale in 12 gleich große Spalten schneiden.

4. Die Butter mit Gelee oder Konfitüre, Zitronensaft, Koriander, etwas Salz und Cayennepfeffer in einem Topf zerlassen. Die Kürbisspalten damit bestreichen, dabei die Schale nicht mit bestreichen.

5. Thymian abspülen und abtropfen lassen. Auf jede Kürbisspalte einen Thymianstängel legen. Jede Kürbisspalte mit 1 Scheibe Bacon umwickeln.

6. Die Kürbisspalten mit der Schalenseite nach unten auf ein Backblech (mit Backpapier belegt) legen. Das Backblech in den vorgeheizten Backofen (unteres Drittel) schieben. Die Kürbiswedges **18–20 Minuten backen.**

7. Für den Dip die gerösteten Kürbiskerne in kleine Stückchen hacken. Crème fraîche mit Sahnemeerrettich, Kürbiskernen und etwas Salz verrühren. Den Dip in 6 kleine Schälchen füllen, mit je 1 Teelöffel Kürbiskernöl beträufeln.

8. Die Kürbiswedges mit dem Dip servieren.

TIPP:

Servieren Sie die Kürbiswedges als Vorspeise mit einem kleinen grünen Salat.

WARENKUNDE:

Im Gegensatz zu anderen Kürbissorten kann die dünne Schale des Hokkaido-Kürbisses mitgegessen werden. Sie wird beim Garen weich. Die Kerne müssen entfernt werden. Das Fruchtfleisch des Hokkaido schmeckt nussig-aromatisch.

LACHSFILET IM PFANNKUCHEN

Zubereitungszeit: 70 Minuten
Garzeit: etwa 20 Minuten

ZUTATEN FÜR 4 PORTIONEN

FÜR DIE PFANNKUCHEN:

½ Bund Dill
250 g Weizenmehl
100 ml Milch
250 ml Mineralwasser (mit etwas Kohlensäure)
5 Eier
1 TL Salz
3 EL Speiseöl

FÜR DIE SENFSAUCE:

70 g Zwiebeln
3 EL Speiseöl
30 g Weizenmehl
250 ml Milch (3,5 % Fett)
250 ml Gemüsebrühe
420 g abgetropfte Senfgurken (aus dem Glas)
2 EL körniger Senf
30 g abgetropfte Kapern (aus dem Glas)
Salz, gem. Pfeffer
1–2 TL Zitronensaft

600 g Lachsfilet (ohne Haut und Gräten)
20 g Butter
½ Bund Dill

PRO PORTION:

E: 51 g, F: 52 g, Kh: 61 g, kcal: 913

1. Dill abspülen, trocken tupfen, die Blättchen von den Stängeln zupfen und hacken. Für die Pfannkuchen das Mehl in eine Schüssel geben. Milch, Mineralwasser, Eier und 1 Teelöffel Salz verschlagen und unter das Mehl rühren. Dill unter den Teig rühren.

2. Etwas Öl in einer beschichteten Pfanne erhitzen. 1 Kelle Teig in die Pfanne geben und darin verteilen. Den Teig goldbraun backen und wenden. Den Pfannkuchen (Ø etwa 23 cm) auf einen Teller legen. Aus dem restlichen Teig weitere 7 Pfannkuchen backen, aufeinander legen und abkühlen lassen.

3. Für die Sauce die Zwiebeln abziehen und in Würfel schneiden. Das Öl in einem Topf erhitzen, die Zwiebelwürfel darin andünsten und mit Mehl bestäuben. Das Mehl unter Rühren anschwitzen, bis es goldgelb ist. Nach und nach Milch und Brühe dazugeben und unter Rühren zum Kochen bringen. Die Sauce 5 Minuten köcheln lassen.

4. Den Backofen vorheizen.
Ober-/Unterhitze: etwa 200 °C
Heißluft: etwa 180 °C

5. Inzwischen die Senfgurken in kleine Stücke schneiden. Gurken, Senf und Kapern unter die Sauce rühren und mit Salz, Pfeffer und Zitronensaft abschmecken.

6. Lachs in 16 schmale Stücke schneiden. Auf jeden Pfannkuchen der Länge nach 2 Lachsstücke legen und einrollen.

7. Drei Viertel der Sauce in der Auflaufform verteilen. Die Pfannkuchen mit der Schlussseite nach unten hineinlegen. Restliche Sauce über die Pfannkuchen träufeln und die Oberfläche mit Butterflöckchen belegen.

8. Die Form auf dem Rost in den vorgeheizten Backofen schieben. Den Auflauf **etwa 25 Minuten backen**. Dill abspülen, trocken tupfen und in kleine Zweige teilen. Die Röllchen mit der Sauce servieren und mit restlichem Dill garnieren.

TIPP:

Sie können die Pfannkuchen auch mit anderem festfleischigen Fischfilet zubereiten.

LAHMACUN

- Zubereitungszeit: 30 Minuten, ohne Abkühlzeit
  Ruhe-/Gehzeit: etwa 1 Stunde
  Backzeit: etwa 20 Minuten je Backblech

ZUTATEN FÜR 4 PORTIONEN

Für den Hefeteig:
500 g Weizenmehl
1 Pck. Trockenbackhefe
1 gestr. EL Zucker
1 gestr. EL Salz
1 TL gemahlener Kreuzkümmel (Cumin)
100 g Joghurt (3,5 % Fett)
200 ml lauwarmes Wasser

FÜR DEN BELAG:

1 Peperoni
2 Knoblauchzehen
1 gestr. TL Salz
1 EL Olivenöl
3 EL Tomatenmark
2 EL Zwiebelwürfel
500 g Rindergehacktes
1 TL gerebelter Oregano
½ Bund Petersilie
Salz
gemahlener Pfeffer
1 EL Paprikapulver edelsüß oder rosenscharf

PRO PORTION:

E: 42, F: 23 g, Kh: 102 g, kcal: 787

1. Für den Teig Mehl in eine Rührschüssel geben und mit Trockenbackhefe sorgfältig vermischen. Zucker, Salz, Kreuzkümmel, Joghurt und Wasser hinzufügen.

2. Die Zutaten mit einem Mixer (Knethaken) zunächst kurz auf niedrigster, dann auf höchster Stufe in etwa 5 Minuten zu einem glatten Teig verarbeiten. Den Teig zugedeckt so lange an einem warmen Ort gehen lassen, bis er sich sichtbar vergrößert hat, etwa 30 Minuten.

3. Anschließend den Teig nochmals gut durcharbeiten und erneut etwa 30 Minuten gehen lassen.

4. Den Teig vierteln. Jedes Teigviertel auf der leicht bemehlten Arbeitsfläche sehr dünn zu einem runden Fladen (Ø 26–28 cm) ausrollen. Die Fladen auf 4 Backbleche (mit Backpapier belegt) legen.

5. Für den Belag Peperoni abspülen, abtrocknen, halbieren, Scheidewände und Kerne entfernen. Peperoni fein hacken. Knoblauchzehen abziehen und mit Salz zerreiben.

6. Öl in einer Pfanne erhitzen. Tomatenmark, Zwiebelwürfel und Gehacktes hinzugeben und anbraten, dabei die Gehacktesklümpchen mit einer Gabel zerdrücken. Peperoni, Knoblauch und Oregano ebenfalls hinzugeben. Pfanne von der Kochstelle nehmen.

7. Den Backofen vorheizen.
Ober-/Unterhitze: etwa 180 °C
Heißluft: etwa 160 °C

8. Petersilie abspülen, trocken tupfen und die Blättchen von den Stängeln zupfen. Blättchen fein hacken, unter die Gehacktesmasse mischen. Die Gehacktesmasse mit Salz, Pfeffer und Paprikapulver kräftig würzen, etwas abkühlen lassen. Dann jeweils ein Viertel davon gleichmäßig auf den Teigfladen verstreichen.

9. Die Backbleche nacheinander (bei Heißluft 2 Backbleche zusammen) in den vorgeheizten Backofen schieben. Lahmacun je Backblech **etwa 20 Minuten backen.**

10. Lahmacun nach dem Backen nach Belieben sofort mit Salat belegen, zusammenrollen und servieren.

TIPP:

Lahmacun können Sie mit buntem Salat füllen. Dafür zum Beispiel 4 mittelgroße Tomaten abspülen, abtrocknen, halbieren und die Stängelansätze herausschneiden. ½ Salatgurke abspülen, schälen und die Enden abschneiden. Tomaten und Gurke in grobe Würfel schneiden und vermischen. 1 Bund glatte Petersilie abspülen, trocken tupfen und die Blättchen von den Stängeln tupfen. Blättchen fein hacken, mit dem Gemüse vermischen, leicht salzen und pfeffern. 1 Zwiebel schälen und in Scheiben schneiden, dann in Ringe teilen. Die Zutaten auf den gebackenen Lahmacun-Fladen verteilen, nach Belieben etwas Schafskäse daraufbröseln und zum Servieren zu einer festen Rolle aufrollen.

LAMMKOTELETTS MIT ROSMARIN-KARTOFFELN

Zubereitungszeit: 50 Minuten
Garzeit: etwa 60 Minuten

ZUTATEN FÜR 4 PORTIONEN

1,2 kg festkochende Kartoffeln
3 Stängel Rosmarin
2 Knoblauchzehen
6 EL Olivenöl
Salz
gemahlener Pfeffer
8 mittelgroße Tomaten (400 g)
100 ml Lamm- oder Kalbsfond
12 einfache Lammkoteletts (je etwa 50 g)
evtl. Rosmarin zum Garnieren

ZUSÄTZLICH:

1 Auflaufform (etwa 35 x 24 cm)

PRO PORTION:

E: 21 g, F: 49 g, Kh: 39 g, kcal: 659

1. Den Backofen vorheizen.
Ober-/Unterhitze: etwa 180 °C
Heißluft: etwa 160 °C

2. Die Kartoffeln schälen, abspülen, abtropfen lassen und in Spalten schneiden. Rosmarin abspülen und trocken tupfen. Den Nadeln von den Stängeln zupfen. Knoblauch abziehen und ganz fein hacken.

2. Vier Esslöffel des Öls in die Auflaufform geben. Kartoffelspalten, Rosmarin und Knoblauch dazugeben und im Öl wenden. Mit Salz und Pfeffer würzen. Die Auflaufform auf dem Rost in den vorgeheizten Backofen schieben. **Die Kartoffeln 45 Minuten garen.** 1–2 mal wenden.

3. Inzwischen die Tomaten abspülen, abtrocknen, halbieren und die Stängelansätze entfernen. Die Tomatenhälften durchschneiden.

4. Tomatenviertel und Fond zu den Kartoffeln in die Form geben und unterheben. Die Auflaufform wieder in den Ofen schieben. Das Gemüse bei gleicher Temperatur **weitere 10 Minuten garen.**

5. In der Zeit die Lammkoteletts mit Küchenpapier abtupfen. Restliches Öl in einer großen Pfanne erhitzen. Die Lammkoteletts darin von beiden Seiten kurz anbraten und mit Salz und Pfeffer würzen.

6. Die Koteletts in die Auflaufform, auf das Gemüse legen und 5 Minuten mit garen. Die Form aus dem Ofen nehmen.

7. Das Kartoffelgemüse 5 Minuten ruhen lassen, evtl. mit Salz und Pfeffer nachwürzen. Evtl. mit Rosmarin garnieren.

TIPP:

Sie können die Hälfte der Kartoffeln durch geschälte Möhren ersetzen. Schneiden Sie die Möhren in etwa gleichgroße Stücke wie die Kartoffeln, damit sie gleichmäßig garen.

LINSEN-FISCH-AUFLAUF

Zubereitungszeit: 25 Minuten
Garzeit: etwa 30 Minuten

ZUTATEN FÜR 4 PORTIONEN

2 Stangen Lauch
3 EL Speiseöl
800 g Linsen mit Suppengrün (aus der Dose)
4 Scheiben Toastbrot (je etwa 25 g)
100 g Schinkenwürfel
30 g Butter
1 Pck. Geriebene Zitronenschale
2 EL klein geschnittene, gemischte Kräuter, z. B. Petersilie, Thymian und Schnittlauch
600 g Fischfilet, z. B. Tilapia oder Pangasius
2 EL Zitronensaft
Salz
gemahlener Pfeffer
150 g Crème fraîche
evtl. vorbereitete Dillspitzen
evtl. einige Spalten von 1 Bio-Zitrone

PRO PORTION:

E: 52 g, F: 36 g, Kh: 60 g, kcal: 818

1. Lauch putzen, die Stangen längs halbieren, gründlich waschen, abtropfen lassen und in Streifen schneiden. Speiseöl in einer Pfanne erhitzen. Lauchstreifen darin andünsten. Linsen mit der Flüssigkeit untermischen und erhitzen.

2. Den Backofen vorheizen.
Ober-/Unterhitze: etwa 200 °C
Heißluft: etwa 180 °C

3. Toastbrotscheiben entrinden und zerbröseln. Schinkenwürfel in einer erhitzten Pfanne ohne Fett knusprig braten, Butter darin zerlassen. Die Brotbrösel hinzugeben unter Rühren goldbraun rösten, Zitronenschale und Kräuter unterrühren.

4. Fischfilet mit Küchenpapier trocken tupfen und in 4 Portionsstücke schneiden. Mit Zitronensaft beträufeln, mit Salz und Pfeffer würzen.

5. Crème fraîche unter die Linsen-Porree-Masse rühren, mit Salz würzen und in eine flache Auflaufform (gefettet) geben. Fischfiletstücke darauf verteilen und mit dem Brot-Schinken-Gemisch bestreuen. Die Form auf dem Rost in den vorgeheizten Backofen schieben. Den Auflauf **etwa 30 Minuten garen.**

6. Den Auflauf evtl. mit Dillspitzen und Zitronenspalten garnieren.

MAROKKANISCHE LAMMHACK-PASTILLA

Zubereitungszeit: 60 Minuten, ohne Abkühlzeit
Backzeit: etwa 15 Minuten

ZUTATEN FÜR 4 PORTIONEN

100 g Zwiebeln
250 g Möhren
60 g getrocknete Aprikosen
200 g abgetropfte Kichererbsen (aus der Dose)
2 EL Olivenöl
500 g Lammgehacktes
Salz
2 EL gemahlener Kreuzkümmel (Cumin)
2 EL Paprikapulver, rosenscharf
1 EL fein abgeriebene Schale von 1 Bio-Orange (unbehandelt, ungewachst)
2 EL Sesamsamen
3 Stängel Minze
500 g griechischer Sahnejoghurt
60 g Butter
16 Strudel- oder Filo-Teigblätter (375 g, aus dem Kühlregal)
30 g Pinienkerne
einige Zweige Minze

PRO PORTION:

E: 47 g, F: 63 g, Kh: 87 g, kcal: 1110

1. Die Zwiebeln abziehen und in kleine Würfel schneiden. Möhren putzen, schälen, abspülen, abtropfen lassen und grob raffeln. Die Aprikosen in kleine Stücke schneiden. Kichererbsen in ein Sieb geben, mit kaltem Wasser abspülen und gut abtropfen lassen.

2. Das Olivenöl in einer großen Pfanne erhitzen. Das Lammgehacktes darin unter Rühren etwa 5 Minuten bei starker Hitze kräftig anbraten. Dabei die Fleischklümpchen mit einer Gabel zerdrücken. Das Fleisch mit Salz würzen.

3. Zwiebelwürfel, Möhrenraffel, Aprikosenstücke, Kreuzkümmel und Paprika hinzugeben, untermischen und noch etwa 1 Minute unter Rühren weiterbraten. Orangenschale unterrühren, die Hackfleischmasse erkalten lassen.

4. Sesam in einer Pfanne ohne Fett unter Wenden goldbraun rösten, herausnehmen und auf einem Teller erkalten lassen. Minze abspülen und trocken tupfen. Die Blättchen von den Stängeln zupfen. Blättchen klein schneiden. Joghurt mit der Minze und etwas Salz verrühren.

5. Den Backofen vorheizen.
Ober-/Unterhitze: etwa 220 °C
Heißluft: etwa 200 °C

6. Butter zerlassen. Filo-Teigblätter in etwa 22 x 22 cm große Quadrate schneiden. 1 Teigquadrat ausgebreitet auf die Arbeitsfläche legen, dünn mit der zerlassenen Butter bestreichen und mit einem zweiten Teigquadrat belegen. Ein Achtel der Hackfleischmasse in die Mitte geben. Eine Ecke des Teiges über die Füllung falten, mit Butter bestreichen. Alle weiteren Teigecken etwa 2 cm breit über die Füllung legen und jeweils mit Butter bestreichen, bis die Füllung komplett mit dem Teig bedeckt ist. Auf diese Weise 8 Pastillas herstellen.

7. Die Pastillas auf einem Backblech (mit Backpapier belegt) verteilen. Die Pastilla-Oberfläche mit Butter bestreichen. Das Backblech in den vorgeheizten Backofen (unteres Drittel) schieben und die Pastillas **etwa 15 Minuten goldbraun backen.**

8. In der Zwischenzeit Pinienkerne in einer Pfanne ohne Fett unter Rühren goldbraun rösten und herausnehmen. Minze abspülen und trocken tupfen. Minzezweige etwas kleiner zupfen.

9. Die Pastillas vom Backblech nehmen. Die Pastillas mit den Pinienkernen und Minzezweigen garnieren. Pastillas heiß servieren. Den Sesam unter den Minzejoghurt rühren und zu den Pastillas reichen.

MARSALAHUHN MIT REIS

Zubereitungszeit: 25 Minuten, ohne Marinierzeit
Garzeit: etwa 90 Minuten

ZUTATEN FÜR 4 PORTIONEN

1 küchenfertiges Huhn (etwa 1,2 kg)
1 Zwiebel
1 Knoblauchzehe
1 Bund glatte Petersilie
1 gestr. TL Salz
½ TL gemahlener Kümmelsamen
1 EL mittelscharfer Senf
2 TL Currypulver
3 EL Speiseöl
2 EL Marsala (ital. Dessertwein)

FÜR DEN REIS:

600 ml Wasser
Salz
300 g Langkornreis
30 g Butter

PRO PORTION:

E: 57 g, F: 39 g, Kh: 61 g, kcal: 827

1. Das Huhn in Stücke schneiden und mit Küchenpapier trocken tupfen. Zwiebel und Knoblauch abziehen, in kleine Würfel schneiden. Petersilie abspülen und trocken tupfen. Die Blättchen von den Stängeln zupfen und klein schneiden.

2. Eine Marinade aus Salz, Kümmel, Senf, Curry und 2 Esslöffeln Speiseöl zubereiten. Die Hühnerteile damit bestreichen und zugedeckt im Kühlschrank etwa 1 Stunde marinieren.

3. Den Backofen bei Ober-/Unterhitze auf 95 °C vorheizen.

4. Das restliche Speiseöl in einer hitzebeständigen Pfanne erhitzen. Die marinierten Hühnerteile darin 5–6 Minuten leicht anbraten, aus der Pfanne nehmen und kurz beiseitestellen.

5. Dann die Zwiebel- und Knoblauchwürfel in der Pfanne im verbliebenen Bratfett andünsten, mit Marsala ablöschen, Petersilie unterrühren. Die Hühnerteile wieder mit in die Pfanne geben, warm stellen.

6. Für den Reis Wasser in einem hitzebeständigen Topf zugedeckt zum Kochen bringen. Dann Salz, Reis und Butter hinzugeben und aufkochen lassen. Den Topf mit dem Deckel verschließen.

7. Die Pfanne und den Reistopf auf dem Rost in den vorgeheizten Backofen (unteres Drittel) schieben. Die Hühnerteile zusammen mit dem Reis **etwa 90 Minuten garen.**

TIPP:

Sie können den Marsala durch Trauben- oder Apfelsaft ersetzen. Wählen Sie zum Reiskochen einen Topf, der neben die Pfanne auf den Rost passt.

LECKER DAZU:

Tomaten-Mozzarella-Salat.

MEDITERRANE GEMÜSETARTE

Zubereitungszeit: 50 Minuten
Backzeit: etwa 35 Minuten
+ Vegetarisch

ZUTATEN FÜR 12 STÜCKE

100 g Butter
500 g Yufka- oder Filo-Teigblätter
(z. B. aus dem Kühlregal)
800 g rote und gelbe Cocktailtomaten
1 große Zucchini (etwa 300 g)
2 gelbe Paprikaschoten (etwa 400 g)
2 Knoblauchzehen
2 EL Olivenöl
Salz
etwa ½ TL Cayennepfeffer
5–6 Stängel Thymian
2–3 Zweige Rosmarin
7 Eier (Größe L)
500 g Schlagsahne
150 g ger. Pecorino-Käse

PRO STÜCK:

E: 14 g, F: 32 g, Kh: 31 g, kcal: 467

1. Die Butter zerlassen. Eine Schicht Teigblätter so auf einem Backblech (etwa 30 x 40 cm, gefettet) auslegen, dass an den Rändern je etwa 3 cm überstehen. Die Blätterschicht mit etwas zerlassener Butter bestreichen. Wieder eine Schicht Teigblätter darauflegen und mit etwas zerlassener Butter bestreichen. Die restlichen Teigblätter nacheinander jeweils mit Butter bestrichen einschichten, bis Teigblätter und Butter aufgebraucht sind.

2. Tomaten abspülen, abtropfen lassen, evtl. die Stängelansätze entfernen. Zucchini abspülen, abtropfen lassen und die Enden abschneiden. Zucchini in Scheiben schneiden.

3. Paprikaschoten halbieren, entstielen, entkernen und die weißen Scheidewände entfernen. Schoten abspülen, abtropfen lassen und grob würfeln. Knoblauch abziehen und durch eine Knoblauchpresse drücken.

4. Öl in einer großen Pfanne erhitzen. Knoblauch darin andünsten. Zucchinischeiben und Paprikawürfel hinzugeben und unter gelegentlichem Rühren kurz braten. Gemüse mit den Tomaten vermengen, alles kräftig mit Salz und Cayennepfeffer würzen.

5. Den Backofen vorheizen.
Ober-/Unterhitze: etwa 180 °C
Heißluft: etwa 160 °C

6. Thymian und Rosmarin abspülen, trocken tupfen und Blättchen bzw. Nadeln von den Stängeln zupfen. Rosmarinnadeln fein schneiden.

7. Eier mit Sahne verschlagen, mit Salz, Cayennepfeffer, Thymian und Rosmarin würzen. Die Gemüsemischung auf dem Teig verteilen. Die Eiermischung daraufgießen. Den Käse daraufstreuen. Das Backblech im unteren Drittel in den vorgeheizten Backofen schieben. Die Tarte **etwa 35 Minuten backen.**

8. Die Tarte nach dem Backen etwa 10 Minuten auf einem Kuchenrost etwas abkühlen lassen, dann in Stücke schneiden.

MEXIKANISCHER BOHNEN-GEFLÜGEL-TOPF

Zubereitungszeit: 35 Minuten
Garzeit: etwa 50 Minuten

ZUTATEN FÜR 4 PORTIONEN

100 g Zwiebeln
2 Knoblauchzehen
2 gelbe Paprikaschoten (etwa 350 g)
2 rote Chilischoten
1 kleine Zucchini (180 g)
300 g Hähnchenbrustfilet
4 EL Speiseöl
Salz
gem. Pfeffer
500 ml heiße Hühnerbrühe
500 g abgetropfte Kidneybohnen (aus der Dose)
285 g abgetropfter Gemüsemais (aus der Dose)
40 g Frühlingszwiebeln
½ Bund Koriander oder Petersilie

ZUSÄTZLICH:

1 ofenfester Topf oder Bräter (etwa 3 l Inhalt) mit Deckel

PRO PORTION:

E: 34 g, F: 13 g, Kh: 33 g, kcal: 424

1. Den Backofen vorheizen.
Ober-/Unterhitze: etwa 200 °C
Heißluft: etwa 180 °C

2. Zwiebeln und Knoblauch abziehen. Zwiebeln halbieren und in Streifen, Knoblauch fein hacken. Paprikaschoten vierteln, entstielen, entkernen und die weißen Scheidewände entfernen. Schoten abspülen, abtropfen lassen und in kurze Streifen schneiden.

3. Chilischoten längs aufschneiden, entkernen, abspülen und in Streifen schneiden. Zucchini abspülen, abtrocknen und die Enden abschneiden. Zucchini in Würfel schneiden.

4. Hähnchenbrustfilet mit Küchenpapier abtupfen und würfeln.

5. Speiseöl in einer Pfanne erhitzen. Die Fleischwürfel darin kurz anbraten, mit Salz und Pfeffer würzen und in den ofenfesten Topf geben. Zwiebeln, Knoblauch, Paprika- und Chilistreifen im Bratfett kurz anbraten und in die Auflaufform geben. Den Bratensatz in der Pfanne mit einem Teil der Brühe ablöschen und ebenfalls in den Topf geben.

6. Zucchini, Bohnen, Mais und restliche Brühe in den Topf geben und umrühren. Den Topf zugedeckt auf dem Rost in den vorgeheizten Backofen schieben. Die Zutaten **etwa 30 Minuten garen.**

7. Inzwischen die Frühlingszwiebeln putzen, abspülen, abtropfen lassen und in feine Scheiben schneiden. Koriander oder Petersilie abspülen und trocken tupfen. Die Blätter von den Stängeln zupfen und fein schneiden.

8. Frühlingszwiebeln und Koriander oder Petersilie zum Eintopf geben und umrühren. Den Eintopf mit Salz und Pfeffer würzen.

DAZU SCHMECKT:

Baguette, Fladenbrot oder Tortillachips.

TIPP:

Wenn Sie die Zutaten verdoppeln oder verdreifachen, haben Sie ein pikantes Gericht für eine Party.

MEZZE-GEBÄCK

Zubereitungszeit: 60 Minuten, ohne Teiggehzeit
Backzeit: etwa 20 Minuten

ZUTATEN FÜR 12 STÜCK

Für den Hefeteig:
60 ml lauwarmes Wasser
5 g frische Hefe
150 g Weizenmehl (Type 550)
Salz
1 Prise Zucker
½ Ei (Größe S)
1 EL Olivenöl

FÜR DIE FÜLLUNG:

1 Zwiebel (40 g)
2 Knoblauchzehen
2 EL Olivenöl
100 g Cocktailtomaten
8 Stängel glatte Petersilie
350 g Lammgehacktes
1 TL gemahlener Kreuzkümmel (Cumin)
1–2 EL Harissa (scharfe Gewürzpaste)

ZUM BESTREUEN:

10 g Pinienkerne

PRO STÜCK:

E: 8 g, F: 7 g, Kh: 11 g, kcal: 140

1. Das Wasser in ein Gefäß geben, die Hefe hineinbröckeln, kurz mit einer Gabel verrühren. Das Hefewasser 10 Minuten stehen lassen, dann einmal gut verrühren.

2. Mehl mit Salz, Zucker, Ei, Olivenöl und dem Hefewasser in eine Rührschüssel geben. Die Zutaten mit einem Mixer (Knethaken) zunächst kurz auf niedrigster, dann auf höchster Stufe zu einem glatten, elastischen Teig verkneten.

3. Den Teig zu einer Kugel formen und zugedeckt an einem warmen Ort etwa 90 Minuten gehen lassen.

4. In der Zwischenzeit für die Füllung die Zwiebel und Knoblauch abziehen, beides in feine Würfel schneiden. Olivenöl in einer Pfanne erhitzen. Zwiebel- und Knoblauchwürfel darin unter Rühren kräftig andünsten, dann auf einen Teller geben und erkalten lassen.

5. Tomaten abspülen, abtrocknen, halbieren und evtl. die Stängelansätze herausschneiden. Die Tomaten in kleine Stücke schneiden, dabei mit der Hand den größten Teil des Saftes auspressen.

6. Den Backofen vorheizen.
Ober-/Unterhitze: etwa 200 °C
Heißluft: etwa 180 °C

7. Petersilie abspülen, trocken tupfen. Blättchen von den Stängeln zupfen und fein hacken.

8. Das Lammgehackte mit der erkalteten Zwiebel-Knoblauch-Mischung, den Tomatenstückchen, der fein gehackten Petersilie sowie Kreuzkümmel, Harissa und etwas Salz verkneten.

9. Den Hefeteig auf der leicht bemehlten Arbeitsfläche zu einer etwa 25 cm langen Rolle formen. Die Teigrolle in 12 gleich große Scheiben schneiden. Jede Teigscheibe mit einer Teigrolle zu Ovalen (etwa 12 cm lang) ausrollen.

10. Die Füllung jeweils in der Mitte der Ovale verteilen. Den Teig seitlich um die Füllung legen, dabei die Enden spitz und fest zusammendrücken. Die Füllung mit den Pinienkernen bestreuen, Pinienkerne leicht andrücken.

11. Mezze-Gebäck auf einem Backblech (mit Backpapier belegt) verteilen. Backblech in den vorgeheizten Backofen (unteres Drittel) schieben. Mezze-Gebäck **etwa 20 Minuten backen.**

12. Das Backblech auf einen Kuchenrost stellen. Mezze-Gebäck warm oder kalt servieren.

MÖHRENAUFLAUF MIT KARTOFFEL-ZWIEBEL-KRUSTE

● Zubereitungszeit: 30 Minuten
Garzeit: etwa 30 Minuten
+ Vegan

ZUTATEN FÜR 4 PORTIONEN

600 g junge Möhren
½ Bund Frühlingszwiebeln (etwa 75 g)
je 1 grüne und gelbe Paprikaschote (etwa 330 g)
½ Bund Salbei
½ Bund Majoran
3 EL Olivenöl
Salz
gem. Pfeffer
250 ml Soja-Kochcreme
50 ml Wasser
2 EL Zitronensaft
½–1 TL veganes Gemüsebrühenpulver

FÜR DIE KARTOFFELKRUSTE:

2 Zwiebeln
4 EL Olivenöl
750 g gegarte, festkochende Pellkartoffeln (am besten vom Vortag)
geriebene Muskatnuss

PRO PORTION:

E: 8 g, F: 31 g, Kh: 42 g, kcal: 483

1. Möhren putzen, schälen, abspülen, abtropfen lassen und in feine Stifte schneiden. Frühlingszwiebeln putzen, abspülen, abtropfen lassen, schräg in Stücke schneiden. Die Paprikaschoten halbieren, entstielen, entkernen und die weißen Scheidewände entfernen. Paprika abspülen, abtropfen lassen, in Streifen schneiden.

2. Die Kräuter abspülen, trocken tupfen und die Blättchen von den Stängeln zupfen. Die Blättchen grob schneiden.

3. Das Olivenöl in einer großen Pfanne erhitzen. Die Möhren darin unter Rühren andünsten, mit Salz, Pfeffer und der Hälfte der Kräuter würzen. Die Hälfte der Soja-Kochcreme, das Wasser und den Zitronensaft hinzugießen und unterrühren. Das Brühenpulver daraufstreuen und ebenfalls unterrühren. Die Möhrenstifte zugedeckt etwa 4 Minuten bei schwacher Hitze garen.

4. Frühlingszwiebelstücke und Paprikastreifen hinzugeben und unterrühren. Das Gemüse nochmals kräftig würzen und ohne Deckel bei starker Hitze 4–6 Minuten unter gelegentlichem Rühren dünsten, bis die Flüssigkeit stark eingekocht ist.

5. In der Zwischenzeit den Backofen vorheizen.
Ober-/Unterhitze: etwa 200 °C
Heißluft: etwa 180 °C

6. Das Gemüse in einer großen Auflaufform (gefettet) verteilen. Die Form zudecken und auf dem Rost in den vorgeheizten Backofen schieben. Das Gemüse **etwa 15 Minuten garen.**

7. Für die Kruste die Zwiebeln abziehen, in Scheiben schneiden, in Ringe teilen. Das Öl in der Pfanne erhitzen, Zwiebelringe darin unter Wenden anbraten. Pfanne von der Kochstelle nehmen.

8. Die Kartoffeln pellen und grob raspeln oder durch eine Kartoffelpresse drücken. Die Kartoffelmasse mit Salz, Pfeffer und Muskat würzen. Restliche Kräuter und die restliche Soja-Kochcreme vorsichtig untermischen.

9. Die Form aus dem Backofen nehmen und auf einen Rost stellen. Die Kartoffelmasse auf dem Gemüse verteilen. Die Zwiebelringe mit dem Bratfett darauf verteilen. Die Form wieder auf dem Rost in den Backofen schieben. Den Möhrenauflauf bei gleicher Backofeneinstellung weitere **etwa 15 Minuten garen.**

TIPP:

Der Auflauf ist perfekt, wenn einmal Pellkartoffeln übrig geblieben sind.

MUSCHELNUDELN MIT SPINATFÜLLUNG

Zubereitungszeit: 90 Minuten
Garzeit: etwa 35 Minuten
+ Vegetarisch

ZUTATEN FÜR 12 PORTIONEN

1 kg TK-Blattspinat
4 EL Pinienkerne
5 l Wasser
5 gestr. TL Salz
500 g große Muschelnudeln zum Füllen
2 Zwiebeln
3 Knoblauchzehen
3 EL Olivenöl
1 Bio-Zitrone
500 g Mascarpone
gem. Pfeffer
½ TL Cayennepfeffer
250 ml Gemüsebrühe
150 g abgetropfter Feta-Käse
3 große Tomaten (etwa 300 g)

PRO PORTION:

E: 13 g, F: 27 g, Kh: 33 g, kcal: 432

1. TK-Blattspinat nach Packungsanleitung auftauen. Die Pinienkerne in einer Pfanne ohne Fett unter gelegentlichem Rühren anrösten und dann evtl. grob hacken.

2. Wasser in einem großen Topf zugedeckt zum Kochen bringen. Dann Salz und Nudeln zugeben. Nudeln im geöffneten Topf bei mittlerer Hitze nach Packungsanleitung bissfest kochen, dabei gelegentlich umrühren. Die garen Nudeln in ein Sieb geben und abtropfen lassen.

3. Zwiebeln und Knoblauch abziehen. Zwiebeln fein würfeln. Knoblauch durch die Knoblauchpresse drücken. Olivenöl erhitzen. Zwiebel und Knoblauch darin andünsten. Zitrone heiß abwaschen, abtrocknen und die Schale fein abreiben. Zitrone halbieren und auspressen. Aufgetauten Spinat gut ausdrücken und grob hacken.

4. Zwiebel-Knoblauch-Mischung mit Mascarpone und Pinienkernen unter den Spinat rühren. Die Spinatmasse mit Zitronensaft und -schale würzen, kräftig mit Salz, Pfeffer und Cayennepfeffer abschmecken. Nudeln mit der Spinatmasse füllen, in eine Fettpfanne (gefettet) oder große Auflaufform (gefettet) setzen.

5. Den Backofen vorheizen.
Ober-/Unterhitze: etwa 200 °C
Heißluft: etwa 180 °C

6. Die Gemüsebrühe hinzugießen. Fettpfanne oder Auflaufform mit Alufolie zudecken. Die Fettpfanne bzw. die Auflaufform auf dem Rost auf mittlerer Einschubleiste in den vorgeheizten Backofen schieben. Die Nudeln **etwa 35 Minuten garen.**

7. Inzwischen Feta fein zerbröseln. Die Tomaten abspülen, abtropfen lassen, vierteln, entkernen und dabei die Stängelansätze entfernen. Die Tomatenviertel fein würfeln.

8. Zum Servieren die Alufolie entfernen, die heißen Nudeln z. B. auf kleinen Tellern anrichten und mit Fetabröseln und Tomatenwürfeln bestreuen.

TIPPS ZUM VORBEREITEN:

Die gefüllten Nudeln können bis einschließlich Punkt 4 bereits am Vorabend der Party vorbereitet werden. Die Fettpfanne mit den gefüllten Nudeln zugedeckt in den Kühlschrank stellen. Wenn die Gäste kommen, die Brühe hinzugießen und die gefüllten Nudeln in den vorgeheizten Backofen schieben.

NUDELN MIT LAMMHACK AUF MAURISCHE ART

Zubereitungszeit: 45 Minuten
Überbackzeit: etwa 6 Minuten

ZUTATEN FÜR 4 PORTIONEN

2 ½ l Wasser, 2 ½ gestr. TL Salz
250 g Fadennudeln (Suppennudeln)
100 g Zwiebeln
500 g rote Paprikaschoten
40 g getrocknete Aprikosen
8 Stängel Minze
3 EL Olivenöl
500 g Lammgehacktes
0,2 g Safranfäden (aus Döschen)
1 TL gem. Zimt
2 EL gem. Kreuzkümmel (Cumin)
30 g Sultaninen
50 g Pinienkerne, Salz
fein abger. Schale von 1 Bio-Zitrone (unbehandelt, ungewachst)
50 g Manchego-Käse

PRO PORTION:

E: 38 g, F: 42 g, Kh: 65 g, kcal: 797

1. Das Wasser in einem großen Topf zugedeckt zum Kochen bringen. Dann Salz und Nudeln hinzugeben, im geöffneten Topf bei mittlerer Hitze nach Packungsanleitung bissfest kochen, dabei gelegentlich umrühren. Anschließend die Nudeln in ein Sieb geben, mit heißem Wasser abspülen und abtropfen lassen.

2. Zwiebeln abziehen, klein würfeln. Paprika vierteln, entstielen, entkernen. Weiße Scheidewände entfernen. Schoten abspülen, trocken tupfen, in etwa 1 cm breite Streifen schneiden. Aprikosen in etwa ½ cm dicke Streifen schneiden. Minze abspülen, trocken tupfen. Blättchen von den Stängeln zupfen. Die Hälfte davon grob zerschneiden. Restliche Blättchen beiseitelegen.

3. Den Backofen vorheizen.
Ober-/Unterhitze: etwa 240 °C
Heißluft: etwa 220 °C

4. Zwei Esslöffel des Olivenöls in einer großen, hohen Pfanne erhitzen. Lammgehacktes darin bei starker Hitze etwa 5 Minuten unter Rühren kräftig anbraten. Dabei die Fleischklümpchen mit einer Gabel zerdrücken. Safran, Zimt, Kreuzkümmel, Zwiebelwürfel, Paprika-, Aprikosenstreifen, Sultaninen und Pinienkerne hinzugeben. Die Zutaten gut untermischen und mit Salz würzen.

5. Hackfleischmasse weitere 6 Minuten unter gelegentlichem Rühren braten, sodass die Paprikastreifen noch Biss haben. Zitronenschale unterrühren. Pfanne von der Kochstelle nehmen.

6. Die Nudeln und die klein geschnittene Minze untermischen, evtl. nochmals mit Salz würzen. Die noch heiße Nudel-Hackfleisch-Masse in einer runden, feuerfesten Form (Ø etwa 28 cm, mit restlichem Olivenöl bestrichen) verteilen. Den Käse fein darüberreiben.

7. Die Form auf dem Rost in den vorgeheizten Backofen schieben. Die Nudel-Hackfleisch-Masse **etwa 6 Minuten goldbraun überbacken.** Mit den beiseitegelegten Minzeblättchen bestreuen.

NUDEL-PILZ-AUFLAUF

Zubereitungszeit: 35 Minuten
Garzeit: etwa 25 Minuten
+ Vegan

ZUTATEN FÜR 4 PORTIONEN

100 g Zwiebeln
4–6 Knoblauchzehen
4 Zweige Rosmarin
300 g Champignons
200 g Kräuterseitlinge
4 l Wasser, 4 gestr. TL Salz
400 g Hartweizen-Nudeln
2 EL Olivenöl
150 ml Haselnussmilch
200 g Soja-Kochcreme
Salz, gem. Pfeffer
2 EL Speisestärke
100 g veganer Mozzarella-Streukäse
2 EL Olivenöl
35 g gehobelte Haselnusskerne
fein abger. Schale von ½ Bio-Zitrone (unbehandelt, ungewachst)

PRO PORTION:

E: 25 g, F: 34 g, Kh: 84 g, kcal: 741

1. Die Zwiebeln abziehen und fein würfeln. Knoblauch abziehen, in dünne Scheiben schneiden. Rosmarin abspülen, trocken tupfen und die Nadeln von den Zweigen zupfen. Pilze putzen und in etwa ½ cm dicke Scheiben schneiden.

2. Das Wasser in einem großen Topf zugedeckt zum Kochen bringen. Dann Salz und Nudeln hinzugeben. Die Nudeln im geöffneten Topf bei mittlerer Hitze nach Packungsanleitung knapp bissfest kochen (d. h. die Nudeln nach etwa zwei Dritteln der auf der Packung angegebenen Kochzeit abgießen), dabei gelegentlich umrühren. Die Nudeln in ein Sieb geben, abtropfen lassen.

3. Inzwischen das Olivenöl in einem großen Topf erhitzen. Die Zwiebelwürfel und die Hälfte der Knoblauchscheiben darin unter Rühren goldbraun anbraten. Die Hälfte der Rosmarinnadeln unterrühren.

4. Haselnussmilch und Soja-Kochcreme hinzugießen, mit Salz und Pfeffer würzen, zum Kochen bringen. Die Speisestärke mit etwas kaltem Wasser anrühren und in die kochende Flüssigkeit einrühren. Pilze hinzugeben und alles etwa 2 Minuten kräftig kochen lassen, dabei gelegentlich umrühren.

5. In der Zwischenzeit den Backofen vorheizen.
Ober-/Unterhitze: etwa 180 °C
Heißluft: etwa 160 °C

6. Die Pilzcreme mit den Nudeln in einer großen Auflaufform (gefettet) mischen und verteilen. Den Mozzarella-Streukäse daraufstreuen. Die Form auf dem Rost in den vorgeheizten Backofen schieben. Den Nudel-Pilz-Auflauf **etwa 25 Minuten garen.**

7. Olivenöl in einer Pfanne erhitzen. Die gehobelten Haselnusskerne mit den restlichen Knoblauchscheiben darin goldbraun anbraten. Die Zitronenschale und die restlichen Rosmarinnadeln unterrühren. Die Nussmischung auf dem Auflauf verteilen und den Auflauf servieren.

OFENGEMÜSE MIT KÄSEHÄUBCHEN

Zubereitungszeit: 45 Minuten
Garzeit: etwa 45 Minuten
+ Vegetarisch

ZUTATEN FÜR 4 PORTIONEN

750 g große Kartoffeln
250 g Möhren
250 g Zucchini
1 Bund Frühlingszwiebeln
100 ml Milch (3,5 % Fett)
150 g Crème légère
2 Eier (Größe M)
20 g Speisestärke
Salz, gem. Pfeffer
ger. Muskatnuss
100 g ger. Gouda

PRO PORTION:

E: 16 g, F: 19 g, Kh: 40 g, kcal: 404

1. Den Backofen vorheizen.
Ober-/Unterhitze: etwa 200 °C
Heißluft: etwa 180 °C

2. Kartoffeln schälen, abspülen, abtropfen lassen. Möhren putzen, schälen, abspülen, abtropfen lassen. Kartoffeln und Möhren in dünne Scheiben schneiden oder hobeln. Zucchini abspülen, abtrocknen und die Enden abschneiden. Zucchini ebenfalls in dünne Scheiben schneiden. Frühlingszwiebeln putzen, abspülen, abtropfen lassen und in Scheiben schneiden.

3. Kartoffel- und Möhrenscheiben in kochendes Salzwasser geben und zugedeckt bei mittlerer Hitze etwa 3 Minuten vorgaren. Anschließend in ein Sieb geben, mit kaltem Wasser abschrecken und abtropfen lassen.

4. Möhren-, Zucchini-, Frühlingszwiebel- und Kartoffelscheiben in eine flache Auflaufform (gefettet, etwa 30 x 22 cm) schichten. Milch mit Crème légère, Eiern und Speisestärke verschlagen. Mit Salz, Pfeffer und Muskat kräftig würzen.

5. Die Eiermilch über die eingeschichteten Zutaten gießen. Den Käse darauf verteilen. Die Form auf dem Rost in den vorgeheizten Backofen (unteres Drittel) schieben. Das Ofengemüse **etwa 45 Minuten garen.**

TIPPS:

Den Auflauf evtl. zum Ende der Garzeit mit Alufolie oder Backpapier belegen, damit der Käse nicht zu dunkel wird.
Den Auflauf mit einigen Frühlingszwiebelscheiben bestreut servieren.
Sie können auch übrig gebliebenes Gemüse mit Kartoffeln auf etwa 1 ½ Kilogramm ergänzen, mit der Eiermilch übergießen und so ein preiswertes Reste-Essen zubereiten.

OFENTOMATEN

Zubereitungszeit: 60 Minuten
Garzeit: etwa 30 Minuten
+ Vegetarisch

ZUTATEN FÜR 12 STÜCK

12 große Strauchtomaten (etwa 1 ½ kg)
500 g Blattspinat
2 Zwiebeln
2 Knoblauchzehen
250 g braune Champignons
2 EL Olivenöl, Salz
gem. Pfeffer

1 EL Olivenöl

1 Bund Schnittlauch
50 g Butter (zimmerwarm)
20 g Pankobrösel (z. B. aus dem Asialaden) oder Semmelbrösel

PRO PORTION:

E: 3 g, F: 7 g, Kh: 5 g, kcal: 99

1. Die Tomaten abspülen, abtrocknen, die Stängelansätze herausschneiden und jeweils einen Deckel abschneiden. Die Tomaten am besten mit einem Kugelausstecher oder einem kleinen Löffel aushöhlen. Die Tomatendeckel fein würfeln und mit dem Fruchtfleisch beiseitelegen.

2. Spinat verlesen, gründlich waschen und gut abtropfen lassen. Zwiebeln und Knoblauch abziehen. Zwiebeln fein würfeln und Knoblauch durch eine Knoblauchpresse drücken. Die Champignons putzen, evtl. kurz abspülen, trocken tupfen und in etwa ½ cm dicke Scheiben schneiden.

3. Das Olivenöl in einer großen Pfanne erhitzen. Zwiebelwürfel und Knoblauch darin mit den Champignons anbraten. Spinat hinzugeben, zusammenfallen lassen und unterrühren. Kräftig mit Salz und Pfeffer abschmecken.

4. Den Backofen vorheizen.
Ober-/Unterhitze: etwa 200 °C
Heißluft: etwa 180 °C

5. Die ausgehöhlten Tomaten innen mit Salz und Pfeffer würzen, mit der Gemüsemischung füllen und mit etwas Abstand in eine Fettpfanne (gefettet) setzen.

6. Beiseitegelegtes Tomatenfruchtfleisch und Tomatenwürfel mit Olivenöl pürieren, mit Salz und Pfeffer würzen und zwischen den Tomaten verteilen.

7. Den Schnittlauch abspülen, trocken tupfen und in kleine Röllchen schneiden. Die Butter mit den Schnittlauchröllchen vermischen. Die Schnittlauchbutter auf den gefüllten Tomaten verteilen.

8. Die Brösel auf die Tomaten streuen. Die Fettpfanne im unteren Drittel in den vorgeheizten Backofen schieben. Die Tomaten **etwa 30 Minuten garen.**

TIPP:

Pankobrösel stammen aus dem asiatischen Raum. Sie werden aus Weißbrot ohne Kruste hergestellt.

ORIENTALISCHE LAMMKEULENSCHEIBEN

Zubereitungszeit: 30 Minuten
Garzeit Lammkeulenscheiben: etwa 3 Stunden

ZUTATEN FÜR 4 PORTIONEN

4 Lammkeulenscheiben
(je etwa 200 g, mit Knochen)
2 Gemüsezwiebeln
3 EL Olivenöl
Salz
gem. Pfeffer
2 Fleischtomaten
1 Aubergine
250 g Kürbisfruchtfleisch
2 Knoblauchzehen
2 EL Olivenöl
400 g abgetropfte weiße Bohnen (aus der Dose)
gerebelter Thymian
1 EL Tomatenmark
200 ml Lammfond

PRO PORTION:

E: 45 g, F: 21 g, Kh: 30 g, kcal: 496

1. Lammscheiben mit Küchenpapier abtupfen. Gemüsezwiebeln abziehen, halbieren und in Scheiben schneiden.

2. Den Backofen bei Ober-/Unterhitze auf 95 °C vorheizen.

3. Zwei Esslöffel Olivenöl in einem Bräter erhitzen, die Lammscheiben darin von beiden Seiten etwa 6 Minuten kräftig anbraten, mit Salz und Pfeffer würzen. Die Lammscheiben aus dem Bräter nehmen und warm stellen.

4. Restliches Olivenöl zum verbliebenen Bratfett in den Bräter geben und erhitzen. Die Hälfte der Zwiebelscheiben darin unter Rühren andünsten. Die angebratenen Lammscheiben auf die Zwiebelscheiben in den Bräter legen. Den Bräter auf dem Rost in den vorgeheizten Backofen schieben. Die Lammscheiben mit den Zwiebelscheiben **etwa 3 Stunden garen.**

5. Etwa 60 Minuten vor Ende der Garzeit Tomaten und Aubergine abspülen, abtrocknen und die Stängelansätze herausschneiden. Tomaten, Aubergine und Kürbisfruchtfleisch in Würfel schneiden. Knoblauch abziehen und zerdrücken oder durch eine Knoblauchpresse drücken.

6. Olivenöl in einer großen Pfanne erhitzen. Die restlichen Zwiebelscheiben darin anbraten, Tomaten-, Auberginen-, Kürbiswürfel und Bohnen hinzufügen, mit Thymian würzen, unter Wenden mitbraten lassen. Tomatenmark und Lammfond unterrühren, mit Salz und Pfeffer würzen. Zum Kochen bringen und zugedeckt etwa 30 Minuten garen, dabei 2–3-mal umrühren.

7. Lammscheiben und Zwiebeln aus dem Bräter nehmen. Die Zwiebeln unter die Gemüsemischung geben. Die Lammscheiben mit der Gemüsemischung anrichten und sofort servieren.

DAZU SCHMECKT:

Fladenbrot oder würzig-knuspriges Kartoffelgratin.

OSSOBUCO

Zubereitungszeit: 30 Minuten
Garzeit: etwa 3 1/2 Stunden
▲ Mit Alkohol

ZUTATEN FÜR 4 PORTIONEN

4 Kalbshaxenscheiben (mit Knochen, je etwa 200 g)
1 Möhre
1 Stange Staudensellerie
1 Stange Lauch
1 Knoblauchzehe
1 Zwiebel
3 Fleischtomaten
100 ml Olivenöl
Salz, gem. Pfeffer
100 ml Weißwein
500 ml heiße Fleischbrühe
einige Stängel Petersilie
½ TL abger. Bio-Zitronenschale (unbehandelt, ungewachst)

PRO PORTION:

E: 28 g, F: 31 g, Kh: 7 g, kcal: 436

1. Den Backofen bei Ober-/Unterhitze auf 95 °C vorheizen.

2. Die Haxenscheiben mit Küchenpapier abtupfen. Möhre, Sellerie und Lauch putzen. Möhre schälen, abspülen, abtropfen lassen und in Streifen schneiden. Selleriestange putzen, abspülen und abtropfen lassen. Die Lauchstange längs halbieren, gründlich waschen, abtropfen lassen. Sellerie und Lauch in Stücke schneiden.

3. Knoblauch und Zwiebel abziehen, klein würfeln. Tomaten kreuzweise einschneiden und mit kochendem Wasser übergießen. Nach 1–2 Minuten herausnehmen und mit kaltem Wasser abschrecken. Tomaten häuten, halbieren und die Stängelansätze herausschneiden. Tomaten entkernen und in Würfel schneiden.

4. Olivenöl in einem Bräter erhitzen. Die Fleischscheiben darin von beiden Seiten gut anbraten, mit Salz und Pfeffer würzen. Zwiebelwürfel, Möhrenstreifen, Sellerie- und Lauchstücke hinzufügen und kurz mit andünsten, mit Wein ablöschen.

5. Heiße Brühe hinzugießen und Tomatenwürfel hinzugeben. Den Bräter auf dem Rost in den vorgeheizten Backofen (unteres Drittel) schieben. Die Kalbshaxenscheiben **etwa 3 1/2 Stunden garen.**

6. Die Petersilie abspülen und trocken tupfen. Die Blättchen von den Stängeln zupfen, Blättchen klein schneiden. Petersilie kurz vor Ende der Garzeit mit den Knoblauchwürfeln und der Zitronenschale zum Ossobuco in den Bräter geben. Ossobuco mit Salz und Pfeffer abschmecken und servieren.

TIPP:

In Italien serviert man zu diesem klassischen Gericht „Risotto alla milanese“.

LECKER DAZU:

Kleine Ofen- oder Rosmarinkartoffeln.

PASTA-ROSENKOHL-AUFLAUF

Zubereitungszeit: 40 Minuten
Garzeit: etwa 20 Minuten
+ Vegetarisch

ZUTATEN FÜR 4 PORTIONEN

600 g Rosenkohl
100 g rote Zwiebeln
200 g Champignons
Salz, 2 EL Olivenöl
gem. Pfeffer
200 g Schlagsahne
1 TL Weizenmehl
ger. Muskatnuss
300–400 g vegetarische Pasta
(a. d. Kühlregal, z. B. mit Kürbisfüllung)
80 g frisch ger. Bergkäse
evtl. etwas Petersilie zum Garnieren

ZUSÄTZLICH:

1 Tarteform (Ø 28 cm)

PRO PORTION:

E: 22 g, F: 28 g, Kh: 61 g, kcal: 606

1. Rosenkohl von den trockenen Blättern befreien, etwas vom Strunk abschneiden. Die Rosenkohlröschen am Strunk kreuzförmig einschneiden. Rosenkohl abspülen, abtropfen lassen, in kochendes Salzwasser geben und etwa 5 Minuten kochen lassen. Den Rosenkohl in ein Sieb geben, mit kaltem Wasser abspülen und abtropfen lassen.

2. Zwiebeln abziehen, halbieren und in dünne Spalten schneiden. Champignons putzen, mit Küchenpapier abreiben und, je nach Größe, halbieren oder vierteln.

3. Den Backofen vorheizen.
Ober-/Unterhitze: etwa 200 °C
Heißluft: etwa 180 °C

4. Olivenöl in einer Pfanne erhitzen, Champignons darin unter Rühren kräftig anbraten. Mit Salz und Pfeffer würzen und in eine Schüssel geben. Zwiebelspalten in die Pfanne geben und bei mittlerer Hitze etwa 5 Minuten zugedeckt dünsten und zu den Champignons geben.

5. Sahne in die Pfanne gießen, Flüssigkeit der Champignons aus der Schüssel dazugeben und aufkochen lassen. Mehl mit 1 Esslöffel kaltem Wasser anrühren, unter die Sahnesauce rühren, aufkochen lassen und mit Salz, Pfeffer und Muskat abschmecken.

6. Pasta mit lauwarmem Wasser abspülen, abtropfen lassen und in die Tarteform geben. Die Pasta je nach Sorte, dachziegelartig einschichten oder in der Form verteilen.

7. Rosenkohlröschen halbieren, mit Champignons, Zwiebeln und der Sauce in die Form füllen. Den Käse auf dem Gemüse und der Pasta verteilen. Die Form auf dem Rost in den vorgeheizten Backofen schieben. Den Auflauf **etwa 20 Minuten garen**. Den Auflauf nach Belieben mit Petersilie garnieren.

TIPP:

Anstelle des frischen Rosenkohls können Sie auch 450 g TK-Rosenkohl verwenden.

PASTA-WIRSING-EINTOPF, GRATINIERT

Zubereitungszeit: 35 Minuten
Garzeit: 20–25 Minuten
Gratinierzeit: etwa 5 Minuten

ZUTATEN FÜR 4 PORTIONEN

250 g magerer Tiroler Speck, im Stück
3 Zwiebeln
3 Möhren (etwa 300 g)
1 Stange Lauch
900 g Wirsing
2 EL Speiseöl
Salz
gem. Pfeffer
1 Lorbeerblatt
2 Gewürznelken
ger. Muskatnuss
1 l Fleischbrühe
2 l Wasser
2 gestr. TL Salz
225 g Suppennudeln, z. B. Gobetti
200 g würziger Alpenkäse, z. B. Fontina

PRO PORTION:

E: 45 g, F: 34 g, Kh: 53 g, kcal: 724

1. Speck in etwa ½ cm feine Würfel schneiden. Zwiebeln abziehen und in Spalten schneiden. Möhren putzen, schälen, abspülen, abtropfen lassen und schräg in Scheiben schneiden. Lauch putzen, die Stange längs halbieren, gründlich waschen, abtropfen lassen und in Stücke schneiden. Von dem Wirsing die groben, äußeren Blätter entfernen und den Strunk herausschneiden. Wirsing abspülen, abtropfen lassen, vierteln und ebenfalls in Stücke schneiden.

2. Das Speiseöl in einem großen Topf erhitzen. Die Speckscheiben darin bei mittlerer Hitze kurz von beiden Seiten anbraten und herausnehmen. Zwiebelspalten in den Topf geben und in dem Speckfett bei mittlerer Hitze goldbraun anbraten, herausnehmen und beiseitelegen.

3. Möhrenscheiben, Wirsing- und Lauchstücke in dem verbliebenen Speckfett kurz unter Rühren andünsten. Mit Salz, Pfeffer, Lorbeerblatt, Nelken und Muskat würzen. Die Brühe hinzugießen und bei mittlerer Hitze zum Kochen bringen. Den Eintopf zugedeckt bei schwacher Hitze 20–25 Minuten unter gelegentlichem Rühren kochen lassen. Nach etwa 15 Garzeit die beiseitegelegten Speckscheiben wieder hinzugeben.

4. In der Zwischenzeit Wasser in einem Topf zugedeckt zum Kochen bringen. Dann Salz und Nudeln hinzugeben. Die Nudeln im geöffneten Topf bei mittlerer Hitze nach Packungsanleitung knapp bissfest kochen, dabei gelegentlich umrühren. Anschließend die Nudeln in ein Sieb geben, mit heißem Wasser abspülen und abtropfen lassen.

5. Den Backofen vorheizen.
Ober-/Unterhitze: etwa 200 °C
Heißluft: etwa 180 °C

6. Die Nudeln mit den vorbereiteten Zwiebelspalten mischen, mit etwas Salz und Pfeffer würzen. Den Alpenkäse fein reiben.

7. Den gegarten Eintopf nochmals mit den Gewürzen abschmecken und portionsweise in feuerfeste Suppenschalen füllen. Die Nudel-Zwiebel-Mischung darauf verteilen und mit Käse bestreuen. Die Suppenschalen auf dem Rost in den vorgeheizten Backofen schieben. Den Pasta-Wirsing-Eintopf in **etwa 5 Minuten goldbraun gratinieren.**

PIKANTER GEMÜSEKUCHEN

- Zubereitungszeit: 55 Minuten, ohne Abkühl- und Ruhezeit
  Backzeit: etwa 60 Minuten
- + Vegetarisch

ZUTATEN FÜR 6 PORTIONEN

FÜR DEN BELAG:

150 g Möhren
200 g Zucchini
175 g Brokkoli (vorbereitet gewogen)
6 mittelgroße Tomaten
Salz
150 g Gouda (am Stück)
gem. Pfeffer
6 Eier (Größe M)

FÜR DEN QUARK-ÖL-TEIG:

200 g Vollkorn-Weizenmehl
4 gestr. TL Backpulver
100 g Magerquark
40 ml Milch (3,5 % Fett)
40 ml Speiseöl
1 Ei (Größe M)
½ gestr. TL Salz

FÜR DEN GUSS:

2 Eier (Größe M)
100 ml Milch (3,5 % Fett)
125 g Kräuter-Crème-fraîche
ger. Muskatnuss

50 g geraspelter Gouda

PRO PORTION:

E: 27 g, F: 33 g, Kh: 29 g, kcal: 524

1. Für den Belag die Möhren putzen, schälen, abspülen und abtropfen lassen. Zucchini abspülen, abtrocknen und die Enden abschneiden. Möhren und Zucchini längs vierteln, jeweils in Scheiben schneiden. Brokkoli putzen, abspülen, abtropfen lassen und in kleine Röschen teilen. Den Stängel kurz unterhalb der Röschen abschneiden, schälen und in Streifen schneiden. Das vorbereitete Gemüse nacheinander in kochendem Salzwasser blanchieren (Möhren und Brokkoli jeweils etwa 3 Minuten, Zucchini etwa 1 Minute). Das Gemüse mit einer Schaumkelle herausnehmen, mit kaltem Wasser abschrecken, in einem Sieb gut abtropfen und erkalten lassen.

2. Tomaten kreuzweise einschneiden und mit kochendem Wasser übergießen. Nach 1–2 Minuten herausnehmen und mit kaltem Wasser abschrecken. Tomaten häuten. Von den Tomaten jeweils an den Stielenden einen Deckel abschneiden. Das Fruchtfleisch mit einem Löffel herauslösen. Die Tomaten von innen evtl. mit Küchenpapier trocken tupfen. Käse in kleine Würfel schneiden.

3. Für den Teig Mehl mit Backpulver in einer Rührschüssel mischen. Quark, Milch, Speiseöl, Ei und Salz hinzufügen. Die Zutaten mit einem Mixer (Knethaken) zunächst kurz auf niedrigster, dann auf höchster Stufe in etwa 1 Minute zu einem glatten Teig verarbeiten (nicht zu lange, Teig klebt sonst). Den Teig auf der leicht bemehlten Arbeitsfläche zu einer runden Platte (Ø etwa 33 cm) ausrollen, in eine Springform (Ø 28 cm, gefettet) legen und einen etwa 5 cm hohen Rand andrücken.

4. Den Backofen vorheizen.
Ober-/Unterhitze: etwa 190 °C
Heißluft: etwa 170 °C

5. Die ausgehöhlten Tomaten innen mit Salz und Pfeffer würzen und auf den Teigboden setzen. Die Hälfte des Gemüses darum verteilen und mit Käsewürfeln bestreuen.

6. Von den 6 Eiern jeweils 1 Eigelb und so viel Eiweiß in die ausgehöhlten Tomaten geben, dass sie knapp gefüllt sind. Restliches Eiweiß beiseitestellen. Restliches Gemüse darauf verteilen.

7. Für den Guss die Eier, das beiseitegestellte Eiweiß vom Belag mit Milch und Kräuter-Crème-fraîche verschlagen, mit Salz, Pfeffer und Muskat kräftig würzen. Die Eiermilch auf dem Gemüse verteilen. Die Form auf dem Rost in den vorgeheizten Backofen schieben. Den Gemüsekuchen **etwa 60 Minuten backen,** bis die Eiermasse gestockt ist.

8. Nach etwa 50 Minuten Backzeit den Gemüsekuchen (nicht die Tomaten) mit geraspeltem Gouda bestreuen und fertig backen.

9. Die Form auf einen Rost stellen. Den Gemüsekuchen etwa 10 Minuten in der Form ruhen lassen, dann aus der Form lösen, auf eine Platte setzen und in 6 Stücke schneiden.

PILZKUCHEN

Zubereitungszeit: 50 Minuten, ohne Abkühlzeit
Backzeit: 45–55 Minuten
+ Vegetarisch

ZUTATEN FÜR 15 STÜCKE

ZUM VORBEREITEN:

10 g getrocknete Steinpilze
250 g Champignons
125 ml Olivenöl
1 TL gerebelter Thymian
gem. Pfeffer

FÜR DEN TEIG:

100 g Weizenmehl (Type 550)
40 g Hartweizengrieß
3 gestr. TL Backpulver
1 gestr. TL Salz
150 g saure Sahne
2 Eier (Größe M)
30 g Sonnenblumen- oder Kürbiskerne

ZUSÄTZLICH:

Semmelbrösel für die Form

PRO STÜCK:

E: 4 g, F: 11 g, Kh: 8 g, kcal: 148

1. Die Steinpilze in ein Sieb geben, mit kaltem Wasser abspülen und abtropfen lassen.

2. Champignons putzen und in Scheiben schneiden. Die Steinpilze grob hacken.

3. Drei Esslöffel Olivenöl in einem flachen Topf erhitzen. Beide Pilze und Thymian darin andünsten und zugedeckt etwa 5 Minuten bei schwacher Hitze dünsten, mit Pfeffer würzen. Pilze abkühlen lassen.

4. Den Backofen vorheizen.
Ober-/Unterhitze: etwa 180 °C
Heißluft: etwa 160 °C

5. Für den Teig Mehl mit Grieß, Backpulver und Salz in einer Rührschüssel mischen. Saure Sahne, Eier und restliches Olivenöl hinzugeben.

6. Die Zutaten mit einem Mixer (Rührstäbe) unter die Mehlmischung rühren. Sonnenblumen- oder Kürbiskerne und die abgekühlten Pilze (mit der Flüssigkeit) kurz unterrühren.

7. Den Pilzteig in eine Kastenform (25 x 11 cm, gefettet, mit Semmelbröseln ausgestreut) geben und glatt streichen. Die Form auf dem Rost in den vorgeheizten Backofen schieben und den Pilzkuchen **45–55 Minuten backen.**

8. Die Form auf einen Kuchenrost stellen. Den Pilzkuchen etwa 10 Minuten in der Form stehen lassen, dann auf einen mit Backpapier belegten Kuchenrost stürzen. Den Kuchen wieder umdrehen und erkalten lassen.

TIPP:

Den Kuchen in Scheiben schneiden und mit vorbereitetem grünen Blattsalat, Tomatenspalten und etwas Thymian als Vorspeise anrichten.

BEILAGE:

Den Pilzkuchen mit einem **Frühlingszwiebel-Aufstrich** genießen. Dafür 1 Bund Frühlingszwiebeln und 1 Bund Schnittlauch abspülen, abtropfen lassen und jeweils in sehr feine Röllchen schneiden. 250 g Magerquark mit 200 g Doppelrahm-Frischkäse und 2 Esslöffeln Crème fraîche glatt rühren. Frühlingszwiebeln, Schnittlauch sowie 1 Esslöffel TK-Gartenkräuter unterrühren, mit Salz und Pfeffer abschmecken. Den Aufstrich in ein verschließbares Gefäß füllen, gut verschließen und im Kühlschrank aufbewahren.

PIROGGEN

Zubereitungszeit: 45 Minuten, ohne Abkühlzeit
Ruhe-/Gehzeit: etwa 45 Minuten
Backzeit: 15–20 Minuten je Backblech

ZUTATEN FÜR 32 STÜCK

FÜR DEN HEFETEIG:

275 ml Wasser
40 g Butter
500 g Weizenmehl
1 Pck. Trockenbackhefe
1 gestr. EL Zucker
½ gestr. TL Salz

FÜR DIE FÜLLUNG:

1 kleine Zucchini
1 Stange Lauch
250 g Rindergehacktes
1 ½ TL Senf, mittelscharf
Salz
gem. Pfeffer
gem. Kümmel

ZUM BESTREICHEN:

2 Eigelb
2 EL Milch

PRO STÜCK:

E: 4 g, F: 3 g, Kh: 12 g, kcal: 90

1. Für den Teig Wasser mit Butter so lange erwärmen, bis die Butter geschmolzen ist, dann lauwarm abkühlen lassen.

2. Mehl in eine Rührschüssel geben und mit Trockenbackhefe sorgfältig vermischen. Zucker, Salz und die lauwarme Wasser-Butter-Mischung hinzugeben.

3. Die Zutaten mit einem Mixer (Knethaken) zunächst kurz auf niedrigster, dann auf höchster Stufe in etwa 5 Minuten zu einem glatten Teig verarbeiten.

4. Den Teig zugedeckt so lange an einem warmen Ort gehen lassen, bis er sich sichtbar vergrößert hat, etwa 30 Minuten.

5. In der Zwischenzeit für die Füllung Zucchini abspülen, abtrocknen und die Enden abschneiden. Zucchini längs halbieren und in Würfel schneiden. Lauch putzen, die Stange längs halbieren, gründlich waschen und abtropfen lassen. Lauch in Stücke schneiden.

6. Eine Pfanne erhitzen. Gehacktes darin unter Rühren anbraten. Dabei die Fleischklümpchen mit einer Gabel krümelig zerdrücken.

7. Zucchiniwürfel untermischen, kurz mitbraten. Dann Lauchstücke hinzugeben, untermischen und unter Wenden etwa 3 Minuten mitbraten. Senf, Salz, Pfeffer und Kümmel unter die Gehacktesmasse mischen, abkühlen lassen.

8. Den Teig auf der leicht bemehlten Arbeitsfläche 2–3 mm dick ausrollen. Daraus Kreise (Ø etwa 10 cm) ausstechen.

9. Die Teigreste wieder zusammenkneten, erneut ausrollen und weitere Kreise ausstechen, so lange, bis der Teig aufgebraucht ist.

10. Etwa 1 gehäuften Teelöffel der Gehacktesfüllung auf einer Hälfte jedes Teigkreises verteilen. Das Eigelb mit der Milch verschlagen. Den Rand jedes Teigkreises damit bestreichen und die andere Teighälfte darüberklappen. Die Ränder mit einer Gabel gut andrücken.

11. Die Piroggen auf 2 Backbleche (mit Backpapier belegt) legen und nochmals zugedeckt so lange an einem warmen Ort gehen lassen, bis sie sich sichtbar vergrößert haben, etwa 15 Minuten.

12. In der Zwischenzeit den Backofen vorheizen.
Ober-/Unterhitze: etwa 200 °C
Heißluft: etwa 180 °C

13. Die Piroggen mit der restlichen Eigelbmilch bestreichen. Die Backbleche nacheinander (bei Heißluft zusammen) in den vorgeheizten Backofen schieben. Piroggen **15–20 Minuten je Backblech backen.**

14. Die Backbleche auf Kuchenroste stellen. Piroggen auf Tellern anrichten und warm oder kalt servieren.

PIZZA MIT SALSICCE UND THYMIAN

Zubereitungszeit: 25 Minuten
Backzeit: etwa 12 Minuten je Backblech

ZUTATEN FÜR 4 PORTIONEN

FÜR DEN TEIG:

300 g Weizenmehl
1 gestr. TL Salz
1 TL Zucker
175 ml Milch (3,5 % Fett)

FÜR DEN BELAG:

400 g stückige Tomaten (aus der Dose)
Salz
gem. schwarzer Pfeffer
Zucker
2 EL Olivenöl
400 g Salsicce (rohe, grobe italienische Bratwurst)
200 g ger. Pizzakäse oder Mozzarella
1 mittelgroße Zwiebel
12 Stängel Thymian

PRO PORTION:

E: 38 g, F: 35 g, Kh: 67 g, kcal: 740

1. Für den Teig Mehl in eine Rührschüssel geben. Salz, Zucker und Milch hinzugeben. Zutaten mit einem Mixer (Knethaken) erst kurz auf niedrigster, dann auf höchster Stufe zu einem glatten Teig verarbeiten. Den Teig kurz ruhen lassen.

2. Für den Belag in der Zwischenzeit stückige Tomaten mit einem Pürierstab pürieren. Die Tomatensauce mit Salz, Pfeffer, 1 Prise Zucker und Olivenöl würzen.

3. Den Backofen vorheizen.
Ober-/Unterhitze: etwa 220 °C
Heißluft: etwa 200 °C

4. Den Teig in 4 gleich große Portionen teilen. Die Teigportionen auf der leicht bemehlten Arbeitsfläche zu einem flachen, runden Fladen ausrollen. Je 2 Fladen auf ein Backblech (mit Backpapier belegt) legen.

5. Die Teigfladen mit der Tomatensauce bestreichen. Salsicce aus der Haut drücken, mit den Händen in kleine Stücke zupfen und auf der Tomatensauce verteilen. Mit Käse bestreuen. Die Zwiebel abziehen, in Streifen schneiden und auf die Pizzen legen.

6. Die Backbleche nacheinander (bei Heißluft zusammen) in den vorgeheizten Backofen schieben. Pizzen **etwa 12 Minuten je Backblech knusprig braun backen.**

7. In der Zwischenzeit Thymian abspülen und trocken tupfen. Die Thymianstängel nach etwa 10 Minuten Backzeit auf den Pizzen verteilen und die Pizzen fertig backen.

8. Die Pizzen vom Backpapier lösen und auf Pizzatellern verteilen. Die Pizzen mit Pfeffer bestreuen. Sofort servieren.

ABWANDLUNG:

Anstelle der Tomatensauce einfach 300 g Crème fraîche mit Salz und Pfeffer abschmecken, auf den ausgerollten Teigfladen verteilen und die Pizzen wie ab Punkt 5 beschrieben weiter zubereiten.

PIZZA MIT ZWIEBELMETT UND SCHNITTLAUCH

Zubereitungszeit: 40 Minuten
Ruhe-/Gehzeit: etwa 90 Minuten
Backzeit: 22–25 Minuten

ZUTATEN FÜR 4 PORTIONEN

FÜR DEN HEFETEIG:

300 g Weizenmehl (Type 550)
Salz
1 TL Trockenbackhefe
225 ml lauwarmes Wasser

FÜR DEN BELAG:

250 g rote Zwiebeln
1 TL Kümmelsamen, ganz
75 g Emmentaler (am Stück)
75 g Crème fraîche
100 g Schinken-Zwiebelmettwurst
gem. schwarzer Pfeffer
½ Bund Schnittlauch

PRO PORTION:

E: 19 g, F: 18 g, Kh: 60 g, kcal: 487

1. Für den Teig Mehl in eine Rührschüssel geben, mit 1 Teelöffel Salz und Trockenbackhefe sorgfältig vermischen. Lauwarmes Wasser hinzugeben.

2. Die Zutaten mit einem Mixer (Knethaken) zunächst kurz auf niedrigster, dann auf höchster Stufe zu einem glatten Teig verkneten. Zugedeckt an einem warmen Ort 90 Minuten gehen lassen.

3. Für den Belag Zwiebeln abziehen, längs halbieren und quer in sehr dünne Scheiben schneiden. Zwiebelscheiben in eine Schüssel geben. Etwa 1 Teelöffel Salz und Kümmel gut untermischen. Zwiebelscheiben mindestens 60 Minuten ziehen lassen. Käse grob reiben und beiseitestellen.

4. Den Backofen vorheizen.
Ober-/Unterhitze: etwa 240 °C
Heißluft: etwa 220 °C

5. Den gegangenen Teig mit etwas Mehl bestäuben, aus der Schüssel nehmen und auf einem Backblech (mit Backpapier belegt) zu einem etwa 1 cm dicken Fladen ausrollen oder mit den Händen zu einem Fladen formen.

6. Den Teigfladen zunächst mit Crème fraîche bestreichen. Die Zwiebelscheiben daraufgeben. Zwiebelmettwurst in kleine Stücke zupfen und gleichmäßig darauf verteilen. Mit dem beiseitegestellten Käse bestreuen und mit grob gemahlenem Pfeffer würzen.

7. Die Form auf dem Rost in den vorgeheizten Backofen schieben. Die Zwiebelpizza **22–25 Minuten backen.**

8. In der Zwischenzeit Schnittlauch abspülen, trocken tupfen und in Röllchen schneiden. Die Zwiebelpizza mit Schnittlauchröllchen bestreut servieren.

PROVENZALISCHE KABELJAUFILETS

Zubereitungszeit: 20 Minuten,
ohne Auftau-, Abkühl- und Durchziehzeit
Garzeit: etwa 30 Minuten

ZUTATEN FÜR 4 PORTIONEN

FÜR DAS GEMÜSE:

200 g Möhren
170 g rote Zwiebeln
2 Knoblauchzehen
250 g Zucchini
3 EL Olivenöl
3 Stängel Thymian
1 Stängel Salbei
2 Stängel Rosmarin
2 Lorbeerblätter
300 ml Gemüsebrühe
250 g mittelgroße Tomaten
480 g abgetropfte Kichererbsen (aus der Dose)
Salz
gem. Pfeffer
20 g Tomatenmark

FÜR DEN FISCH:

4 Stücke Kabeljaufilet (etwa 700 g, ohne Haut und Gräten)
Salz
4 Stängel Thymian
4 große Salbeiblätter
1 Stängel Rosmarin
1 Bio-Zitrone (unbehandelt, ungewachst)
50 g Semmelbrösel
2 EL Olivenöl
gem. Pfeffer
2 Eiweiß (Größe M)

ZUSÄTZLICH:

Portions-Auflaufformen

PRO PORTION:

E: 47 g, F: 19 g, Kh: 39 g, kcal: 532

1. Für das Gemüse die Möhren putzen, schälen, abspülen, abtropfen lassen und in Scheiben schneiden. Zwiebeln und Knoblauch abziehen. Zwiebeln halbieren und in Spalten schneiden. Knoblauch in dünne Scheiben schneiden.

2. Zucchini abspülen, abtrocknen und die Enden abschneiden. Die Zucchini der Länge nach halbieren und in Scheiben schneiden.

3. Das Öl in einem Topf erhitzen. Zwiebeln und Knoblauch darin 3 Minuten andünsten. Kräuter abspülen, trocken tupfen, Blätter oder Nadeln abzupfen, grob hacken. Lorbeer, gehackte Kräuter, Möhren und die Brühe zu den Zwiebeln in den Topf geben. Das Gemüse zugedeckt 5 Minuten dünsten.

4. Die Tomaten abspülen, abtrocknen, halbieren und die Stängelansätze herausschneiden. Tomatenhälften nochmals durchschneiden. Zucchini, Tomaten und Kichererbsen zum Gemüse geben, aufkochen und mit Salz und Pfeffer würzen. Das Gemüse in die Auflaufform füllen.

5. Den Backofen vorheizen.
Ober-/Unterhitze: etwa 200 °C
Heißluft: etwa 180 °C

6. Kabeljaufilets mit Küchenpapier abtupfen und mit Salz bestreuen.

7. Für die Kruste die Kräuter abspülen, trocken tupfen. Einige Kräuterzweige zum Garnieren beiseitelegen. Von den übrigen Kräutern die Blätter oder Nadeln abzupfen und fein hacken. Die Zitrone heiß abwaschen, abtrocknen und ein Drittel der Schale fein abreiben. Die Zitrone anderweitig verwenden.

8. Semmelbrösel im Öl anrösten, gehackte Kräuter, Zitronenschale und etwas Pfeffer unterrühren. Eiweiß mit 1 Prise steif schlagen, die Bröselmasse unterheben. Die Masse in 4 Portionen teilen, auf den Fischstücken verteilen und leicht andrücken. Die Fischstücke auf das Gemüse in die Formen legen. Die Formen auf dem Rost in

den vorgeheizten Backofen schieben. Fisch und Gemüse **etwa 20 Minuten garen.**

9. Die Fischstücke auf einem ofenfesten Teller im ausgeschalteten Ofen warm halten. Tomatenmark unter das Gemüse rühren. Das Gemüse in einem Topf aufkochen, mit Salz und Pfeffer abschmecken. Fischstücke mit restlichen Kräutern garnieren und mit dem Gemüse servieren.

PUTENBRATEN, GESCHMORT

Zubereitungszeit: 40 Minuten
Garzeit: etwa 90 Minuten

ZUTATEN FÜR 4–6 PORTIONEN

1 Putenoberkeule (etwa 1,2 kg, ohne Knochen)
Salz
gem. Pfeffer
2 EL körniger Senf
2 EL Olivenöl
100 g Zwiebeln
150 g Knollensellerie
1 kg Paprikaschoten (rot, grün, gelb)
200 ml Gemüsebrühe
4 Stängel Zitronenthymian
500 g Schupfnudeln (aus dem Kühlregal)
2 Stängel Basilikum

ZUSÄTZLICH:

Küchengarn
1 Bräter (etwa 35 x 24 cm)

PRO PORTION:

E: 66 g, F: 20 g, Kh: 20 g, kcal: 539

1. Den Backofen vorheizen.
Ober-/Unterhitze: etwa 200 °C
Heißluft: etwa 180 °C

2. Die Putenoberkeule evtl. von Federresten befreien. Die Keule mit Küchenpapier abtupfen. Die Innenseite mit Salz und Pfeffer bestreuen und mit Senf bestreichen. Die Innenseiten aufeinanderlegen und die Keule mit Küchengarn umwickeln, sodass ein länglicher Braten entsteht. Den Braten mit Salz und Pfeffer einreiben.

3. Das Öl im Bräter erhitzen, den Braten rundherum anbraten und auf dem Backofenrost in den vorgeheizten Backofen schieben und **etwa 40 Minuten vorgaren.**

4. Inzwischen die Zwiebeln abziehen und in grobe Würfel schneiden. Sellerie schälen, abspülen, abtropfen lassen und in Würfel schneiden. Paprikaschoten vierteln, entstielen, entkernen und die weißen Scheidewände entfernen. Schoten abspülen, abtropfen lassen und in große Quadrate schneiden.

5. Den vorgegartem Braten wenden. Vorbereitetes Gemüse und Brühe zum Braten geben und umrühren. Den Braten **etwa weitere 40 Minuten garen,** dabei den Braten und das Gemüse gelegentlich wenden. Den Thymian abspülen, trocken tupfen und die Blätter abzupfen.

6. Den Braten auf eine Platte legen und zugedeckt 10 Minuten ruhen lassen. Inzwischen die Schupfnudeln und die Thymianblätter in den Bräter geben, unter das Gemüse rühren und bei gleicher Backofentemperatur **etwa 10 Minuten im Backofen garen.**

7. Basilikum abspülen, trocken tupfen und die Blätter abzupfen. Das Gemüse mit Salz und Pfeffer abschmecken. Den Braten aufschneiden. Das Gemüse mit Basilikum bestreuen und zum Braten servieren.

PUTENBRUST MIT FRÜHLINGSGEMÜSE

Zubereitungszeit: 30 Minuten, ohne Abkühlzeit
Garzeit: etwa 2 Stunden

ZUTATEN FÜR 4 PORTIONEN

125 g Weißbrot
80 ml Milch (3,5 % Fett)
800 g Putenbrustfilet
1 Ei (Größe M)
3–4 EL Hühnerbrühe
3–4 TL klein geschnittene Petersilie oder klein geschnittenen Kerbel
Salz, gem. Pfeffer
100 g geräucherter durchwachsener Speck
1–2 EL Sonnenblumenöl
100 ml heiße Hühnerbrühe
500 g Kohlrabi
500 g Möhren

PRO PORTION:

E: 60 g, F: 16 g, Kh: 27 g, kcal: 490

1. Den Backofen bei Ober/-Unterhitze auf 95 °C vorheizen.

2. Das Weißbrot in Würfel schneiden und in einen tiefen Teller geben. Milch erhitzen, auf den Brotwürfeln verteilen und etwas abkühlen lassen. Das Putenbrustfilet mit Küchenpapier abtupfen. In die Putenbrust mit einem scharfen Messer eine längliche Tasche einschneiden.

3. Ei, Hühnerbrühe und 1–2 Teelöffel der Kräuter mit den eingeweichten Brotwürfeln vermischen, mit Salz und Pfeffer kräftig würzen. Speck klein würfeln.

4. Das Putenbrustfilet mit der Brotmasse füllen. Die Tasche mit Holzstäbchen oder Küchengarn verschließen.

5. Die Putenbrust von außen mit Salz und Pfeffer würzen. Sonnenblumenöl in einem Bräter erhitzen. Die Putenbrust darin 3–4 Minuten von allen Seiten anbraten. Die Speckwürfel hinzugeben und 1 weitere Minute mitbraten lassen. Die heiße Hühnerbrühe hinzugießen. Den Bräter auf dem Rost in den vorgeheizten Backofen schieben. Die Putenbrust **etwa 60 Minuten garen.**

6. In der Zwischenzeit Kohlrabi und Möhren putzen, schälen, abspülen, abtropfen lassen und in Würfel schneiden. Kohlrabi- und Möhrenwürfel kurz in kochendem Salzwasser blanchieren, in ein Sieb geben, mit kaltem Wasser abschrecken und abtropfen lassen.

7. Nach etwa 60 Minuten Garzeit das Gemüse mit den restlichen Kräutern mischen und zu der Putenbrust in den Bräter geben. Die Putenbrust mit dem Gemüse **weitere etwa 60 Minuten garen.**

8. Die gegarte Putenbrust aus dem Bräter nehmen, Holzstäbchen oder Küchengarn entfernen. Das gegarte Gemüse mit Salz und Pfeffer abschmecken. Die Putenbrust in Scheiben schneiden und mit dem Frühlingsgemüse auf Tellern anrichten.

DAZU SCHMECKEN:

Salzkartoffeln.

PUTENBRUST UNTER DER KARTOFFELHAUBE

Zubereitungszeit: 45 Minuten, ohne Abkühlzeit
Garzeit: etwa 2 1/2 Stunden
▲ Mit Alkohol

ZUTATEN FÜR 4 PORTIONEN

350 g Kartoffeln
Salz
300 g kleine Schalotten
300 g Staudensellerie
400 g Cocktailtomaten
1 Putenbrustfilet (etwa 800 g)
gem. Pfeffer
3 EL Speiseöl
150 ml trockener Weißwein
250 ml Geflügelbrühe oder -fond
1 Ei (Größe M)
1 Eigelb (Größe M)
1 Eiweiß (Größe M)

PRO PORTION:

E: 56 g, F: 13 g, Kh: 17 g, kcal: 441

1. Kartoffeln schälen, abspülen, abtropfen lassen und in Würfel schneiden. Die Würfel knapp mit Wasser bedeckt zugedeckt zum Kochen bringen. Salz hinzufügen. In etwa 15 Minuten gar kochen.

2. Schalotten abziehen und teilen. Sellerie putzen, die zarten Sellerieblättchen abzupfen, abspülen, trocknen und in feine Streifen schneiden. Selleriestangen abspülen, abtropfen lassen, in 2–3 cm lange Stücke schneiden. Tomaten abspülen und evtl. die Stängelansätze herausschneiden.

3. Den Backofen bei Ober-/Unterhitze auf etwa 200 °C vorheizen.

4. Die Kartoffeln abgießen, grob zerdrücken, in eine Schüssel geben und abkühlen lassen.

5. Putenbrustfilet mit Küchenpapier abtupfen. Mit Salz und Pfeffer würzen. Speiseöl in einem Bräter erhitzen. Putenbrustfilet von beiden Seiten anbraten, herausnehmen und beiseitestellen.

6. Schalotten, Selleriestücke und Tomaten in den Bräter geben, im verbliebenen Bratfett 3–4 Minuten anbraten. Weißwein und Brühe oder Fond hinzugießen und aufkochen lassen. Den Bräter von der Kochstelle nehmen und das Fleisch auf das Gemüse legen.

7. Kartoffelmasse mit beiseitegelegten Sellerieblättchen, Ei und Eigelb verrühren, mit Salz und Pfeffer würzen. Das Eiweiß in einem tiefen Teller mit einer Gabel schaumig schlagen. Den Braten mit dem Eischnee bestreichen. Die Kartoffelmasse mithilfe der Gabel auf dem Fleisch verteilen und leicht andrücken. Die Oberfläche soll etwas uneben sein.

8. Den Bräter auf dem Rost in den vorgeheizten Backofen (unteres Drittel) schieben. Das Putenbrustfilet **etwa 30 Minuten goldbraun garen.**

9. Dann die Backofentemperatur auf Ober-/Unterhitze 95 °C reduzieren. Das Putenbrustfilet mit dem Gemüse **in etwa 2 Stunden fertig garen.**

10. Putenbrustfilet aus dem Bräter nehmen, in Scheiben schneiden. Mit dem Gemüse servieren.

LECKER DAZU:

Stampfkartoffeln mit Petersilie.

PUTENKEULE

Zubereitungszeit: 25 Minuten
Garzeit: 3 ½–4 Stunden

ZUTATEN FÜR 4 PORTIONEN

2 Knoblauchzehen
1 walnussgroßes Stück frischer Ingwer
½ TL grob geschroteter Chili
3 TL flüssiger Honig
1 Putenoberkeule ohne Knochen (etwa 800 g)
Salz, gem. Pfeffer
2 Zwiebeln, 2 Möhren
1 Stange Lauch
2 EL Sonnenblumenöl
2 EL Tomatenmark
1 Pimentkorn, 1 Lorbeerblatt
2 Gewürznelken
200 ml heiße Gemüse- oder Geflügelbrühe

PRO PORTION:

E: 43 g, F: 13 g, Kh: 12 g, kcal: 334

1. Knoblauch abziehen, Ingwer schälen. Beides in sehr kleine Würfel schneiden und in eine kleine Schüssel geben. Chili und Honig gut unterrühren.

2. Putenoberkeule mit Küchenpapier abtupfen, mit Salz und Pfeffer einreiben. Von innen mit der Hälfte der Ingwer-Honig-Mischung bestreichen und mit Küchengarn zu einem Rollbraten binden.

3. Den Backofen bei Ober-/Unterhitze auf 95 °C vorheizen.

4. Zwiebeln abziehen, in Spalten schneiden. Möhren putzen, schälen, abspülen, abtropfen lassen, in Scheiben schneiden. Lauch putzen, längs halbieren, gründlich waschen, gut abtropfen lassen und in Streifen schneiden.

5. Das Sonnenblumenöl in einem Bräter erhitzen. Den Putenrollbraten darin von allen Seiten kräftig anbraten, herausnehmen und kurz beiseitelegen.

6. Zwiebelspalten, Möhrenscheiben und Lauchstreifen in dem Bräter im verbliebenen Bratfett unter Rühren andünsten. Tomatenmark unterrühren. Gemüse mit Salz, Pfeffer und Piment würzen, Lorbeerblatt und Gewürznelken hinzufügen. Heiße Brühe unterrühren. Den beiseitegelegten Rollbraten auf das Gemüse legen.

7. Den Bräter auf dem Rost in den vorgeheizten Backofen (unteres Drittel) schieben. Den Putenrollbraten **3 ½–4 Stunden garen,** dabei den Braten 2–3-mal wenden.

8. Den Backofengrill auf etwa 240 °C vorheizen. Den gegarten Rollbraten aus dem Backofen nehmen, auf ein Backblech legen und mit der restlichen Ingwer-Honig-Mischung bestreichen. Das Backblech unter den vorgeheizten Backofengrill schieben. Den Putenrollbraten **4–5 Minuten von allen Seiten knusprig braun grillen.**

9. Das Küchengarn entfernen. Den Putenrollbraten in Scheiben schneiden und mit dem Gemüse anrichten.

DAZU SCHMECKEN:

Kleine Bouillonkartoffeln oder Reis.

PUTEN-REIS-AUFLAUF

Zubereitungszeit: 35 Minuten
Garzeit: etwa 30 Minuten

ZUTATEN FÜR 4 PORTIONEN

400 g Putenbrustfilet
1 EL Speiseöl, z. B. Sonnenblumenöl
Salz, gem. Pfeffer
Currypulver
1 kg Brokkoli
500 ml Gemüsebrühe
200 g Langkornreis
250 g abgetropfte Aprikosenhälften (aus der Dose)

FÜR DEN GUSS:

150 ml Aprikosensaft (aus der Dose)
400 ml Gemüsebrühe (von dem Brokkoli)
1 EL Weizenmehl
100 g Schlagsahne
100 g ger. Käse, z. B. Gouda

PRO PORTION:

E: 41 g, F: 19 g, Kh: 61 g, kcal: 597

1. Putenbrustfilet mit Küchenpapier abtupfen und in Streifen schneiden.

2. Speiseöl in einer Pfanne erhitzen. Filetstreifen darin von allen Seiten anbraten. Mit Salz, Pfeffer und Curry würzen. Filetstreifen herausnehmen und beiseitestellen. Die Pfanne mit dem verbliebenen Bratfett ebenfalls beiseitestellen.

3. Von dem Brokkoli die Blätter entfernen. Die Röschen vom Strunk schneiden. Den Strunk schälen und in Stücke schneiden. Brokkolistücke und -röschen abspülen, abtropfen lassen.

4. Brühe in einem Topf zum Kochen bringen. Brokkoli darin in etwa 5 Minuten bissfest garen, in ein Sieb geben, abtropfen lassen. Dabei die Brühe auffangen und 400 ml abmessen.

5. Den Backofen vorheizen.
Ober-/Unterhitze: etwa 180 °C
Heißluft: etwa 160 °C

6. Reis in kochendem Salzwasser etwa 8 Minuten vorgaren, in einem Sieb abtropfen lassen.

7. Aprikosenhälften ebenfalls in einem Sieb abtropfen lassen, den Saft auffangen und 150 ml abmessen. Aprikosenhälften nochmals halbieren.

8. Für den Guss Aprikosensaft und Brokkolibrühe zum beiseitegestellten Bratfett in die Pfanne geben und aufkochen lassen. Mehl mit Sahne anrühren, in die Sauce rühren, unter Rühren aufkochen und etwa 2 Minuten bei mittlerer Hitze unter gelegentlichem Rühren kochen lassen.

9. Die Sauce mit Salz, Pfeffer und Curry abschmecken. Die Hälfte des Käses unterrühren. Die vorbereiteten Zutaten in eine große, flache Auflaufform (gefettet) geben. Die Sauce darauf verteilen und mit dem restlichen Käse bestreuen.

10. Die Form ohne Deckel auf dem Rost in den vorgeheizten Backofen schieben. Den Puten-Reis-Auflauf **etwa 30 Minuten garen.**

QUERRIPPE MIT BULGUR UND PAPRIKA

Zubereitungszeit: 40 Minuten
Garzeit: etwa 70 Minuten

ZUTATEN FÜR 4 PORTIONEN

1 kg Rinder-Querrippe
Salz
gem. Pfeffer
150 g Zwiebeln
2 Knoblauchzehen
2 EL Rapsöl
500 ml Gemüsebrühe
800 g Paprikaschoten (rot, grün, gelb)
150 g Bulgur (Weizengrütze)
1 Stange Zimt
2 Lorbeerblätter
½ TL gem. Koriander
½ Bund Koriander

ZUSÄTZLICH:

1 Bräter oder ofenfester Topf (etwa 3 l Inhalt, mit ofenfestem Deckel)

PRO PORTION:

E: 51 g, F: 21 g, Kh: 34 g, kcal: 551

1. Den Backofen vorheizen.
Ober-/Unterhitze: etwa 200 °C
Heißluft: etwa 180 °C

2. Die Querrippe mit Küchenpapier abtupfen. Die Querrippe zwischen den Fleischschichten waagerecht durchschneiden, dabei weder Fett noch Knochen entfernen. Die Fleischstücke mit Salz und Pfeffer würzen.

3. Zwiebeln und Knoblauch abziehen. Die Zwiebeln in Spalten schneiden, den Knoblauch hacken. Das Öl in einem Bräter erhitzen und die Fleischstücke darin rundherum anbraten. Zwiebeln, Knoblauch und Brühe dazugeben. Den Bräter zugedeckt auf dem Rost in den vorgeheizten Backofen schieben. Die Fleischstücke **etwa 40 Minuten vorgaren.**

4. Inzwischen die Paprikaschoten vierteln, entstielen, entkernen und die weißen Scheidewände entfernen. Die Schotenviertel abspülen, abtropfen lassen und quer in Streifen schneiden.

5. Die Fleischstücke aus dem Bräter nehmen, die Brühe entfetten. Das Fleisch zurück in den Bräter legen. Bulgur, Paprikastreifen, Zimt, Lorbeer und gemahlenen Koriander dazugeben und mit der Brühe verrühren. Den Bräter wieder zugedeckt in den Backofen schieben und **bei gleicher Backofentemperatur weitere etwa 30 Minuten garen,** dabei einmal umrühren, falls nötig, noch etwas Wasser dazugeben.

6. Koriander abspülen, trocken tupfen und die Blätter abzupfen. Das Fleisch aus dem Bräter nehmen und zugedeckt 5 Minuten ruhen lassen. Das Bulgurgemüse mit Salz und Pfeffer abschmecken. Knochen und restliches Fett vom Fleisch lösen. Das Fleisch in mundgerechte Stücke schneiden und unter das Bulgurgemüse rühren. Mit Koriander bestreuen.

TIPP:

Die Querrippe ist ein günstiges mit Fett durchwachsenes Fleischstück. Es hat einen intensiven Geschmack und eignet sich gut für winterliche Schmorgerichte. Das Entfetten der Brühe geht am einfachsten mit einem Fettkännchen. Gießt man die Brühe hinein, steigt das Fett nach oben und bleibt beim Ausgießen im Kännchen zurück.

RATATOUILLE-AUFLAUF MIT FRISCHKÄSE-BULGUR-NOCKEN

Zubereitungszeit: 35 Minuten
Garzeit: etwa 40 Minuten
+ Vegetarisch

ZUTATEN FÜR 4 PORTIONEN

knapp 400 ml Gemüsebrühe
200 g Bulgur
1 Knoblauchzehe
2 Zwiebeln
1 mittelgroße Aubergine (etwa 250 g)
1 Zucchini (etwa 250 g)
400 g Fleischtomaten
je 1 rote und gelbe Paprikaschote
je 2 Stängel Salbei und Thymian
2 EL Olivenöl
Salz, gem. Pfeffer
evtl. etwas Cayennepfeffer oder grob geschroteter Chili
2 Eigelb (Größe M)
100 g Frischkäse (z. B. mit Kräutern und Knoblauch oder pur)
½ TL fein abger. Zitronenschale von 1 Bio-Zitrone (unbehandelt, ungewachst)
2 EL fein geschnittene Basilikumblätter
200 g ger. Gratinkäse

PRO PORTION:

E: 26 g, F: 33 g, Kh: 46 g, kcal: 584

1. Die Brühe in einem Topf zum Kochen bringen. Den Bulgur einstreuen und nach Packungsanleitung ausquellen lassen. Bulgur evtl. abgießen und etwas abkühlen lassen.

2. Inzwischen Knoblauch und Zwiebeln abziehen, würfeln. Aubergine, Zucchini und Tomaten abspülen, abtropfen lassen. Den Stängelansatz der Aubergine und die Enden der Zucchini abschneiden. Aubergine und Zucchini in gleich große Würfel schneiden. Tomaten halbieren und die Stängelansätze herausschneiden. Tomaten in Stücke schneiden.

3. Paprikaschoten halbieren, entstielen, entkernen und die weißen Scheidewände entfernen. Die Paprikahälften abspülen, abtropfen lassen, in etwa 3 cm große Stücke schneiden. Kräuter abspülen, trocken tupfen und die Blättchen von den Stängeln zupfen. Blättchen grob schneiden.

4. Das Olivenöl in einer großen Pfanne erhitzen. Zuerst die Knoblauch-, Zwiebel- und Auberginenwürfel darin unter gelegentlichem Rühren leicht braun anbraten. Gemüse mit Salz, Pfeffer, Kräutern und Cayennepfeffer oder Chili würzen. Dann Zucchiniwürfel und Paprikastücke hinzugeben. Das Gemüse weitere etwa 8 Minuten unter vorsichtigem Rühren dünsten.

5. Inzwischen den Backofen vorheizen.
Ober-/Unterhitze: etwa 200 °C
Heißluft: etwa 180 °C

6. Die Tomatenstücke zum Gemüse in die Pfanne geben und unterrühren. Die Gemüsemischung nochmals mit Salz und Pfeffer würzen und in einer großen Auflaufform (gefettet) verteilen.

7. Die Form auf dem Rost in den vorgeheizten Backofen schieben. Das Gemüse **etwa 20 Minuten garen.**

8. Eigelb mit Frischkäse und Zitronenschale verrühren, mit Pfeffer würzen, Basilikum unterrühren. Bulgur auflockern und mit etwa 75 g Gratinkäse unter die Frischkäse-Mischung rühren.

9. Die Form aus dem Backofen nehmen und auf einen Rost stellen. Die Bulgurmasse mithilfe eines Esslöffels in Nocken auf das Gemüse setzen, mit dem restlichen Käse bestreuen. Die Form wieder auf dem Rost in den Backofen schieben und bei **gleicher Backofentemperatur weitere etwa 20 Minuten garen.**

RATATOUILLE-CROISSANTS

Zubereitungszeit: 40 Minuten, ohne Abkühlzeit
Backzeit: etwa 18 Minuten
+ Vegetarisch

ZUTATEN FÜR 12 STÜCK

FÜR DIE RATATOUILLE-FÜLLUNG:

1 Zwiebel (25 g)
1 Knoblauchzehe
75 g rote Paprikaschote
75 g Zucchini
50 g Aubergine
1–2 Tomaten (50 g)
6 abgetropfte schwarze Oliven, ohne Stein
2 Stängel Thymian
1 Stängel Rosmarin
3 EL Olivenöl
Salz, gem. schwarzer Pfeffer
1 Ziegenweichkäse-Taler (etwa 40 g)
4 Basilikumblätter

1 Ei (Größe M)
1 EL Milch
etwa 540 g frischer Blätterteig
(aus dem Kühlregal, 2 rechteckige Platten, je etwa 42 x 24 cm)
1 TL Fenchelsamen

PRO STÜCK:

E: 4 g, F: 15 g, Kh: 18 g, kcal: 219

1. Für die Füllung Zwiebel und Knoblauch abziehen und fein würfeln. Paprika evtl. entstielen, entkernen und die weißen Scheidewände entfernen. Paprika abspülen und abtropfen lassen. Zucchini und Aubergine abspülen, abtrocknen und die Enden und den Stängelansatz entfernen. Die Tomaten abspülen, abtrocknen, halbieren und die Stängelansätze herausschneiden.

2. Paprika, Zucchini, Aubergine und Tomaten in etwa ½ cm große Würfel schneiden. Die Oliven klein schneiden. Den Thymian und Rosmarin abspülen und trocken tupfen. Thymianblättchen sowie die Hälfte der Rosmarinnadeln abzupfen und fein hacken.

3. Das Olivenöl in einem Topf oder einer Pfanne erhitzen. Zwiebeln, Knoblauch, Paprika, Zucchini, Aubergine, Tomaten, fein gehackten Thymian und Rosmarin darin bei starker Hitze unter Rühren etwa 5 Minuten dünsten. Die Gemüsemischung mit Salz und Pfeffer würzen und erkalten lassen.

4. Den Backofen vorheizen.
Ober-/Unterhitze: etwa 220 °C
Heißluft: etwa 200 °C

5. Den Ziegenkäse fein zerbröseln. Basilikum abspülen, trocken tupfen und fein schneiden. Ziegenkäsebrösel und Basilikum unter die Gemüsemischung rühren.

6. Das Ei mit der Milch verquirlen. Die restlichen Rosmarinnadeln vom Stängel zupfen.

7. Beide Blätterteigplatten auf der Arbeitsfläche ausbreiten. Jede Blätterteigplatte in 6 Rechtecke (je etwa 7 x 24 cm) schneiden.

8. Blätterteigrechtecke dünn mit etwas Eiermilch bestreichen. Die Ratatouille-Füllung in 12 gleich große Portionen teilen. Je 1 Portion auf die Mitte der breiten Teigseite eines Rechtecks geben. Das Rechteck von der breiten Seite aus fest aufrollen. Die Teigseiten festdrücken und das Croissant leicht krümmen.

9. Die Croissants auf ein Backblech (mit Backpapier belegt) legen und mit der restlichen Eiermilch bestreichen. Croissants mit Fenchelsamen und Rosmarin bestreuen. Das Backblech in den vorgeheizten Backofen (unteres Drittel) schieben und die Croissants **in etwa 18 Minuten goldbraun backen.**

10. Die Croissants mit dem Backpapier von dem Backblech auf einen Kuchenrost ziehen. Ratatouille-Croissants noch leicht warm servieren oder erkalten lassen.

TIPP:

Nehmen Sie den Blätterteig etwa 10 Minuten vor der Verwendung aus dem Kühlschrank und lassen Sie die gerollten Hörnchen kurz ruhen.

RATATOUILLE-PIZZA

- Zubereitungszeit: 45 Minuten
  Teiggehzeit: etwa 1 Stunde
  Backzeit: 15–18 Minuten je Backblech
- + Vegetarisch

ZUTATEN FÜR 12 PORTIONEN

FÜR DEN TEIG:

500 g Weizenmehl
42 g frische Hefe
1 TL Zucker
250 ml warmes Wasser
10 g Salz
5 EL Olivenöl

FÜR DEN BELAG:

3 rote Paprikaschoten (etwa 600 g)
2–3 Zucchini (etwa 600 g)
4 rote Zwiebeln (etwa 350 g)
4 Knoblauchzehen
4 EL Olivenöl
2 Msp. Chilipulver
800 g stückige Tomaten (aus Dosen)

ZUM BELEGEN:

150 g abgetropfte Kapernäpfel
150 g abgetropfte, schwarze Oliven
einige, abgespülte, trocken getupfte Basilikumblätter

PRO PORTION:

E: 8 g, F: 12 g, Kh: 40 g, kcal: 307

1. Für den Teig Mehl in eine große Rührschüssel geben. In die Mitte eine Vertiefung drücken. Hefe hineinbröckeln. Zucker und 100 ml von dem Wasser hinzugeben und mit etwas Mehl verrühren, zugedeckt etwa 3 Minuten stehen lassen.

2. Restliches Wasser, Salz und Öl hinzufügen, mit einem Mixer (Knethaken) zu einem glatten Teig verkneten. Diesen auf einer bemehlten Arbeitsfläche nochmals kräftig durchkneten und zugedeckt an einem warmen Ort gehen lassen, etwa 45 Minuten.

3. Inzwischen Paprikaschoten halbieren, entstielen, entkernen und die weißen Scheidewände entfernen. Schoten abspülen, abtropfen lassen. Zucchini abspülen, trocken tupfen, Enden abschneiden. Paprika und Zucchini in kleine Würfel schneiden.

4. Die Zwiebeln und den Knoblauch abziehen, würfeln. Das Öl in einer großen Pfanne erhitzen. Das vorbereitete Gemüse mit Zwiebeln und Knoblauch darin unter Rühren andünsten, mit Chili und Salz würzen. Das Gemüse in eine Schüssel geben.

5. Die stückigen Tomaten in die Pfanne geben und kurz aufkochen, dann bei mittlerer bis starker Hitze leicht sämig-dicklich einkochen, dabei öfter umrühren. Das Gemüse unterrühren.

6. Den Hefeteig halbieren und nacheinander jeweils auf der bemehlten Arbeitsfläche zu einem Rechteck (je etwa 30 x 40 cm) ausrollen und auf zwei Backblechen (je 30 x 40 cm, gefettet) auslegen. Das Ratatouille-Gemüse darauf verteilen. Vorbereitete Pizzen zugedeckt nochmals gehen lassen, etwa 15 Minuten.

7. Inzwischen den Backofen vorheizen.
Ober-/Unterhitze: etwa 240 °C
Heißluft: etwa 220 °C

8. Die Backbleche nacheinander (bei Heißluft zusammen) in den vorgeheizten Backofen schieben. Die Pizzen 15–18 Minuten je Backblech backen.

9. Die Pizzen mit Kapernäpfeln, Oliven und Basilikumblättchen belegen und servieren.

TIPPS ZUM VORBEREITEN:

Der Hefeteig kann im Kühlschrank über Nacht gehen. Dazu den Teig nicht aus zimmerwarmen, sondern kalten Zutaten zubereiten. Dann den Teig in einer ausreichend großen Schüssel mit einem feuchten Geschirrtuch oder mit Frischhaltefolie zugedeckt über Nacht im Kühlschrank gehen lassen.
Auch das Ratatouille-Gemüse können Sie bereits am Vortag kochen. Das erkaltete Gemüse dann ebenfalls zugedeckt in den Kühlschrank stellen.

REISTERRINE MIT RUCOLASALAT

Zubereitungszeit: 30 Minuten, plus Abkühlzeit
Garzeit: etwa 30 Minuten
+ Vegetarisch

ZUTATEN FÜR 4 PORTIONEN

3 Schalotten
1 Knoblauchzehe
3 EL Olivenöl
200 g Risottoreis
1 Döschen (0,1 g) Safran
500 ml Gemüsebrühe
1 rote Paprikaschote (200 g)
200 g Möhren
50 g Korinthen
2 TL abgetropfte Kapern (aus dem Glas)
20 g ger. Grana Padano-Käse
2 Eier (Größe M)
Salz, gem. Pfeffer
Cayennepfeffer

FÜR DEN SALAT:

etwa 100 g Rucolasalat
200 g mittelgroße, reife Tomaten
2–3 EL Balsamico-Essig
1 TL Agavendicksaft
Salz, gem. Pfeffer
6 EL Olivenöl

ZUSÄTZLICH:

1 Terrinenform (etwa 25 x 8.cm, etwa 1 l Inhalt) mit Deckel

PRO PORTION:

E: 12 g, F: 30 g, Kh: 58 g, kcal: 562

1. Schalotten und Knoblauch abziehen, Schalotten in kleine Würfel schneiden, Knoblauch hacken. Öl in einem Topf erhitzen. Schalotten und Knoblauch darin andünsten.

2. Reis hinzufügen und kurz mitdünsten lassen. Safran zur Brühe geben. Etwas Brühe zum Reis in den Topf geben und unter Rühren zum Kochen bringen. Den Reis etwa 15 Minuten zugedeckt bei schwacher Hitze köcheln lassen, dabei nach und nach die restliche Brühe unterrühren.

3. Den Backofen vorheizen.
Ober-/Unterhitze: etwa 180 °C
Heißluft: etwa 160 °C

4. Die Paprikaschote der Länge nach vierteln, entstielen, entkernen und die weißen Scheidewände entfernen. Die Viertel abspülen, trocken tupfen und in sehr kleine Würfel schneiden. Möhren schälen und auf dem Gemüsehobel in sehr dünne Streifen hobeln. Korinthen in ein Sieb geben, mit heißem Wasser abspülen und abtropfen lassen. Die Kapern grob hacken.

5. Den gegarten Reis in eine Schüssel geben. Möhren, Paprika, Korinthen, Kapern und Käse unterrühren. Die Eier aufschlagen und unterrühren. Die Reismasse mit Salz, Pfeffer und Cayennepfeffer würzen.

6. Die Terrinenform ausfetten, den Boden der Form mit einem Streifen Backpapier belegen. Die Reismasse in die Form füllen und glatt streichen. Ein Tuch auf die Arbeitsfläche legen, die Form mehrfach auf das Tuch stoßen, damit Luftblasen aus der Reismasse entweichen können. Den Deckel auf die Form legen. Die Form auf dem Rost in den vorgeheizten Backofen schieben. Die Reisterrine **30–35 Minuten garen.**

7. Die Terrine auf einen Kuchenrost stellen, den Deckel abnehmen und die Terrine erkalten lassen.

8. Für den Salat Rucola putzen, dabei die dicken Stiele entfernen. Rucola abspülen, in einer Salatschleuder trocken schleudern und in mundgerechte Stücke zupfen. Tomaten abspülen, halbieren und die Stengelansätze entfernen. Die Tomaten entkernen und in feine Spalten schneiden.

9. Für die Salatsauce Essig, Agavendicksaft, Salz und Pfeffer verrühren. Das Öl unterschlagen.

10. Die Terrine mit einem kleinen Messer vom Rand der Form lösen und auf eine Platte stürzen. Die Terrine mit einem Messer, mit abgespülter Klinge, in Scheiben schneiden und auf Teller verteilen.

11. Rucola und Tomaten auf die Teller geben und mit Salatsauce beträufeln.

TIPP:

Die Terrine kann bereits am Vortag zubereitet werden. Dafür die abgekühlte Terrine zugedeckt im Kühlschrank aufbewahren und etwa 1 Stunde vor dem Verzehr herausnehmen.

RINDFLEISCHTOPF MIT ROTWEIN

● Zubereitungszeit: 40 Minuten
Garzeit: etwa 60 Minuten
▲ Mit Alkohol

ZUTATEN FÜR 4 PORTIONEN

700 g Rindfleisch
(aus der Schulter, ohne Knochen)
3 EL Speiseöl
2 EL Tomatenmark
400 ml Fleischbrühe
300 g Möhren
200 g Knollensellerie
400 g festkochende Kartoffeln
1 Gemüsezwiebel (etwa 200 g)
1 Knoblauchzehe
1 TL gerebelter Thymian
2 Lorbeerblätter
200 ml trockener Rotwein
Salz
gem. Pfeffer
3 Stängel glatte Petersilie
1–2 TL mittelscharfer Senf

ZUSÄTZLICH:

1 ofenfester Schmortopf
(etwa 3 l Inhalt) mit Deckel

PRO PORTION:

E: 41 g, F: 19 g, Kh: 20 g, kcal: 458

1. Das Rindfleisch mit Küchenpapier trocken tupfen und in kleine Würfel schneiden. Speiseöl in einem Schmortopf erhitzen. Fleischwürfel darin portionsweise von allen Seiten gut anbraten.

2. Tomatenmark unterrühren und kurz mit anrösten. Etwas von der Brühe hinzugießen, zum Kochen bringen und unter gelegentlichem Rühren etwas einkochen lassen.

3. Den Backofen vorheizen.
Ober-/Unterhitze: etwa 200 °C
Heißluft: etwa 180 °C

4. In der Zwischenzeit Möhren und Sellerie putzen, schälen, abspülen, abtropfen lassen und in große Würfel schneiden. Kartoffeln schälen, abspülen, abtropfen lassen und ebenfalls in große Würfel schneiden. Zwiebel und Knoblauch abziehen. Zwiebel halbieren und fein würfeln, Knoblauch hacken.

5. Vorbereitetes Gemüse, Thymian und Lorbeer zu den Fleischwürfeln in den Bräter geben. Restliche Brühe und Rotwein hinzugießen und umrühren. Mit Salz und Pfeffer würzen.

6. Den Eintopf zum Kochen bringen. Den Bräter zugedeckt auf dem Rost in den vorgeheizten Backofen schieben. Den Rindfleischtopf **etwa 60 Minuten garen,** dabei gelegentlich umrühren.

7. Die Petersilie abspülen, trocken tupfen und die Blätter von den Stängeln zupfen. Die Blätter grob schneiden und unter den Eintopf rühren. Den Rindfleischtopf mit Salz, Pfeffer und Senf abschmecken.

BEILAGE:

Salzkartoffeln oder Baguette.

VARIANTE:

Sie können das Fleisch auch unzerkleinert für 2 Tage mit dem geputzten, zerkleinerten Gemüse (Möhren, Sellerie und Zwiebel) in eine Marinade aus 125 ml Weinessig, 200 ml Rotwein und 175 ml Wasser mit 1 Lorbeerblatt, 4 Pfefferkörnern, 4 Wacholderbeeren und 2 Gewürznelken geben. Nehmen Sie das Fleisch anschließend aus der Marinade und tupfen Sie es trocken. Gießen Sie die Marinade durch ein Sieb und entfernen Sie die Gewürze. Garen Sie das Fleisch als Stück mit der Beize und dem Gemüse etwa 90 Minuten bei der angegebenen Temperatur.
Servieren Sie den Braten mit Kartoffelklößen.

ROHRNUDELN MIT PILZRAGOUT

Zubereitungszeit: 35 Minuten, plus etwa 30 Minuten Teiggehzeit
Backzeit: etwa 20 Minuten
+ Vegan

ZUTATEN FÜR 4 PORTIONEN

FÜR DEN HEFETEIG:

200 g Dinkelmehl (Type 630)
250 g Maismehl
1 TL Salz
1 Pck. Trockenbackhefe
100 ml Wasser
150 ml Haferdrink (ungesüßt)
2 EL Olivenöl

FÜR DAS PILZRAGOUT UND ZUM BACKEN:

2 Schalotten
600 g gemischte kleine Pilze (Champignons, Kräuterseitlinge, Pfifferlinge)
150 g Seitan
4 Wacholderbeeren
1 TL getr. Rosmarin
2 EL Olivenöl
Salz
gem. Pfeffer
250 ml Hafercuisine („Hafersahne“)
80 ml vegane Gemüsebrühe

FÜR DIE SAUCE:

200 ml Haferdrink
1–2 TL Speisestärke
100 ml vegane Gemüsebrühe

ZUSÄTZLICH:

1 rechteckige Auflaufform oder einen Bräter (etwa 35 x 20 cm)
1 EL Speiseöl zum Ausfetten

PRO PORTION:

E: 47 g, F: 20 g, Kh: 89 g, kJ: 746

1. Für den Teig die Mehle mit Salz und Trockenhefe in einer Schüssel sorgfältig vermischen. Wasser, Haferdrink und Öl hinzufügen. Die Zutaten mit dem Mixer (Knethaken) zunächst kurz auf niedrigster, dann auf höchster Stufe in etwa 5 Minuten zu einem glatten Teig verarbeiten. Den Teig zugedeckt etwa 30 Minuten an einem warmen Ort gehen lassen, bis sich das Teigvolumen fast verdoppelt hat.

2. Für das Pilzragout inzwischen die Schalotten abziehen, halbieren und in Würfel schneiden. Pilze putzen, falls nötig, in einem Sieb abspülen und abtropfen lassen. Die Pilze je nach Größe, vierteln oder in Stücke schneiden. Seitan in kleine Würfel schneiden. Wacholderbeeren und Rosmarin im Mörser etwas zerdrücken.

3. Das Öl in einer Pfanne erhitzen, die Schalottenwürfel darin kurz anbraten. Pilze dazugeben, kurz anbraten und mit Salz, Pfeffer, Rosmarin und Wacholder würzen. 125 ml der Hafercuisine dazugeben. Die Pilze zugedeckt etwa 10 Minuten bei schwacher Hitze garen. Abkühlen lassen.

4. Den Backofen vorheizen.
Ober-/Unterhitze: etwa 200 °C
Heißluft: etwa 180 °C

5. Die Auflaufform mit Öl ausfetten. Den Teig auf der bemehlten Arbeitsfläche zu einer Rolle formen und in 16 gleichgroße Stücke schneiden. Jedes Stück zu einem Taler (Ø etwa 12 cm) formen und jeweils einen Esslöffel des Ragouts darauf geben. Die Seiten der Taler über dem Ragout zusammendrücken. Den gefüllten Teig jeweils zu einer Kugel formen. Die Kugeln (Rohrnudeln) mit der Schlussseite nach unten in die vorbereitete Form setzen. Es bleibt etwas Pilzragout übrig.

6. Die Rohrnudeln mit etwas Hafercuisine bestreichen. Restliche Hafercuisine und Brühe verrühren und in die Form geben. Die Form auf dem Rost in den vorgeheizten Backofen schieben. Die Rohrnudeln **etwa 30 Minuten backen.**

7. Für die Sauce 4 Esslöffel Haferdrink mit Speisestärke verrühren. Restlichen Haferdrink zum übrigen Pilzragout geben, aufkochen und mit der angerührten Stärke binden. Die Rohrnudeln mit der Sauce servieren. Nach Belieben mit Schnittlauch oder gehackter Petersilie garnieren.

TIPP:

Der Schluss ist die Nahtstelle, die entsteht, wenn ein evtl. gefüllter Teig in Form gebracht wird (zu Kugeln geformt wird). Auf einer Seite der Kugel entsteht dabei eine glatte Oberfläche, auf der gegenüberliegenden Seite entsteht der Schluss.

RÖSTIAUFLAUF

◔ Zubereitungszeit: 30 Minuten
Backzeit: etwa 35 Minuten
▲ Mit Alkohol

ZUTATEN FÜR 8–10 PORTIONEN

150 g Schalotten
600 g rosé Champignons
1 kg Roastbeef
6 EL Speiseöl
Salz, gem. Pfeffer
gerebelter Thymian
150 ml Rotwein
600 g Schlagsahne
3 EL körniger Senf
4–6 EL heller Saucenbinder
1,2 kg Rösti nach Schweizer Art (pfannenfertige Kartoffelzubereitung, aus Päckchen)

PRO PORTION:

E: 31 g, F: 43 g, Kh: 46 g, kcal: 727

1. Schalotten abziehen, klein würfeln. Die Champignons putzen, evtl. kurz abspülen, trocken tupfen und in Stücke schneiden. Roastbeef mit Küchenpapier trocken tupfen und in feine Streifen schneiden.

2. Speiseöl in einer großen Pfanne erhitzen. Die Fleischstreifen darin portionsweise von allen Seiten kräftig anbraten, herausnehmen und in eine große, flache Auflaufform (gefettet) geben. Mit Salz, Pfeffer und Thymian würzen.

3. Den Backofen vorheizen.
Ober-/Unterhitze: etwa 200 °C
Heißluft: etwa 220 °C

4. Schalottenwürfel und Champignonstücke in dem verbliebenen Bratfett unter Rühren andünsten, mit Salz, Pfeffer und Thymian würzen. Rotwein hinzugießen, zum Kochen bringen und etwas einkochen lassen.

5. Sahne und Senf unterrühren, zum Kochen bringen. Saucenbinder einrühren und unter Rühren einmal aufkochen lassen.

6. Die Masse zu den Fleischstreifen in die Form geben und gut vermengen.

7. Die Röstimasse direkt aus den Packungen auf dem Geschnetzelten verteilen.

8. Die Form auf dem Rost in den vorgeheizten Backofen schieben. Den Auflauf **etwa 35 Minuten backen,** bis die Röstimasse gebräunt ist.

ROTE BETE MIT GRÜNEN LINSEN UND SCHAFSKÄSE GEFÜLLT

Zubereitungszeit: 25 Minuten
Garzeit: etwa 25 Minuten
+ Vegetarisch

ZUTATEN FÜR 2 PORTIONEN

ZUM VORBEREITEN:

100 g grüne Linsen

500 g gegarte Rote Beten (vakuumverpackt)
1 kleine Möhre (etwa 60 g)
60 g Staudensellerie
1 rote Zwiebel
1 Knoblauchzehe
1 rote Chilischote
1 EL Olivenöl
Salz
gem. Pfeffer
2 EL Crème fraîche
2 EL Schnittlauchröllchen
2 EL Butter für die Form
60 g Schafskäse
100 ml Gemüsebrühe

PRO PORTION:

E: 22 g, F: 38 g, Kh: 51 g, kcal: 640

1. Zum Vorbereiten Linsen nach Packungsanleitung zubereiten. Linsen in einem Sieb abtropfen und abkühlen lassen.

2. Von den Roten Beten die Kappen abschneiden und die Böden evtl. gerade schneiden. Die Roten Beten so mit einem Ausstecher aushöhlen, dass ein Rand stehen bleibt. Das ausgehöhlte Fruchtfleisch grob hacken.

3. Möhre putzen, abspülen, abtropfen lassen und sehr klein würfeln. Staudensellerie putzen und die harten Außenfäden abziehen. Sellerie klein würfeln. Zwiebel und Knoblauch abziehen, ebenfalls in kleine Würfel schneiden. Chilischote abspülen, abtropfen lassen und entstielen. Chili in feine Ringe schneiden.

4. Den Backofen vorheizen.
Ober-/Unterhitze: etwa 200 °C
Heißluft: etwa 180 °C

5. Olivenöl in einem Topf erhitzen. Möhren-, Sellerie-, Zwiebel-, Knoblauchwürfel und Chiliringe darin andünsten. Die vorbereiteten Linsen hinzugeben. Mit Salz und Pfeffer würzen. Crème fraîche, Rote-Bete-Fruchtfleisch und die Schnittlauchröllchen unterrühren.

6. Die Linsenmasse in den ausgehöhlten Roten Beten verteilen und in eine ofenfeste Form (mit Butter gefettet) setzen. Schafskäse zerbröseln und daraufstreuen. Die Gemüsebrühe hinzugießen. Die Form auf dem Rost in den vorgeheizten Backofen schieben. Die gefüllten Roten Beten **etwa 25 Minuten garen.**

ROTE-BETE-WEISSKOHL-TOPF MIT SCHWEINEFILET

Zubereitungszeit: 45 Minuten
Garzeit: etwa 30 Minuten

ZUTATEN FÜR 4 PORTIONEN

1 ½ kg Weißkohl
600 g festkochende Kartoffeln
3 Zwiebeln
3 EL Sonnenblumenöl
750 ml Gemüsebrühe
1 TL Kümmelsamen
Salz
gem. Pfeffer
160 g gegarte Rote Bete
(geschält, vakuumverpackt)
450 g Schweinefilet
1 EL Sonnenblumenöl
15 g Butter
1 EL Crème fraîche

PRO PORTION:

E: 33 g, F: 18 g, Kh: 37 g, kcal: 452

1. Vom Weißkohl die äußeren schlechten Blätter entfernen. Den Weißkohl abspülen, abtropfen lassen, vierteln und jeweils den Strunk herausschneiden. Kohlviertel in grobe Stücke schneiden.

2. Die Kartoffeln schälen, abspülen, abtropfen lassen und in Würfel schneiden. Zwiebeln abziehen und grob würfeln. Das Sonnenblumenöl in einem Bräter erhitzen. Die Kohlstücke, Kartoffel- und Zwiebelwürfel darin portionsweise unter Rühren etwa 10 Minuten anbraten.

3. In der Zwischenzeit den Backofen vorheizen.
Ober-/Unterhitze: etwa 200 °C
Heißluft: etwa 180 °C

4. Die Brühe zum angedünsteten Gemüse und den Kartoffeln in den Bräter geben. Mit Kümmel, Salz und Pfeffer würzen. Den Bräter auf dem Rost in den vorgeheizten Backofen schieben. Das Gemüse mit den Kartoffeln **etwa 30 Minuten garen**.

5. In der Zwischenzeit Rote Bete in Streifen schneiden. Das Schweinefilet mit Küchenpapier trocken tupfen, evtl. entfetten und enthäuten. Das Filet in Würfel schneiden.

6. Das Sonnenblumenöl in einer Pfanne erhitzen. Die Filetwürfel mit Salz und Pfeffer würzen und in der Pfanne von allen Seiten braten. Die Filetwürfel aus der Pfanne nehmen und warm stellen.

7. Butter in der Pfanne zerlassen. Rote-Bete-Streifen darin andünsten und mit etwas Salz abschmecken.

8. Das Kohlgemüse mit den Kartoffeln mit Crème fraîche, Salz und Pfeffer abschmecken, mit den Filetwürfeln und den Rote-Bete-Streifen servieren.

VARIANTEN:

Sie können statt Weißkohl auch Spitzkohl oder Wirsing verwenden. Probieren Sie den Rote-Beete-Weißkohl-Topf auch einmal mit Streifen vom Lammlachs.

RUCOLA-RICOTTA-LASAGNE

Zubereitungszeit: 30 Minuten, ohne Röstzeit
Garzeit: 35–40 Minuten

ZUTATEN FÜR 4 PORTIONEN

1 kg rote Paprikaschoten
350 g Ricotta (ital. Frischkäse)
Salz, gem. Pfeffer
1 Ei (Größe M)
1 Eigelb (Größe M)
125 g Rucola (Rauke)
1 TL fein abger. Schale von 1 Bio-Zitrone (unbehandelt, ungewachst)
300 g frischer, hauchdünn ausgerollter Nudelteig (aus dem Kühlregal) oder frische Lasagneplatten
150 g hauchdünne Scheiben Mortadella
250 g Tomaten
½ TL gerebelter Thymian
250 g abgetropfter Mozzarella
40 g junger Parmesan, am Stück

PRO PORTION:

E: 38 g, F: 47 g, Kh: 58 g, kcal: 837

1. Den Backofengrill auf etwa 225 °C vorheizen.

2. Paprikaschoten halbieren, entstielen, entkernen und die weißen Scheidewände entfernen. Die Schotenhälften jeweils mit der Schnittfläche nach unten auf einem Backblech (mit Backpapier belegt) verteilen. Das Backblech unter den vorgeheizten Backofengrill schieben. Die Paprikahälften so lange rösten, bis die Haut anfängt Blasen zu werfen.

3. Anschließend das Backblech aus dem Backofen nehmen. Die Paprikahälften mit einem feuchten Geschirrtuch bedecken und etwas abkühlen lassen.

4. Inzwischen den Ricotta in einer Schüssel glatt rühren, mit Salz und Pfeffer würzen. Ei und Eigelb gut unterrühren. Rucola verlesen und dicke Stängel abschneiden. Rucola abspülen, gut abtropfen lassen oder trocken schleudern und fein hacken. Rucola und Zitronenschale unter die Ricottamasse rühren.

5. Von den gerösteten Paprikahälften die Haut abziehen. Paprikahälften leicht flach drücken.

6. Den Backofen vorheizen.
Ober-/Unterhitze: etwa 200 °C
Heißluft: etwa 180 °C.

7. Den Nudelteig in 3 gleichgroße Stücke, jeweils in Größe der Auflaufform, schneiden. Die Auflaufform (gefettet) mit einer Lage Teig bzw. Lasagneplatten auslegen. Die Hälfte der Mortadellascheiben und die Hälfte der Paprikahälften darauflegen. Dann die Hälfte der Ricottamasse darauf verstreichen. Wieder mit einer Lage Teig bzw. Lasagneplatten belegen. Dann die restlichen Mortadellascheiben und Paprikahälften daraufschichten. Restliche Ricottamasse darauf verteilen und mit der letzten Teigplatte bzw. den restlichen Lasagneplatten belegen.

8. Die Tomaten abspülen, abtrocknen, halbieren und die Stängelansätze herausschneiden. Tomaten in feine Scheiben schneiden, auf der Lasagne verteilen, mit Salz, Pfeffer und Thymian würzen. Mozzarella in feine Scheiben schneiden und gleichmäßig darauf verteilen. Parmesan daraufreiben.

9. Die Form auf dem Rost in den vorgeheizten Backofen (unteres Drittel) schieben. Die Lasagne **in 35–40 Minuten goldbraun garen.**

10. Die Form auf einen Kuchenrost stellen. Die Rucola-Ricotta-Lasagne etwa 5 Minuten stehen lassen, anschließend in Stücke schneiden und servieren.

SARDISCHE LAMMBÄLLCHEN

Zubereitungszeit: 45 Minuten
Garzeit: etwa 50 Minuten

ZUTATEN FÜR 4 PORTIONEN

750 g kleine Kartoffeln (je etwa 40 g)
8 Knoblauchzehen
7 EL Olivenöl
500 ml Gemüsebrühe
Salz
75 g abgetropfte, grüne Oliven (ohne Stein)
40 g getrocknete Soft-Tomaten
50 g Pecorino-Käse
800 g Lammgehacktes
70 g Semmelbrösel
2 Eier (Größe M)
gem. schwarzer Pfeffer
½ Bio-Zitrone (unbehandelt, ungewachst)
6 Stängel Thymian
1 frischer Zweig Lorbeer (mit 4 Blättern)
6 Stängel Rosmarin
40 g abgetropfte Kapern (aus dem Glas)

PRO PORTION:

E: 48 g, F: 57 g, Kh: 42 g, kcal: 911

1. Den Backofen vorheizen.
Ober-/Unterhitze: etwa 220 °C
Heißluft: etwa 200 °C

2. Die Kartoffeln unter fließendem kalten Wasser abbürsten, abtropfen lassen und der Länge nach vierteln. Die Kartoffelspalten mit den nicht abgezogenen Knoblauchzehen, 3 Esslöffeln Olivenöl und der Brühe in einer großen, feuerfesten Form oder in einer Fettpfanne verteilen. Mit Salz würzen.

3. Die Form auf dem Rost oder die Fettpfanne in den vorgeheizten Backofen schieben. Die Kartoffelspalten **etwa 30 Minuten garen.**

4. In der Zwischenzeit Oliven, Tomaten und den Käse in grobe Stücke schneiden und zusammen im Blitzhacker in kleine Stücke hacken.

5. Das Lammgehackte in eine Schüssel geben. Die klein gehackte Tomaten-Käse-Mischung, Semmelbrösel und Eier gut unterarbeiten, mit Salz und Pfeffer würzen. Aus der Hackfleischmasse mit angefeuchteten Händen 16 glatte Bällchen formen.

6. Die Zitrone heiß abwaschen, abtrocknen und halbieren. Eine Zitronenhälfte in 2 cm große Stücke schneiden.

7. Restliches Olivenöl in einer großen Pfanne erhitzen. Die Hackfleischbällchen darin bei starker Hitze von allen Seiten kurz leicht braun anbraten und herausnehmen.

8. Thymian, Lorbeer und Rosmarin abspülen und trocken tupfen.

9. Die Hackfleischbällchen, Kräuter, Zitronenstücke und Kapern nach etwa 30 Minuten Garzeit zu den Kartoffelspalten in die Form oder Fettpfanne geben und **bei gleicher Backofentemperatur etwa 18 Minuten mitgaren lassen.**

10. Die sardischen Lammbällchen sofort servieren.

SCHICHTBRATEN „ASIA-STYLE“

◔ Zubereitungszeit: 45 Minuten
Garzeit: 2 1/2–3 Stunden

ZUTATEN FÜR 4–6 PORTIONEN

1 kg Putenbrust
2 EL Sesamöl
Salz, gem. Pfeffer
1 TL Currypulver

FÜR DIE FÜLLUNG:

2 Knoblauchzehen
je 1 rote, grüne und gelbe Paprikaschote
1 rote Chilischote
200 g abgetropfte Mungobohnensprossen (aus dem Glas)
1 Mango
250 g Zwiebeln
50 g frischer Ingwer
2 EL Sesamöl
1 EL brauner Zucker
4 EL Sojasauce
4 EL Fischsauce (Asialaden)
100 ml Gemüse- oder Geflügelfond
2 TL (etwa 25 g) Wasabipaste

PRO PORTION:

E: 53 g, F: 11 g, Kh: 22 g, kcal: 410

1. Für den Braten die Putenbrust mit Küchenpapier trocken tupfen. Öl in einer Pfanne erhitzen. Die Putenbrust darin anbraten, mit Salz, Pfeffer und Currypulver würzen. Fleisch aus der Pfanne nehmen und beiseitestellen.

2. Für die Füllung Knoblauch abziehen und durch eine Knoblauchpresse drücken. Paprika halbieren, entstielen, entkernen und die weißen Scheidewände entfernen. Schoten abspülen, abtropfen lassen, halbieren und in Streifen schneiden. Chilischoten abspülen, abtropfen lassen und

in Ringe schneiden. Mungobohnensprossen abspülen und abtropfen lassen. Mango schälen. Das Fruchtfleisch zunächst vom Stein, dann in Stücke schneiden. Zwiebeln abziehen und in feine Streifen schneiden. Ingwer schälen, fein reiben oder in kleine Würfel schneiden.

3. Öl in die Pfanne geben und erhitzen. Zwiebel, Knoblauch und Paprika hinzufügen und 4–5 Minuten darin andünsten. Dann Chili, Mungobohnensprossen, Mangostücke, Ingwer und Zucker hinzufügen und alle Zutaten weitere 3–4 Minuten dünsten. Sojasauce, Fischsauce und Gemüse- oder Geflügelfond hinzufügen. Vorsichtig umrühren, kurz aufkochen, dann bei schwacher Hitze 2–3 Minuten kochen lassen.

4. Den Backofen bei Ober-/Unterhitze auf 95 °C vorheizen.

5. Die Putenbrust in Abständen von etwa 1 cm ein- aber nicht durchschneiden. An der unteren Seite sollte der Braten noch gut zusammenhalten (etwa 2 cm stehen lassen). Jeweils eine etwa erbsengroße Menge Wasabipaste (vorsichtig dosieren) in die Öffnungen drücken und mit einem Teelöffel verstreichen. Dann mit jeweils 1 Esslöffel vom vorbereiteten Gemüse füllen. Restliches Gemüse in eine flache Auflaufform geben. Den gefüllten Braten daraufsetzen.

6. Die Form auf dem Rost in den vorgeheizten Backofen schieben und **2 1/2–3 Stunden garen.**

LECKER DAZU:

Duft- oder Basmatireis.

SCHICHTBRATEN „MARRAKESCH“

Zubereitungszeit: 50 Minuten, ohne Abkühlzeit
Garzeit: etwa 3 Stunden

ZUTATEN FÜR 4–6 PORTIONEN

ZUM VORBEREITEN FÜR DIE FÜLLUNG:

150 g Bulgur
300 ml Gemüsebrühe oder Lamm-/Fleischfond
Salz
50 g Pinienkerne
1 Aubergine (etwa 300 g)
gem. Pfeffer
2–3 EL Olivenöl

FÜR DEN SCHICHTBRATEN:

1,2 kg dünne Lammkeulenscheiben (ohne Knochen)
25 g Harissa
3 Stängel Minze
1 gestr. TL Ras el-Hanout (orientalische Gewürzmischung)

ZUM BETRÄUFELN:

3 EL Olivenöl

PRO PORTION:

E: 55 g, F: 30 g, Kh: 24, kcal: 587

1. Zum Vorbereiten für die Füllung den Bulgur mit der Gemüsebrühe, dem Lamm- oder Fleischfond in einen Topf geben und kurz aufkochen lassen. Den Bulgur 4–5 Minuten zugedeckt bei schwacher Hitze kochen lassen, mit Salz würzen und lauwarm erkalten lassen.

2. Die Pinienkerne in einer Pfanne ohne zusätzliches Fett unter ständigem Rühren rösten. Auf einen Teller geben und erkalten lassen.

3. Den Backofengrill auf etwa 240 °C vorheizen.

4. Aubergine abspülen, abtrocknen, den Stielansatz abschneiden und die Aubergine in etwa ½ cm breite Scheiben schneiden. Auberginenscheiben auf ein Backblech legen, mit Salz und Pfeffer würzen und mit Olivenöl beträufeln. Das Backblech unter den vorgeheizten Backofengrill schieben und die Auberginenscheiben 10–12 Minuten grillen.

5. Anschließend die Auberginenscheiben auf eine Platte geben und erkalten lassen.

6. In der Zwischenzeit für den Schichtbraten die Lammkeulenscheiben mit Küchenpapier trocken tupfen und plattieren. Das Fleisch dünn mit Harissa bestreichen, mit Salz und Pfeffer würzen. Minze abspülen, trocken tupfen und die Blättchen von den Stängeln zupfen. Blättchen klein schneiden.

7. Den Backofen bei Ober-/Unterhitze auf 95 °C vorheizen.

8. Bulgur mit Pinienkernen, Ras el-Hanout und Minze in eine Schüssel geben und vermischen. Mit Salz und Pfeffer würzen.

9. Die Zutaten in eine Kastenform (30 cm, nicht beschichtet, gefettet) schichten. Zuerst eine Schicht Fleischscheiben, dann Auberginenscheiben, dann eine Schicht Bulgur. So fortfahren, bis die Zutaten aufgebraucht sind. Die letzte Schicht sollte aus Bulgur bestehen. Das Olivenöl daraufträufeln.

10. Die Form auf dem Rost in den vorgeheizten Backofen schieben. Schichtbraten „Marrakesch“ **etwa 3 Stunden garen.**

11. Den Braten in der Form in etwa 2 cm breite Scheiben schneiden. Scheiben vorsichtig mithilfe eines Pfannenwenders auf gut vorgewärmten Tellern anrichten. Etwas vom Sud aus der Form daraufgeben.

LECKER DAZU:

Knuspriges Pitabrot und erfrischender Joghurt-Dip. Dafür 250 g Joghurt (10 % Fett) mit 2 Esslöffeln Zitronensaft, einer Knoblauchzehe (abgezogen, durch eine Knoblauchpresse gedrückt), Salz und Pfeffer verrühren. Nach Belieben mit wenig Ras el-Hanout bestreuen. Dazu Tee aus frischer Minze servieren.

SCHUPFNUDELAUFLAUF MIT KASSELER

Zubereitungszeit: 20 Minuten
Garzeit: etwa 20 Minuten

ZUTATEN FÜR 4 PORTIONEN

1 Bund Frühlingszwiebeln
40 g getrocknete Tomaten in Öl
2 EL Butter
225 g abgetropfte Mischpilze (aus der Dose)
Salz
gem. Pfeffer
2 EL gemischte TK-Kräuter
4 Scheiben Kasseler Lachsfleisch
200 g Schmand (Sauerrahm)
1 Ei (Größe M)
500 g Schupfnudeln (aus dem Kühlregal)
150 g geriebener Emmentaler

PRO PORTION:

E: 35 g, F: 40 g, Kh: 51 g, kcal: 700

1. Frühlingszwiebeln putzen, abspülen, abtropfen lassen und in feine Scheiben schneiden. Tomaten abtropfen lassen und in Streifen schneiden.

2. Butter in einer Pfanne zerlassen. Die Pilze darin unter Wenden anbraten. Frühlingszwiebeln hinzugeben, kurz mitbraten, mit Salz und Pfeffer würzen. Die Tomatenstreifen und Kräuter untermischen. Die Pilz-Zwiebel-Mischung in eine Schüssel geben und etwas abkühlen lassen.

3. In der Zwischenzeit den Backofen vorheizen.
Ober-/Unterhitze: etwa 200 °C
Heißluft: etwa 180 °C

4. Kasselerscheiben mit Küchenpapier trocken tupfen und in Streifen schneiden. Schmand mit Ei verschlagen und unter die Pilz-Zwiebel-Mischung rühren.

5. Schupfnudeln, Pilz-Zwiebel-Mischung und Kasselerstreifen in eine große, flache Auflaufform (gefettet) schichten. Käse daraufstreuen.

6. Die Form auf dem Rost auf mittlerer Einschubleiste in den vorgeheizten Backofen schieben. Den Schupfnudelauflauf **etwa 20 Minuten garen.**

VARIATIONEN:

Statt der Mischpilze können Sie auch Champignons verwenden.
Eine weitere Rezeptabwandlung erhalten Sie, wenn Sie die Pilze durch eine Gemüse-Mais-Mischung aus der Dose ersetzen. Das Gemüse muss nicht angebraten werden.
Noch schneller geht es, wenn Sie die Kasselerscheiben nicht in Streifen schneiden, sondern als Scheiben einschichten.

BEILAGE:

Dazu schmeckt Krautsalat.

SCHWEINEGULASCH, GESCHICHTET

Zubereitungszeit: 35 Minuten
Garzeit: etwa 50 Minuten

ZUTATEN FÜR 4 PORTIONEN

250 g Zwiebeln
2 Knoblauchzehen
400 g Möhren
200 g Staudensellerie
500 g Kartoffeln
3 Stängel Thymian
800 g Schweinegulasch
Salz
gem. Pfeffer
250 ml Gemüsebrühe
gem. Gewürznelken

ZUSÄTZLICH:

1 ofenfester Schmortopf (etwa 3 l Inhalt) mit Deckel

PRO PORTION:

E: 39 g, F: 34 g, Kh: 23 g, kcal: 573

1. Den Backofen vorheizen.
Ober-/Unterhitze: etwa 200 °C
Heißluft: etwa 180 °C

2. Zwiebeln und Knoblauch abziehen. Zwiebeln halbieren und in Streifen schneiden, Knoblauch hacken. Möhren putzen, schälen, abspülen, abtropfen lassen und in Scheiben schneiden.

3. Den Staudensellerie putzen, die harten Außenfäden abziehen. Sellerie abspülen und abtropfen lassen. Die Sellerieblätter zum Bestreuen beiseite legen. Die Selleriestangen quer in Streifen schneiden.

3. Kartoffeln schälen, abspülen, abtropfen lassen und in Würfel schneiden. Thymian abspülen trocken tupfen, die Blättchen abstreifen und unter die Fleischwürfel heben.

4. Alle Zutaten in zwei Portionen teilen. Nacheinander eine Lage Fleisch, Zwiebeln und Knoblauch, Staudensellerie, Möhren und Kartoffeln in den Topf schichten und jeweils mit Salz und Pfeffer bestreuen. Zum Schluss die Brühe in den Topf geben. Den Deckel auf den Topf legen.

5. Den Topf auf dem Rost in den vorgeheizten Backofen schieben. Das Gulasch **etwa 50 Minuten garen.**

6. Das Gulasch umrühren und mit Salz und Pfeffer abschmecken. Das Gulasch mit Sellerieblättern bestreuen.

TIPP:

Sie können das Gulasch auch mit Rindfleisch zubereiten, dann erhöht sich die Garzeit auf etwa 60 Minuten.

SCHWEINEROLLBRATEN MIT GEMÜSE

Zubereitungszeit: 45 Minuten
Garzeit: etwa 1 1/2 Stunden

ZUTATEN FÜR 4 PORTIONEN

1 Zwiebel
850 g Schweinerollbraten
Salz, gem. Pfeffer
3 EL Speiseöl, z. B. Rapsöl
400 g Champignons

FÜR DAS GEMÜSE:

400 g Möhren
1 kleiner Blumenkohl
1 gestr. TL Salz
20 g Butter
ger. Muskatnuss

250 ml Fleischbrühe
2 EL Crème fraîche
evtl. etwas Saucenbinder
1 EL gehackte Petersilie

PRO PORTION:

E: 44 g, F: 54 g, Kh: 13 g, kcal: 702

1. Den Backofen bei Ober-/Unterhitze auf 80 °C vorheizen.

2. Zwiebel abziehen und klein würfeln. Rollbraten mit Küchenpapier trocken tupfen, mit Salz und Pfeffer würzen. Speiseöl in einem großen, flachen Bräter erhitzen. Den Rollbraten darin etwa 8 Minuten von allen Seiten gut anbraten. Zwiebelwürfel hinzufügen und kurz mitbraten lassen. Den Bräter auf dem Rost in den vorgeheizten Backofen (unteres Drittel) schieben. Den Rollbraten **etwa 4 1/2 Stunden garen.**

3. Etwa 1 Stunde vor Ende der Garzeit Champignons putzen, evtl. kurz abspülen und abtropfen lassen. Große Champignons halbieren. Butter in einer Pfanne zerlassen, die Champignons darin unter Rühren anbraten, mit Salz und Pfeffer würzen. Champignons zu dem Rollbraten in den Bräter geben. Den Rollbraten mit den Champignons fertig garen. Die Pfanne beiseitestellen.

4. Möhren putzen, schälen, abspülen, abtropfen lassen und in etwa 1 cm dicke Scheiben schneiden. Vom Blumenkohl die Blätter und schlechten Stellen entfernen, den Strunk abschneiden, den Blumenkohl in Röschen teilen, abspülen und abtropfen lassen.

5. Wasser mit Salz in einem Topf zum Kochen bringen. Nacheinander die Blumenkohlröschen etwa 10 Minuten und die Möhren etwa 7 Minuten darin kochen. Das Gemüse abtropfen lassen. Die Butter in einem Topf zerlassen. Das abgetropfte Gemüse darin schwenken, mit Salz, Pfeffer und Muskat würzen und warm stellen.

6 . Beiseitegestellte Pfanne mit dem verbliebenen Bratfett erwärmen, Fleischbrühe hinzugießen und kurz aufkochen. Crème fraîche unterrühren, die Sauce mit Salz und Pfeffer abschmecken.

7. Den Rollbraten in Scheiben schneiden, mit der Sauce und den Champignons anrichten. Blumenkohl und Möhren mit Petersilie bestreuen und dazu servieren.

SCHWEINERÜCKEN „MECKLENBURGER ART“

Zubereitungszeit: 45 Minuten
Garzeit: etwa 1 1/2 Stunden

ZUTATEN FÜR 6 PORTIONEN

1 ¼ kg Schweinerücken
Salz
gem. weißer Pfeffer
1 Zwiebel
50 g Butterschmalz
100 g Gehacktes
(halb Rind-, halb Schweinefleisch)
½ TL gerebelter Majoran
100 g entsteinte Backpflaumen
400 ml heiße Fleischbrühe
1 EL Weizenmehl

ZUSÄTZLICH:

einige Holzstäbchen oder Küchengarn

PRO PORTION:

E: 49 g, F: 22 g, Kh: 10 g, kcal: 437

1. Das Fleisch mit Küchenpapier trocken tupfen. In den Schweinerücken längs eine ausreichend große Tasche einschneiden. Dann das Fleisch innen und außen mit Salz und Pfeffer würzen.

2. Zwiebel abziehen und fein hacken. Etwa 20 g vom Butterschmalz in einer Pfanne zerlassen. Die Zwiebel darin andünsten. Das Gehackte mit dem Majoran hinzugeben und unter Rühren etwa 5 Minuten anbraten, mit Salz und Pfeffer würzen.

3. Die Pfanne von der Kochstelle nehmen. Die Backpflaumen unter die Gehacktesmasse geben und alles in die vorbereitete Fleischtasche füllen. Die Öffnung mit Holzstäbchen zustecken oder mit Küchengarn zusammenbinden.

4. Den Backofen vorheizen.
Ober-/Unterhitze: etwa 220 °C
Heißluft: etwa 200 °C

5. Restliches Butterschmalz in einem Bräter zerlassen. Das Fleisch von allen Seiten darin anbraten. 300 ml der Fleischbrühe hinzugießen.

6. Bräter auf dem Rost zugedeckt in den vorgeheizten Backofen schieben. Den Braten **etwa 1 1/2 Stunden schmoren,** dabei ab und zu mit der Bratenflüssigkeit begießen.

7. Den garen Schweinerücken aus dem Bräter nehmen und zugedeckt warm stellen.

8. Die restliche Fleischbrühe zur Sauce in den Bräter gießen und zum Kochen bringen. Das Mehl mit etwas kaltem Wasser anrühren und in die Sauce einrühren. Die Sauce etwa 5 Minuten kochen lassen, mit Salz und Pfeffer abschmecken.

9. Zum Servieren die Holzstäbchen oder das Küchengarn entfernen. Das Fleisch in Scheiben schneiden und mit der Sauce servieren.

TIPPS:

Servieren Sie den gefüllten Schweinerücken mit Salzkartoffeln.

SEELACHSFILET AUF SAUERKRAUT

Zubereitungszeit: 40 Minuten
Garzeit: etwa 15 Minuten

ZUTATEN FÜR 4 PORTIONEN

1 Petersilienwurzel (70 g)
100 g Zwiebeln
40 g Butter
500 g Sauerkraut (aus der Dose)
1 Apfel (z. B. Elstar)
200 ml Weißwein
125 ml Gemüsebrühe
400 g festkochende Kartoffeln
Salz
200 g Schlagsahne
gem. Pfeffer
Zucker
4 Seelachs-Loins (je etwa 150 g)
2–3 TL Zitronensaft
2 EL körniger Rotisseur Senf
½ Bd. Schnittlauch

ZUSÄTZLICH:

1 flache Auflaufform (etwa 35 x 24 cm)

PRO PORTION:

E: 34 g, F: 27 g, Kh: 21 g, kcal: 514

1. Petersilienwurzel schälen, abspülen und in sehr kleine Würfel schneiden. Zwiebeln abziehen, halbieren und würfeln.

2. Die Hälfte der Butter in einem Topf erhitzen. Petersilienwurzel und Zwiebeln darin zugedeckt 10 Minuten dünsten. Sauerkraut gut abtropfen lassen, ausdrücken und locker zupfen. Apfel schälen, halbieren, Kerngehäuse entfernen und die Viertel in feine Würfel schneiden.

3. Sauerkraut, Äpfel, Wein und Brühe in den Topf geben. Zugedeckt etwa 20 Minuten dünsten.

4. Inzwischen die Kartoffeln waschen, schälen, waschen, abtropfen lassen und in Scheiben schneiden. Kartoffelscheiben in kochendes Salzwasser geben, aufkochen und **etwa 5 Minuten vorgaren.** Die Kartoffelscheiben in einem Sieb abtropfen lassen.

5. Den Backofen vorheizen.
Ober-/Unterhitze: etwa 180 °C
Heißluft: etwa 160 °C

6. Sahne unter das Sauerkraut rühren und kurz aufkochen lassen. Das Sauerkraut mit Salz, Pfeffer und Zucker würzen und die Auflaufform geben.

7. Seelachs-Loins mit Küchenpapier trocken tupfen. Die Loins mit etwas Zitronensaft beträufeln und mit Salz und Pfeffer würzen.

8. Die Kartoffelscheiben dachziegelartig, zu 4 kleinen Feldern, auf das Sauerkraut legen und mit etwas Salz bestreuen. Die Fischstücke darauf legen.

9. Die restliche Butter (20 g) schmelzen und mit dem körnigen Senf verrühren. Die Fischstücke damit bestreichen. Die Form auf dem Rost in den vorgeheizten Backofen schieben. Seelachs-Loins auf Sauerkraut **etwa 15 Minuten garen.**

10. Inzwischen den Schnittlauch abspülen, trocken tupfen und schräg in Ringe schneiden. Sauerkraut und Seelachs mit Schnittlauchröllchen bestreuen.

TIPP:

Loins bedeutet Lenden und sind das Rückenfilet vom Fisch. Es ist nahezu grätenfrei.

SEELACHSFILET MIT OFENTOMATEN

Zubereitungszeit: 25 Minuten
Garzeit: etwa 15 Minuten

ZUTATEN FÜR 2 PORTIONEN

200 g Cocktailtomaten
1 TL Olivenöl
Salz
gem. Pfeffer
2 Seelachsfilets (je etwa 150 g)
1 TL Olivenöl
2 Scheiben Pancetta
(italienischer Bauchspeck, etwa 20 g)
1 TL Butter
einige Stängel Basilikum

PRO PORTION:

E: 32 g, F: 14 g, Kh: 3 g, kcal: 263

1. Den Backofen vorheizen.
Ober-/Unterhitze: etwa 160 °C
Heißluft: etwa 140 °C

2. Die Tomaten abspülen, abtropfen lassen, halbieren und evtl. die Stängelansätze herausschneiden. Die Tomatenhälften auf einem Backblech (gefettet) verteilen. Die Tomatenhälften mit Olivenöl beträufeln, mit Salz und Pfeffer würzen. Das Backblech in den vorgeheizten Backofen schieben. Die Tomatenhälften **etwa 15 Minuten garen.**

3. In der Zwischenzeit Fischfilets mit Küchenpapier trocken tupfen, mit Pfeffer und wenig Salz (da der Speck salzig ist) würzen.

4. Olivenöl in einer Pfanne erhitzen. Die Speckscheiben darin kross ausbraten, dann aus der Pfanne nehmen und auf Küchenpapier abtropfen lassen.

5. Butter zum Speckfett in die Pfanne geben. Die Fischfiletstücke darin von jeder Seite etwa 4 Minuten braten.

6. Basilikum abspülen und trocken tupfen. Die Blättchen von den Stängeln zupfen.

7. Die Fischfilets mit Speckscheiben und den Ofentomaten auf vorgewärmten Tellern anrichten. Tomaten mit Basilikumblättchen bestreuen.

BEILAGE:

Ciabatta.

SHEPHERD'S PIE MIT SÜSSKARTOFFEL-PÜREE

◔ Zubereitungszeit: 35 Minuten
Backzeit: etwa 10 Minuten
▲ Mit Alkohol

ZUTATEN FÜR 4 PORTIONEN

1,2 kg Süßkartoffeln, Salz
4 Stängel Minze
2 EL gem. Ingwer
fein abgeriebene Schale von 1 Bio-Limette (unbehandelt, ungewachst)
2 rote Paprikaschoten (etwa 400 g)
200 g Frühlingszwiebeln
2 EL Sonnenblumenöl
800 g Gehacktes (halb Rind-, halb Schweinefleisch)
2 EL Paprikapulver, edelsüß
1 EL gem. Piment (Nelkenpfeffer)
1 TL gem. Zimt, ger. Muskatnuss
2 EL gem. Kreuzkümmel (Cumin)
3 EL brauner Rum
Cayennepfeffer

PRO PORTION:

E: 46 g, F: 42 g, Kh: 74 g, kcal: 882

1. Süßkartoffeln schälen, abspülen, abtropfen lassen und in 3 cm große Stücke schneiden. Kartoffelstücke in kochendem Salzwasser in etwa 15 Minuten gar kochen. Anschließend in einem Sieb gut abtropfen lassen, in eine Schüssel geben und mit dem Kartoffelstampfer zu einem feinen Püree zerdrücken oder durch eine Kartoffelpresse drücken.

2. Minze abspülen und trocken tupfen. Die Blättchen von den Stängeln zupfen. Blättchen klein schneiden. Minze, 1 Esslöffel Ingwer und Limettenschale zum Püree geben und gut untermischen. Mit etwas Salz würzen.

3. Den Backofen vorheizen.
Ober-/Unterhitze: etwa 250 °C
Heißluft: etwa 230 °C

4. Paprikaschoten halbieren, entstielen, entkernen und die weißen Scheidewände entfernen. Schoten abspülen, abtropfen lassen und in etwa 1 cm breite Streifen schneiden. Frühlingszwiebeln putzen, abspülen, abtropfen lassen und in 1 cm breite Scheiben schneiden.

5. Das Sonnenblumenöl in einer großen Pfanne erhitzen. Das Gehackte darin unter Rühren bei starker Hitze goldbraun anbraten. Dabei die Fleischklümpchen mit einer Gabel zerdrücken.

6. Die Paprikastreifen und Frühlingszwiebelscheiben unterrühren, etwa 2 Minuten kräftig mit andünsten. Restlichen Ingwer, Paprika, Piment, Zimt, Muskat und Kreuzkümmel unterrühren, leicht mitrösten lassen. Mit Rum ablöschen. Mit Salz und Cayennepfeffer leicht scharf würzen.

7. Die Hackfleischmasse in eine Gratinformen (gefettet) geben. Das Süßkartoffelpüree darauf verteilen.

8. Die Form auf dem Rost in den vorgeheizten Backofen schieben. Shepherd's Pie **etwa 10 Minuten backen.**

SKANDINAVISCHER KARTOFFELAUFLAUF

Zubereitungszeit: 30 Minuten
Garzeit: etwa 25 Minuten

ZUTATEN FÜR 4 PORTIONEN

300 g Zucchini
1 EL Butter
1 große Zwiebel
Salz
gem. Pfeffer
600 g festkochende Kartoffeln
75 ml Gemüsebrühe
150 g Schlagsahne
150 g Höhlenkäse, im Stück
1 Bund Dill
3–4 TL Meerrettich (aus dem Glas)
200 g Erbsen (frisch oder TK)
350 g Tiefseegarnelen (gegart und geschält)

PRO PORTION:

E: 35 g, F: 30 g, Kh: 29 g, kcal: 535

1. Die Zucchini abspülen, abtrocknen und die Enden abschneiden. Zucchini längs halbieren und in etwa 1/2 cm dicke Scheiben schneiden.

2. Die Butter in einem Topf zerlassen. Die Zwiebel abziehen, fein würfeln und in der Butter kurz andünsten.

3. Die Zucchinischeiben hinzugeben und unter Wenden etwa 2 Minuten mitdünsten lassen, mit Salz und Pfeffer würzen.

4. Die Zucchinischeiben mit einem Schaumlöffel aus der Pfanne nehmen und in eine große, flache Auflaufform (gefettet) geben. Die Pfanne mit dem verbliebenen Bratfett für die Kartoffeln beiseitestellen.

5. Den Backofen vorheizen.
Ober-/Unterhitze: etwa 200 °C
Heißluft: etwa 180 °C

6. Kartoffeln schälen, abspülen, abtropfen lassen und in etwa ½ cm dicke Scheiben schneiden. Brühe und Sahne zum verbliebenen Bratfett in die Pfanne gießen, verrühren und zum Kochen bringen. Die Kartoffelscheiben hinzugeben und etwa 6 Minuten vorgaren. In der Zwischenzeit den Käse raspeln.

7. Dill abspülen, trocken tupfen und die Spitzen von den Stängeln zupfen. Einige Spitzen zum Garnieren beiseitelegen, restliche Dillspitzen klein schneiden.

8. Die vorgegarten Kartoffelscheiben mit Salz, Pfeffer und Meerrettich würzen, Dill unterrühren. Die Kartoffelmasse zu den Zucchinischeiben in die Auflaufform geben. Die Erbsen und Garnelen hinzufügen. Die Zutaten in der Form gut vermischen. Käseraspel darauf verteilen.

9. Die Form auf dem Rost in den vorgeheizten Backofen schieben. Den Auflauf **etwa 25 Minuten garen.**

10. Den Auflauf vor dem Servieren mit den beiseitegelegten Dillspitzen garnieren.

SOMMER-CLAFOUTIS

- Zubereitungszeit: 15 Minuten
  Backzeit: etwa 35 Minuten
- + Laktosefrei
- + Vegetarisch

ZUTATEN FÜR 4 PORTIONEN

etwa 200 g gemischte Beeren, z. B. Heidel-, Him-, Brom- und Johannisbeeren
1 EL Margarine oder Speiseöl
125 g Dinkelmehl (Type 630)
½ gestr. TL Backpulver
2 Eier (Größe M), 1 Prise Salz
4 EL flüssiger Honig oder brauner Zucker
1 Prise gem. Zimt
150 ml Dinkeldrink, ungesüßt
1 EL gehobelte Haselnüsse

ZUSÄTZLICH:

2 flache Tarteformen (je etwa 500 ml Inhalt) oder 4 kleine Auflaufförmchen (je etwa 350 ml Inhalt) oder 1 Auflaufform (etwa 1,2 l Inhalt)

PRO PORTION:

E: 8 g, F: 10 g, Kh: 42 g, kcal: 293

1. Die Beeren verlesen, kurz abspülen (Himbeeren nach Möglichkeit nicht abspülen) und sehr gut abtropfen lassen. Johannisbeeren von den Rispen streifen.

2. Den Backofen vorheizen.
Ober-/Unterhitze: etwa 200 °C,
Heißluft: etwa 180 °C.

3. Die Hälfte der vorbereiteten Beeren in der Auflaufform bzw. den Auflaufförmchen (leicht gefettet) verteilen.

4. Das Mehl mit dem Backpulver mischen. Eier in eine Rührschüssel geben, mit einem Mixer

(Rührstäbe) kurz schaumig schlagen. Salz und 3 Esslöffel von dem Honig bzw. Zucker hinzugeben und etwa ½ Minute weiterschlagen.

5. Zimt und Dinkeldrink nach und nach unterschlagen. Die Mehl-Backpulver-Mischung daraufsieben und kurz auf niedrigster Stufe unterrühren. Den Teig auf den Früchten in der Auflaufform bzw. den -förmchen verteilen. Die restlichen Beeren daraufgeben, mit den Haselnüssen bestreuen und mit dem restlichen Honig beträufeln bzw. mit dem restlichen Zucker bestreuen.

6. Die Formen bzw. Förmchen auf dem Rost in den vorgeheizten Backofen schieben. Clafoutis **etwa 35 Minuten backen.** Die Formen bzw. Förmchen auf einen Kuchenrost stellen. Clafoutis sofort servieren.

TIPP:

Reichen Sie eine Joghurtcreme dazu. Dafür 400 g Joghurt (0,1 % Fett, cremig gerührt) mit 1 gestrichenen Teelöffel braunem Zucker und etwas gemahlener Vanille (z. B. aus der Vanillemühle) glatt rühren. Außerhalb der Saison können Sie die gleiche Menge TK-Beeren-Mix verwenden. Die Beeren werden dann tiefgekühlt auf den Teig gegeben. Die Backzeit verlängert sich dadurch um 5–8 Minuten.

SPINAT-SCHAFSKÄSE-LASAGNE

Zubereitungszeit: etwa 40 Minuten
Garzeit: etwa 35 Minuten
+ Vegetarisch

ZUTATEN FÜR 4–6 PORTIONEN:

3 Knoblauchzehen
2 mittelgroße Zwiebeln
2 EL Olivenöl
600 g TK-Blattspinat
2–3 EL Wasser
Salz, gem. Pfeffer
ger. Muskatnuss

FÜR DIE BÉCHAMELSAUCE:

50 g Butter
50 g Weizenmehl (z. B. Type 405)
500 ml Milch (1,5 % Fett)
500 ml Gemüsebrühe
300 g Schafskäse

225–250 g Lasagneblätter (ohne Vorgaren)
100 g geriebener Gratinkäse

PRO PORTION:

E: 29 g, F: 36 g, Kh: 49 g, kcal: 639

1. Knoblauch und Zwiebeln abziehen und fein würfeln. Das Olivenöl in der Pfanne erhitzen. Knoblauch und Zwiebelwürfel darin glasig dünsten. Gefrorenen Spinat und Wasser hinzufügen. Den Spinat zugedeckt bei schwacher Hitze nach Packungsanleitung auftauen lassen, mit Salz, Pfeffer und Muskat würzen.

2. Für die Sauce Butter in dem Topf zerlassen. Mehl hinzufügen und unter Rühren so lange erhitzen, bis es hellgelb ist. Milch und Brühe nach und nach hinzugießen, dabei mit einem Schneebesen gut durchschlagen, sodass keine Klümpchen entstehen. Die Sauce bei schwacher Hitze etwa 5 Minuten köcheln lassen, dabei ab und zu umrühren. Sauce evtl. mit etwas Salz abschmecken.

3. Den Backofen vorheizen.
Ober-/Unterhitze: etwa 200 °C
Heißluft: etwa 180 °C

4. Den Schafskäse zerbröseln. Einen gehäuften Esslöffel Schafskäse für die oberste Schicht beiseitelegen.

5. Etwas von der Sauce in die Auflaufform geben. Darauf eine Schicht Lasagneblätter legen, dann etwas vom Spinat und Schafskäse daraufgeben. Mit Sauce bedecken und mit jeder Schicht so verfahren, dass etwa 4 Lasagneschichten entstehen. Die oberste Schicht soll aus Sauce bestehen.

6. Die Lasagne mit dem beiseitegelegten Schafskäse und dem Gratinkäse bestreuen. Die Form auf dem Rost im unteren Drittel in den vorgeheizten Backofen schieben. Die Lasagne **etwa 35 Minuten garen.**

7. Die Lasagne aus dem Backofen nehmen, etwas abkühlen lassen und servieren.

BEILAGE:

Servieren Sie dazu einen Tomatensalat oder einen gemischten Blattsalat.

SPITZPAPRIKA MIT LAMMHACK

Zubereitungszeit: 60 Minuten
Garzeit: etwa 40 Minuten

ZUTATEN FÜR 4 PORTIONEN

500 g rote oder hellgrüne Spitzpaprika
2 Zwiebeln (60 g)
2 Knoblauchzehen
120 g Schafskäse
50 g Rosinen
450 g Lammgehacktes
Chiliflocken
Salz
gem. Pfeffer
gem. Zimt
20 g Pinienkerne
300 ml Fleischbrühe
6 Stängel Minze
20 g Tomatenmark
1 TL Speisestärke

ZUSÄTZLICH:

1 flache Auflaufform (etwa 35 x 24 cm)

PRO PORTION:

E: 30 g, F: 26 g, Kh: 14 g, kcal: 426

1. Die Paprikaschoten der Länge nach einschneiden, die Paprika leicht öffnen. Nacheinander das Stielende mit den Kernen und die weißen Scheidewände herausschneiden. Die Schoten abspülen und trocken tupfen.

2. Den Backofen vorheizen.
Ober-/Unterhitze: etwa 200 °C
Heißluft: etwa 180 °C

3. Zwiebeln und Knoblauch abziehen und in feine Würfel schneiden. Schafskäse trocken tupfen und ebenfalls klein würfeln. Rosinen in ein Sieb geben, mit heißem Wasser abspülen und abtropfen lassen.

4. Gehacktes in eine Schüssel geben. Zwiebel-, Knoblauch-, Schafskäsewürfel, Chiliflocken, Salz, Pfeffer, Zimt, Pinienkerne und die Hälfte der Rosinen hinzugeben. Die Zutaten gut vermengen und mit Salz und Pfeffer abschmecken. Die Hackmasse in die Schoten füllen und leicht andrücken.

5. Die Paprikaschoten in eine Auflaufform legen. Brühe hinzugießen. Die Form in den vorgeheizten Backofen schieben. Die Paprikaschoten **etwa 40 Minuten garen.**

6. Inzwischen die Minze abspülen und trocken tupfen. Einige Blätter zum Garnieren beiseite legen, restliche Blätter in Streifen schneiden.

7. Die Paprikaschoten aus der Form nehmen und zugedeckt warm halten. Die Brühe aus der Form in einen Topf geben. Restliche Rosinen und Tomatenmark zur Brühe geben, unterrühren und aufkochen. Speisestärke mit 1 Esslöffel kaltem Wasser verrühren und in die kochende Sauce rühren.

8. Die Sauce nochmals aufkochen, die geschnittene Minze dazugeben und die Sauce mit Salz und Pfeffer abschmecken. Die Paprikaschoten mit der Sauce und restlicher Minze anrichten.

STAPELGEMÜSE VOM BLECH

Zubereitungszeit: 35 Minuten
Garzeit: etwa 20 Minuten
+ Vegetarisch

ZUTATEN FÜR 4 PORTIONEN

1 Sellerieknolle (750 g)
400 g grüner Spargel
Salz
500 g mittelgroße Tomaten
70 g Pesto (aus dem Glas)
gem. Pfeffer
50 g frisch ger. Parmesan
1–2 EL Olivenöl

PRO PORTION:

E: 12 g, F: 18 g, Kh: 9 g, kcal: 268

1. Sellerie schälen, abspülen, trocken tupfen und in 16 etwa ½ cm dicke Scheiben schneiden.

2. Spargel abspülen, abtropfen lassen und das untere Drittel schälen, die Enden abschneiden.

3. Den Spargel in kochendem Salzwasser 2 Minuten vorgaren, mit der Schaumkelle herausheben, kurz in eine Schüssel mit eiskaltem Wasser legen und in einem Sieb abtropfen lassen.

4. Die Selleriescheiben in dem Salzwasser etwa 5 Minuten garen und auf einem Sieb abtropfen und etwas abkühlen lassen.

5. Inzwischen die Tomaten abspülen, abtropfen lassen, die Stängelansätze herausschneiden und die Tomaten in Scheiben schneiden. Spargelstangen, je nach Länge, dritteln oder vierteln.

6. Den Backofen vorheizen.
Ober-/Unterhitze: etwa 220 °C
Heißluft: etwa 200 °C

7. Acht Selleriescheiben auf ein Backblech (30 x 40 cm, mit Backpapier belegt) legen und mit etwas Pesto bestreichen. Mit jeweils 3 Tomatenscheiben belegen, mit Pfeffer bestreuen und mit einer Selleriescheibe bedecken.

8. Die Selleriescheiben wieder mit Pesto bestreichen und mit den restlichen Tomatenscheiben belegen. Spargelstücke darauf verteilen, mit Pfeffer und mit Parmesan bestreuen. Zum Schluss das Öl auf die Gemüsestapel träufeln.

9. Das Backblech in den vorgeheizten Backofen schieben. Die Gemüsestapel **etwa 20 Minuten garen.**

TIPP:

Die Gemüsestapel passen gut zu gegrilltem oder gebratenem Halloumi oder Steaks.

VARIANTE:

Sie können das Stapelgemüse auch mit Scheiben vom Hokaido-Kürbis und einem kräftigen geriebenen Bergkäse zubereiten. Bestreuen Sie die Gemüsestapel zusätzlich mit gerösteten Kürbiskernen.

STEINPILZ-TARTES

Zubereitungszeit: 50 Minuten, ohne Kühlzeit
Backzeit: etwa 40 Minuten

ZUTATEN FÜR 6 STÜCK

FÜR DEN TEIG:

200 g Weizenmehl, Salz
90 g Butter (kalt)
1 Ei (Größe S)
1 EL kaltes Wasser

1 Zwiebel (35 g)
300 g schöne Steinpilze
3 EL Olivenöl
60 g getrocknete Feigen
60 g Ziegenweichkäse-Taler, z. B. Picandou
1 Ei (Größe S)
100 g Schlagsahne
gem. schwarzer Pfeffer
3 Scheiben Bacon (Frühstücksspeck, etwa 60 g)
1 EL flüssiger Honig
2 EL vorbereitete frische Rosmarinnadeln

ZUSÄTZLICH:

Hülsenfrüchte und Backpapier zum Blindbacken
6 kleine Tarteförmchen (Ø 9 cm)

PRO STÜCK:

E: 12 g, F: 33 g, Kh: 38 g, kcal: 499

1. Für den Teig Mehl mit etwas Salz in einer Rührschüssel mischen. Die Butter in kleine Würfel schneiden und dazugeben. Die Zutaten mit einem Mixer (Knethaken) zunächst kurz auf niedrigster, dann auf höchster Stufe zu einem leicht krümeligen Teig verkneten. Ei und Wasser hinzugeben. Die Zutaten kurz zu einem glatten Teig verkneten. Den Teig in Frischhaltefolie gewickelt mindestens 60 Minuten in den Kühlschrank legen.

2. In der Zwischenzeit die Zwiebel abziehen, halbieren und fein würfeln. Steinpilze putzen und in dünne Scheiben schneiden.

3. Das Olivenöl in einer Pfanne erhitzen. Die Zwiebelwürfel und Pilzscheiben darin unter Wenden etwa 3 Minuten braten, mit Salz würzen. Die Pilz-Zwiebel-Mischung auf einen Teller geben und erkalten lassen. Die Feigen in kleine Würfel schneiden.

4. Den Teig auf der leicht bemehlten Arbeitsfläche etwa ½ cm dick ausrollen. Aus dem Teig 6 Kreise (Ø etwa 12 cm) ausstechen, in die Tarteförmchen (gefettet, bemehlt) legen. Den Teig leicht andrücken, den Rand gerade abschneiden. Teigboden mit einer Gabel mehrmals einstechen. Die Förmchen zugedeckt etwa 30 Minuten in den Kühlschrank stellen.

5. Käse zerbröseln und in eine Schüssel geben. Pilz-Zwiebel-Mischung und Feigen hinzugeben und vermischen. Das Ei mit der Sahne verquirlen. Eiersahne mit Salz und Pfeffer würzen.

6. Den Backofen vorheizen.
Ober-/Unterhitze: etwa 180 °C
Heißluft: etwa 160 °C

7. Die Tarteförmchen mit Backpapier auslegen und mit Hülsenfrüchten beschweren. Die Förmchen auf dem Rost in den vorgeheizten Backofen (Mitte) schieben. Die Tartes **etwa 15 Minuten vorbacken**. Die Hülsenfrüchte und das Backpapier entfernen.

8. Die Pilz-Käse-Mischung in den Förmchen verteilen und die Eier-Sahne darübergießen. Den Bacon mit dem Honig beträufeln, in 6 Stücke schneiden. Bacon mit der Honigseite nach oben auf die Tartes legen.

9. Die Förmchen wieder auf dem Rost in den heißen Backofen (unterste Leiste) schieben. Die Tartes bei gleicher Backofentemperatur **in 22–25 Minuten goldbraun backen.**

10. Rosmarin fein schneiden. Die Förmchen auf einen Kuchenrost stellen, mit Rosmarin bestreuen, leicht abkühlen lassen und aus der Form nehmen. Die Steinpilz-Tartes warm oder kalt servieren.

SÜSSER BROTAUFLAUF

Zubereitungszeit: 15 Minuten
Garzeit: etwa 20 Minuten
+ Vegetarisch

ZUTATEN FÜR 4 PORTIONEN

150 g Marzipan-Rohmasse
2 Eiweiß (Größe M)
1 Prise Salz, 1 EL Zucker
1 Pck. Vanillin-Zucker
2 Eigelb (Größe M)
100 g Schlagsahne
3 Eier (Größe M)
1 TL ger. Zitronenschale
6–8 Scheiben Rosinen-Hefebrot (etwa 300 g)
2 EL gehobelte Mandeln

FÜR DIE SAUCE:

1 geh. TL Speisestärke
100 ml Aprikosen-Pfirsich-Mehrfruchtsaft
300 g TK-Himbeeren, 2–3 EL Zucker

PRO PORTION:

E: 22 g, F: 42 g, Kh: 73 g, kcal: 769

1. Den Backofen vorheizen.
Ober-/Unterhitze: etwa 200 °C
Heißluft: etwa 180 °C

2. Marzipan-Rohmasse auf einer groben Küchenreibe raspeln. Eiweiß mit Salz mit einem Mixer (Rührstäbe) steif schlagen. Zucker mit Vanillin-Zucker mischen und unterschlagen. Marzipanraspel, Eigelb und 1 Esslöffel von der Sahne mit dem Mixer (Rührstäbe) glatt rühren.

3. Eier mit restlicher Sahne und Zitronenschale in einer großen, flachen Schale verschlagen. Die Brotscheiben nacheinander in der Eiersahne wenden. Die Eiersahne soll dabei ganz von den Brotscheiben aufgesaugt werden. Die Brotscheiben dachziegelartig in eine große, flache Auflaufform (gefettet) legen.

4. Eischnee unter die Marzipancreme heben. Die Creme gleichmäßig auf den Brotscheiben verteilen. Die gehobelten Mandeln daraufstreuen.

5. Die Form auf dem Rost in den vorgeheizten Backofen schieben. Den süßen Brotauflauf **etwa 20 Minuten garen**.

6. Für die Sauce in der Zwischenzeit Speisestärke mit 4 Esslöffeln von dem Saft anrühren. Gefrorene Himbeeren, Zucker und restlichen Saft in einem Topf unter Rühren zum Kochen bringen. Angerührte Speisestärke in die von der Kochstelle genommene Himbeermasse rühren und unter Rühren kurz aufkochen lassen. Den Auflauf mit der Sauce servieren.

SÜSSER HIRSE-KIRSCH-AUFLAUF

Zubereitungszeit: 30 Minuten, ohne Quellzeit
Garzeit: etwa 30 Minuten
+ Vegetarisch

ZUTATEN FÜR 4–6 PORTIONEN

100 g Hirse
300 ml Milch (3,5 % Fett)
1 EL flüssiger Honig, 1 Prise Salz
½ Pck. Geriebene Zitronenschale
1 Ei (Größe M)
1 Pck. Vanillin-Zucker
2 EL abgezogene, gemahlene Mandeln
175 g TK-Kirschen
1 ½ EL brauner Zucker
25 g weiche Butter oder Margarine

PRO PORTION:

E: 7 g, F: 13 g, Kh: 30 g, kcal: 269

1. Die Hirse auf einem Sieb unter fließendem kalten Wasser gut abspülen, abtropfen lassen und in einen Topf geben.

2. Milch, Honig, Salz und Zitronenschale hinzufügen. Die Zutaten unter Rühren zum Kochen bringen. Die Hirse bei schwacher Hitze etwa 5 Minuten quellen lassen. Den Topf von der Kochstelle nehmen und die Hirse zugedeckt weitere etwa 5 Minuten ausquellen lassen.

3. Den Backofen vorheizen.
Ober-/Unterhitze: etwa 160 °C
Heißluft: etwa 140 °C

4. Das Ei trennen. Eiweiß mit Vanillin-Zucker steif schlagen. Hirse in eine Rührschüssel geben. Eigelb und Mandeln unterrühren. Eischnee unterheben.

5. Die Hälfte der Hirsemasse in eine Auflaufform (gefettet) geben. Gefrorene Kirschen darauf verteilen. Restliche Hirse daraufgeben und glatt streichen.

6. Zucker mit Butter oder Margarine vermischen und in kleinen Häufchen auf die Hirsemasse setzen. Die Form auf dem Rost in den vorgeheizten Backofen schieben und den süßen Hirse-Kirsch-Auflauf **etwa 30 Minuten garen.**

DAZU SCHMECKT:

Vanillesauce oder eine Kugel Vanilleeis.

SÜSSKARTOFFEL-AUFLAUF MIT ERDNÜSSEN

Zubereitungszeit: 30 Minuten, ohne Abkühlzeit
Garzeit: 40–45 Minuten
+ Vegetarisch

ZUTATEN FÜR 4 PORTIONEN

900 g mittelgroße Süßkartoffeln
1 TL Salz
1 großes Bund Frühlingszwiebeln (etwa 220 g)
1 TL Erdnuss- oder Olivenöl

FÜR DIE SAUCE:

30 g Weizenmehl (Type 550)
600 ml Milch (1,5 % Fett)
1 TL gekörnte Gemüsebrühe
Salz
gem. Pfeffer
1 Lorbeerblatt
Cayennepfeffer oder Chiliflocken nach Belieben

50 g getrocknete Soft-Tomaten (aus der Packung)
30 g geröstete Erdnüsse (ungesalzen)
75 g geriebener Gratinkäse, light (etwa 14 % Fett)

ZUSÄTZLICH:

1 große Auflaufform (etwa 2 Liter Inhalt)

PRO PORTION:

E: 18 g, F: 11 g, Kh: 62 g, kcal: 426

1. Die Süßkartoffeln gründlich abwaschen. Dann die Süßkartoffeln knapp mit Wasser bedeckt, zugedeckt zum Kochen bringen. Salz hinzufügen. Die Süßkartoffeln in 15–18 Minuten vorgaren.

2. Inzwischen Frühlingszwiebeln putzen, abspülen, abtropfen lassen und in feine Scheiben schneiden. Das Öl in einem Topf erhitzen. Frühlingszwiebelscheiben darin unter Wenden kurz anbraten, dann auf einen Teller geben.

3. Für die Sauce das Mehl gleichmäßig auf den Topfboden ins Bratfett streuen und so lange erhitzen, bis das Mehl leicht zu duften anfängt und zart goldgelb gebräunt ist. Den Topf von der Kochstelle nehmen. Die Milch mit einem Schneebesen unter kräftigem Schlagen unter das angeröstete Mehl rühren, mit gekörnter Brühe, Salz, Pfeffer, Lorbeerblatt und evtl. Cayennepfeffer oder Chiliflocken würzen. Die Sauce bei schwacher Hitze noch etwa ½ Minute köcheln lassen.

4. Süßkartoffeln abgießen und kurz abkühlen lassen. Süßkartoffeln schälen und in etwa ½ cm dicke Scheiben schneiden. Tomaten in Streifen schneiden. Die Nüsse grob hacken.

5. Den Backofen vorheizen.
Ober-/Unterhitze: etwa 180 °C
Heißluft: etwa 160 °C

6. Die Auflaufform mit etwas von der Sauce ausstreichen. Dann die Süßkartoffelscheiben, Tomatenstreifen, Frühlingszwiebelscheiben, Erdnüsse und die restliche Sauce in mehreren Schichten nach und nach in die Form geben. Dabei die Süßkartoffel-Schichten jeweils mit etwas Salz und Pfeffer würzen. Zuletzt den Auflauf mit Käse bestreuen.

7. Die Form auf dem Rost in den vorgeheizten Backofen schieben. Den Auflauf **in 40–45 Minuten goldbraun backen.**

SÜSSKARTOFFEL-GRATIN

Zubereitungszeit: 30 Minuten,
plus 30 Minuten Durchziehzeit
Garzeit: etwa 35 Minuten
+ Vegetarisch

ZUTATEN FÜR 4 PORTIONEN

700 g Süßkartoffeln
40 g brauner Zucker
1 Pck. Bourbon-Vanille-Zucker
1 Pck. Geriebene Zitronenschale
1 Prise Salz
70 g Haselnusskerne
60 g getr. Cranberrys
30 g Sonnenblumenkerne
4 Eier (Gr. M)
300 ml Milch
200 g Schlagsahne

AUSSERDEM:

1 flache Auflauf- oder Tarteform (Ø 28 cm)
Butter zum Ausfetten der Form

PRO PORTION:

E: 18 g, F: 40 g, Kh: 66 g, kcal: 703

1. Süßkartoffeln schälen, abspülen, abtropfen lassen und quer in etwa 0,5 cm dicke Scheiben schneiden. Große Scheiben evtl. halbieren. Die Scheiben mit braunem Zucker, Vanille-Zucker, Zitronenschale und Salz in einer Schüssel vermengen und zugedeckt 30 Minuten ziehen lassen.

2. Den Backofen vorheizen.
Ober-/Unterhitze: etwa 200 °C
Heißluft: etwa 180 °C

3. Nüsse und Cranberrys im Blitzhacker grob hacken und mit Sonnenblumenkernen in einer Schüssel vermengen.

4. Die Form mit Butter ausfetten. Die Kartoffelscheiben abtropfen lassen, den Sud auffangen (etwa 50 ml). Die Kartoffelscheiben dachziegelartig in die Form geben. Die Kerne-Nuss-Mischung zwischen und auf den Scheiben verteilen.

5. Für den Guss den aufgefangenen Sud mit Eiern, Milch und Sahne verrühren und über die Kartoffelscheiben gießen. Die Form auf dem Rost in den vorgeheizten Backofen schieben. Das Gratin **etwa 35 Minuten backen.**

6. Das Süßkartoffel-Gratin heiß oder lauwarm servieren.

SÜSSKARTOFFEL-PAPRIKA-LASAGNE

Zubereitungszeit: 20 Minuten
Garzeit: 65–70 Minuten
+ Vegetarisch

ZUTATEN FÜR 4 PORTIONEN

FÜR DIE LASAGNE:

700 g rote Paprikaschoten
2 Zwiebeln
2 Knoblauchzehen
2 EL Olivenöl
½ Bund Majoran
Salz, gem. schwarzer Pfeffer
1 kg Süßkartoffeln
4 Eier (Größe M)
200 ml Milch (1,5 % Fett)
400 g Joghurt (0,1 % Fett)
1 TL gekörnte Gemüsebrühe
1 ½ EL Sonnenblumenkerne

FÜR DIE MOJO VERDE (GRÜNE KRÄUTERSAUCE):

1 Bund gemischte Sommerkräuter, z. B. Basilikum, Dill, glatte Petersilie, Schnittlauch
1 Knoblauchzehe
3 EL gekörnte Gemüsebrühe
200 g Joghurt (0,1 % Fett)

AUSSERDEM:

1 Auflaufform (etwa 20 x 30 cm)

PRO PORTION:

E: 21 g, F: 15 g, Kh: 76 g, kcal: 539

1. Paprikaschoten halbieren, entstielen, entkernen, weiße Scheidewände entfernen. Schoten abspülen und in 2 cm große Stücke schneiden. Zwiebeln und Knoblauch abziehen, fein würfeln.

2. Öl in einer Pfanne erhitzen. Zwiebeln und Knoblauch darin anbraten. Paprika zugeben, anbraten, dann zugedeckt etwa 1 Minute dünsten. Majoran abspülen, trocken tupfen. Die Blättchen von den Stängeln zupfen und fein hacken. Paprika mit Salz, Pfeffer und Majoran würzen.

3. Kartoffeln schälen und längs in feine Scheiben schneiden oder hobeln. Die Auflaufform (ganz leicht gefettet) mit etwa der Hälfte der Kartoffeln auslegen. Paprikastücke darauf verteilen. Restliche Kartoffelscheiben dachziegelartig einschichten und leicht andrücken.

4. Den Backofen vorheizen.
Ober-/Unterhitze: etwa 180 °C
Heißluft: etwa 160 °C

5. Eier mit Milch, Joghurt, Salz, Pfeffer und Brühe glatt rühren, dann über die Lasagne gießen und mit Sonnenblumenkernen bestreuen. Die Form mit Alufolie abdecken und auf dem Rost in den vorgeheizten Backofen schieben. Die Lasagne **etwa 45 Minuten garen.**

6. Für die Mojo verde Kräuter abspülen, trocken tupfen und die Blättchen bzw. Spitzen von den Stängeln zupfen. Schnittlauch etwas kleiner schneiden. Knoblauch abziehen, grob würfeln. Kräuter, Knoblauch und Brühe mit dem Pürierstab fein pürieren. Den Joghurt unterrühren. Die Mojo mit Salz und Pfeffer abschmecken.

7. Nach 45 Minuten Garzeit die Alufolie von der Form entfernen. Die Lasagne offen **in weiteren 20–25 Minuten fertig garen.**

8. Die Lasagne etwa 10 Minuten ruhen lassen und erst dann in Stücke schneiden. Lasagne mit der Mojo verde anrichten und servieren.

TIPP:

Süßkartoffeln lassen sich wie Kartoffeln kochen, backen oder braten, machen wunderbar satt und schmecken angenehm süßlich.

TANDOORI-PASTINAKEN-GRATIN MIT SCHINKEN

Zubereitungszeit: 20 Minuten
Überbackzeit: 8–10 Minuten

ZUTATEN FÜR 2 PORTIONEN

750 g Pastinaken
(vorbereitet gewogen etwa 550 g)
2 TL Sonnenblumenöl
2 EL TK-Zwiebelwürfel
3–4 TL Tandoori-Paste
(indische Gewürzpaste, aus dem Glas)
300 ml heiße Gemüsebrühe
Salz
gem. Pfeffer
60 g magerer Kochschinken (ohne Fettrand)
100 g Gratin-Käse (etwa 12 % Fett)

PRO PORTION:

E: 28 g, F: 12 g, Kh: 35 g, kcal: 371

1. Pastinaken putzen, schälen, abspülen, abtropfen lassen und in ½ cm dicke Scheiben schneiden. Sonnenblumenöl in einem Topf erhitzen. Die gefrorenen Zwiebelwürfel hinzugeben und unter Rühren andünsten. Pastinakenscheiben hinzugeben und kurz mitdünsten lassen.

2. Die Tandoori-Paste und die heiße Gemüsebrühe unterrühren, zum Kochen bringen. Mit Salz und Pfeffer würzen. Pastinakenscheiben zugedeckt etwa 7 Minuten bei schwacher Hitze dünsten.

3. In der Zwischenzeit den Backofen vorheizen.
Ober-/Unterhitze: etwa 220 °C
Heißluft: etwa 200 °C

4. Den Schinken in Streifen schneiden und unter die Pastinakenscheiben mischen. Pastinaken-Schinken-Mischung mit dem Tandoori-Fond in 2 kleine Gratinformen (gefettet) füllen und mit dem Käse bestreuen.

5. Die Formen auf dem Rost in den vorgeheizten Backofen schieben. Tandoori-Pastinaken-Gratin **8–10 Minuten überbacken.**

TIPP:

Die indische Würzpaste ist recht scharf und intensiv im Geschmack, deshalb zunächst vorsichtig dosieren und evtl. nachwürzen. Statt der fertigen Würzpaste können Sie zum Würzen der Kochflüssigkeit auch Currypulver verwenden.

BEILAGE:

Fladenbrot.

TOFU-LINSEN-PASTETCHEN

Zubereitungszeit: 75 Minuten, ohne Auftau- und Ruhezeit
Backzeit: 15–20 Minuten
+ Vegetarisch

ZUTATEN FÜR 6 PORTIONEN

450 g TK-Blätterteig (6 rechteckige Platten)
220 ml Gemüsebrühe
125 g rote Linsen
200 g Tofu
1 EL Sojasauce
gem. Pfeffer
abgeriebene Schale von ½ Bio-Zitrone
½ Bund Koriander
½ Bund Schnittlauch
1 Eigelb (Größe M)
2 EL Wasser
1 EL Sesamsamen

PRO PORTION:

E: 16 g, F: 22 g, Kh: 40 g, kcal: 420

1. Blätterteigplatten nebeneinander zugedeckt nach Packungsanleitung auftauen lassen.

2. Brühe in einem Topf zum Kochen bringen. Die Linsen hinzugeben und zugedeckt bei schwacher Hitze etwa 10 Minuten kochen lassen. Linsen in einem Sieb abtropfen lassen.

3. Tofu in etwa 1 cm große Würfel schneiden und mit den Linsen vermischen. Mit Sojasauce, Pfeffer und Zitronenschale würzen.

4. Koriander und Schnittlauch abspülen und trocken tupfen. Vom Koriander die Blättchen abzupfen und klein schneiden. Den Schnittlauch in Röllchen schneiden. Koriander und Schnittlauchröllchen ebenfalls unter die Linsen rühren.

5. Den Backofen vorheizen.
Ober-/Unterhitze: etwa 200 °C
Heißluft: etwa 180 °C

6. Jeweils 3 Blätterteigplatten aufeinanderlegen und auf der leicht bemehlten Arbeitsfläche zu jeweils einem Rechteck (38 x 26 cm) ausrollen, etwa 10 Minuten ruhen lassen.

7. Die Kanten gerade schneiden. Aus jedem Rechteck (36 x 24 cm) 6 Quadrate (etwa 12 x 12 cm) ausschneiden und die Ränder mit etwas Wasser bestreichen. Auf jedes Teigstück etwas von den Tofu-Linsen geben. Teigstücke zur Hälfte überklappen, die offenen Seiten festdrücken.

8. Die Pastetchen auf zwei Backbleche (mit Backpapier belegt) legen. Eigelb mit Wasser verschlagen. Die Pastetchen damit bestreichen und mit Sesam bestreuen. Die Backbleche nacheinander (bei Heißluft zusammen) in den vorgeheizten Backofen schieben. Die Pastetchen **15–20 Minuten backen.**

TOFU-VANILLE-AUFLAUF MIT KARAMELL-ÄPFELN

Zubereitungszeit: 15 Minuten
Backzeit: etwa 30 Minuten
+ Vegan

ZUTATEN FÜR 4 PORTIONEN

FÜR DIE KARAMELL-ÄPFEL:

25 g Voll-Rohrzucker
500 g säuerliche Bio-Äpfel
2 EL Zitronensaft

FÜR DIE TOFU-MANDEL-CREME:

500 g Seidentofu
150 ml Mandeldrink bzw. -milch, ungesüßt
1 TL Vanillemark
20 g Voll-Rohrzucker
30 g Ei-Ersatz-Pulver
120 ml Wasser
60 g Vollkorn-Hirseflocken

1 ½ EL gestiftelte Mandeln zum Bestreuen

ZUSÄTZLICH:

1 Auflaufform (etwa 1,2 l Inhalt)

PRO PORTION:

E: 10 g, F: 11 g, Kh: 46 g, kcal: 323

1. Für die Karamell-Äpfel Zucker in einen Topf geben und bei mittlerer Hitze schmelzen lassen. Inzwischen Äpfel evtl. schälen, sonst gründlich heiß waschen, abtrocknen und vierteln. Die Apfelviertel entkernen. Apfelviertel in den Karamell geben, kurz mitdünsten, dann Zitronensaft zugeben und alles durchschwenken, bis sich der Karamell gelöst hat. Den Topf von der Kochstelle nehmen.

2. Für die Tofu-Mandel-Creme Tofu, Mandeldrink bzw. -milch, Vanillemark und Zucker in

einer Schüssel mit einem Pürierstab pürieren. Ei-Ersatz und Wasser in einen hohen Rührbecher geben und mit einem Mixer (Rührstäbe) auf höchster Stufe schlagen. Ei-Ersatz mit den Vollkorn-Hirseflocken unter die Tofu-Mandel-Mischung rühren.

3. Den Backofen vorheizen.
Ober-/Unterhitze: etwa 200 °C
Heißluft: etwa 180 °C

4. Die Tofu-Mandel-Creme in die Auflaufform (mit veganer Margarine gefettet) geben und glatt streichen. Die Äpfel mit der Karamellsauce gleichmäßig daraufgeben und mit den Mandeln bestreuen.

5. Die Form auf dem Rost in den vorgeheizten Backofen (unteres Drittel) schieben. Den Auflauf **etwa 30 Minuten backen.**

6. Die Form auf einen Kuchenrost stellen. Den Auflauf in Stücke schneiden, auf kleinen Tellern anrichten und servieren.

TIPP:

Die Tofu-Mandel-Creme können Sie alternativ auch mit Agavendicksaft, Apfel- oder Birnenkraut, Stevia oder Reissirup süßen. Achten Sie bei der Verwendung anderer Süßungsmittel darauf, dass sich die Mengen ändern können. Der Auflauf schmeckt auch mit Birnen sehr lecker.

TOMATEN-HIRSE-AUFLAUF

Zubereitungszeit 30 Minuten
Garzeit: etwa 25 Minuten
\+ Vegetarisch

ZUTATEN FÜR 4 PORTIONEN

1 Zwiebel
2 EL Butter
200 g Hirse
500 ml Gemüsebrühe
700 g Tomaten
10 abgetropfte, entsteinte schwarze Oliven
Salz
gem. Pfeffer
150 g Schlagsahne
150 g Joghurt (3,5 % Fett)
2 Eier (Größe M)
1 Knoblauchzehe
ger. Muskatnuss
einige Stängel Basilikum

PRO PORTION:

E: 13 g, F: 28 g, Kh: 41 g, kcal: 473

1. Zwiebel abziehen und fein würfeln. Butter in einem Topf zerlassen. Die Zwiebelwürfel darin andünsten.

2. Die Hirse in einem Sieb mit warmem Wasser abspülen und gut abtropfen lassen. Brühe zu den Zwiebelwürfeln in den Topf gießen und zum Kochen bringen. Die Hirse hinzugeben und etwa 15 Minuten kochen lassen.

3. In der Zwischenzeit die Tomaten abspülen, kreuzweise einschneiden und mit kochendem Wasser übergießen. Nach 1–2 Minuten herausnehmen und mit kaltem Wasser abschrecken. Tomaten häuten, in Scheiben schneiden und dabei die Stängelansätze herausschneiden. Die Oliven halbieren. Die Hirse abtropfen lassen.

4. Die Hälfte der Hirse in eine große Auflaufform (gefettet) oder 4 Portionsauflaufformen (gefettet) geben. Die Tomatenscheiben darauf verteilen, mit Salz und Pfeffer bestreuen, wieder mit Hirse bedecken und mit den Olivenhälften belegen.

5. Den Backofen vorheizen.
Ober-/Unterhitze: etwa 200 °C
Heißluft: etwa 180 °C

6. Sahne mit Joghurt und Eiern verschlagen. Knoblauch abziehen und durch eine Knoblauchpresse hinzudrücken. Die Eiersahne mit Salz, Pfeffer und Muskat würzen, auf dem Hirseauflauf verteilen.

7. Die Form oder Formen auf dem Rost in den vorgeheizten Backofen schieben. Den Hirse-Tomaten-Auflauf **etwa 25 Minuten garen.**

8. Basilikum abspülen, trocken tupfen und die Blättchen von den Stängeln zupfen. Den Auflauf mit den Basilikumblättchen bestreuen und servieren.

TOMATEN-ZIEGENKÄSE-CANNELLONI

Zubereitungszeit: 30 Minuten
Garzeit: etwa 35 Minuten
+ Vegetarisch

ZUTATEN FÜR 4 PORTIONEN

FÜR DIE ZWIEBELSAUCE:

2–3 Zwiebeln (etwa 220 g)
3 Knoblauchzehen
4 EL Olivenöl
Salz
gem. Pfeffer
grob geschrotete Chiliflocken
200 g Schlagsahne

FÜR DIE FÜLLUNG:

4–5 Stängel frische Minze
300 g Ziegenfrischkäse (45 % Fett)
2 Eigelb (Größe M)
3 EL Semmelbrösel
400 g Zucchini
300–400 g frischer, hauchdünn ausgerollter Nudelteig (aus dem Kühlregal)
300 g Cocktailtomaten
75 g junger Pecorino oder Parmesan, am Stück

PRO PORTION:

E: 26 g, F: 48 g, Kh: 71 g, kcal: 833

1. Für die Sauce die Zwiebeln abziehen, zuerst in Scheiben schneiden und dann in Ringe teilen. Den Knoblauch abziehen und in feine Scheiben schneiden.

2. Das Olivenöl in einer Pfanne erhitzen. Die Knoblauchscheiben darin goldgelb rösten und auf Küchenpapier abtropfen lassen. Die Zwiebelringe in dem verbliebenen Olivenöl goldbraun anbraten, mit Salz, Pfeffer und 1 Prise Chili würzen. Anschließend die Sahne hinzugießen, zum Kochen bringen und bei schwacher Hitze 1–2 Minuten leicht einkochen lassen.

3. Für die Füllung Minze abspülen, trocken tupfen und die Blättchen von den Stängeln zupfen. Blättchen in feine Streifen schneiden. Frischkäse mit Eigelb und Semmelbröseln glatt rühren. Minze, etwas Salz, Pfeffer und die vorbereiteten Knoblauchscheiben unterrühren, mit den Gewürzen abschmecken und kurz stehen lassen.

4. Zucchini abspülen, abtrocknen und die Enden abschneiden. Zucchini auf einer Haushaltsreibe grob raspeln. Zucchiniraspel unter die Frischkäsemasse rühren, nochmals kräftig mit Salz, Pfeffer und evtl. Chili würzen.

5. Den Backofen vorheizen.
Ober-/Unterhitze: etwa 200 °C
Heißluft: etwa 180 °C.

6. Inzwischen etwas von der Zwiebelsauce in eine Auflaufform (etwa 30 x 20 cm) geben. Den Nudelteig auf einer Arbeitsfläche auf dem Backpapier entrollen. Evtl. mit einer Teigrolle noch etwas dünner ausrollen und in etwa 10 x 30 cm lange Streifen schneiden. Die Teigstreifen jeweils dünn mit der Frischkäse- Zucchini-Masse bestreichen und anschließend jeweils von der kurzen Seite aus aufrollen. Die Tomaten-Ziegenkäse Cannelloni dicht nebeneinander in die Auflaufform setzen.

7. Tomaten abspülen, abtrocknen und die Stängelansätze herausschneiden. Tomaten in grobe Stücke schneiden, mit etwas Salz und Pfeffer würzen und auf den Cannelloni verteilen. Die restliche Zwiebelsauce darauf verstreichen. Den Pecorino bzw. Parmesan reiben und auf die Sauce streuen.

8. Die Form auf dem Rost in den vorgeheizten Backofen (mittlere Einschubleiste) schieben. Tomaten-Ziegenkäse-Cannelloni **in etwa 35 Minuten goldbraun garen.**

TOPFENPALATSCHINKEN, ÜBERBACKEN

Zubereitungszeit: 45 Minuten, ohne Ruhezeit
Überbackzeit: 20–25 Minuten

ZUTATEN FÜR 6 STÜCK

FÜR DIE PALATSCHINKEN:

180 g Weizenmehl
2 Eier (Größe L)
200 ml Milch (3,5 % Fett)
100 ml Mineralwasser mit Kohlensäure
1 TL Zucker
1 Prise Salz

50 g Butter
300 g Magerquark (Topfen)
60 g Zucker
1 Ei (Größe L)
2–3 gestr. EL Weichweizengrieß
175 g abgetropfte Mandarinen (aus der Dose)
150 g saure Sahne
100 g Schlagsahne
1 Pck. Bourbon-Vanille-Zucker
1–2 TL Puderzucker

PRO STÜCK:

E: 16 g, F: 20 g, Kh: 48 g, kcal: 442

1. Für die Palatschinken Mehl in eine Rührschüssel geben. Eier mit Milch, Mineralwasser, Zucker und Salz verschlagen. Die Eiermilch nach und nach unter Rühren zum Mehl geben. Darauf achten, dass keine Klümpchen entstehen. Den Teig etwa 20 Minuten ruhen lassen.

2. Etwas von der Butter in einer beschichteten Pfanne zerlassen. Den Teig nochmals durchrühren und eine dünne Teiglage mit einer drehenden Bewegung gleichmäßig auf dem Boden der Pfanne verteilen.

3. Sobald die Ränder goldgelb sind, den Pfannkuchen vorsichtig mit einem Pfannenwender wenden oder auf einen Teller gleiten lassen, umgedreht wieder in die Pfanne geben. Die zweite Seite ebenfalls goldgelb backen. Bevor der Pfannkuchen gewendet wird, wieder etwas Butter in die Pfanne geben.

4. Aus dem restlichen Teig weitere 5 Palatschinken backen, den Teig vor dem Verteilen in der Pfanne immer wieder durchrühren.

5. Den Backofen vorheizen.
Ober-/Unterhitze: etwa 200 °C
Heißluft: etwa 180 °C

6. Quark mit Zucker, Ei und Grieß verrühren. Die Mandarinen unterheben. Die Quarkfüllung auf den Palatschinken verteilen. Die Palatschinken aufrollen und dicht nebeneinander in eine flache Auflaufform (gefettet) einschichten.

7. Die saure Sahne mit Schlagsahne und Vanille-Zucker verrühren, die Palatschinken damit bestreichen. Die Form auf dem Rost in den vorgeheizten Backofen schieben. Topfenpalatschinken **20–25 Minuten überbacken.**

8. Die Topfenpalatschinken mit Puderzucker bestäuben und servieren.

TORTILLA-PIZZA MIT BACON

Zubereitungszeit: 30 Minuten
Backzeit: etwa 3 Minuten je Backblech

ZUTATEN FÜR 6 STÜCK

ZUM VORBEREITEN:

6 Wraps (Tortilla-Weizenmehl-Fladen, Ø 22 cm)

FÜR DEN BELAG:

6 EL Mango-Chutney (aus dem Glas)
3–6 TL Sambal Oelek
1 kleine rote Paprikaschote (150 g)
250 g Cocktailtomaten
125 g Cheddar
60 g Bacon (Frühstücksspeck, etwa 5 Scheiben)
2 dünne Frühlingszwiebeln
30 g Rucola (Rauke)

PRO STÜCK:

E: 11 g, F: 11 g, Kh: 34 g, kcal: 287

1. Jeweils 2 Wrap-Fladen auf ein Stück Backpapier (in Backblechgröße) legen. Davon 1 Backpapier mit 2 Fladen auf ein Backblech ziehen.

2. Für den Belag Mango-Chutney mit Sambal Oelek verrühren. Die Fladen damit bestreichen.

3. Den Backofengrill auf höchster Stufe vorheizen.

4. Paprikaschote halbieren, entstielen, entkernen und die weißen Scheidewände entfernen. Schotenhälften abspülen, abtropfen lassen und in ½ cm große Stücke schneiden.

5. Tomaten abspülen, abtrocknen, halbieren und evtl. die Stängelansätze herausschneiden. Tomatenhälften nochmals halbieren.

6. Paprika- und Tomatenstücke gleichmäßig auf den Fladen verteilen.

7. Den Käse grob reiben. Die Pizzen damit bestreuen. Bacon in etwa 1 cm breite Streifen schneiden und auf den Pizzen verteilen.

8. Frühlingszwiebeln putzen, abspülen, abtropfen lassen und in sehr feine Scheiben schneiden. Rucola abspülen, gut abtropfen lassen oder trocken schleudern und evtl. etwas kleiner zupfen.

9. Das Backblech mit den ersten beiden Tortilla-Pizzen in den vorgeheizten Backofen schieben (Mitte). Die Pizzen **in etwa 3 Minuten goldbraun backen.**

10. Die heißen Pizzen mit Frühlingszwiebeln und Rucola bestreuen und servieren. Die restlichen Pizzen ebenso zubereiten.

REZEPTVARIANTE:

Für einen **Tortilla-Flammkuchen „Elsässer Art“** 6 Esslöffel Crème fraîche mit Salz und Pfeffer glatt rühren und die Fladen damit bestreichen. 1 kleine Stange Lauch putzen, längs halbieren, gründlich waschen, abtropfen lassen und in sehr feine Streifen schneiden. 60 g Kochschinken in etwa 1 cm breite Streifen schneiden. Die Fladen mit Lauch- und Schinkenscheiben belegen, mit etwas Salz und Pfeffer bestreuen, wie angegeben im Backofen grillen und dann servieren.

VEGANER FLAMMKUCHEN

- Zubereitungszeit: 40 Minuten, plus etwa 50 Minuten Teiggehzeit
  Backzeit: etwa 10 Minuten pro Flammkuchen
- + Laktosefrei
- + Vegan

ZUTATEN FÜR 4 PORTIONEN

FÜR DEN HEFETEIG:

300 g Weizenmehl (Type 550)
10 g frische Hefe
170 ml Wasser
2 EL Speiseöl
1 TL Salz

FÜR DEN BELAG:

500 g Paprikaschoten
500 g Lauch
200 g Räuchertofu
3 EL Olivenöl
½ TL getr. Thymian
Salz
gem. Pfeffer
Paprikapulver, edelsüß
200 ml Hafercuisine („Hafersahne“)
½ Bund glatte Petersilie

PRO PORTION:

E: 16 g, F: 20 g, Kh: 63 g, kcal: 521

1. Für den Teig Mehl in eine Rührschüssel geben, in die Mitte eine Vertiefung eindrücken. Hefe hineinbröckeln, mit einem Drittel des Wassers und einem Teil des Mehls zu einem Brei verrühren. Den Brei zugedeckt etwa 10 Minuten stehen lassen.

2. Restliches Wasser, Öl und Salz zum Brei in die Schüssel geben. Die Zutaten mit dem Mixer (Knethaken) etwa 5 Minuten zu einem glatten Teig kneten. Den Teig zugedeckt so lange gehen lassen, bis sich das Volumen fast verdoppelt hat (etwa 40 Minuten).

3. Für den Belag inzwischen die Paprikaschoten vierteln, entstielen, entkernen und die weißen Scheidewände entfernen. Die Viertel abspülen und quer in Streifen schneiden. Lauch putzen, der Länge nach halbieren, abspülen und schräg in halbe Ringe schneiden. Tofu in kleine Würfel schneiden.

4. Das Öl erhitzen, Paprikastreifen darin kurz andünsten. Lauch und Thymian dazugeben und zugedeckt etwa 3 Minuten dünsten. Mit Salz, Pfeffer und Paprika würzen. Tofu unterheben. Abkühlen lassen. Die Masse in 4 Portionen teilen.

5. Den Backofen vorheizen.
Ober-/Unterhitze: etwa 220 °C
Heißluft: etwa 200 °C

6. Den Teig auf der bemehlten Arbeitsfläche vierteln. 3 Viertel zugedeckt in den Kühlschrank legen. Ein Viertel zu einem ovalen Fladen (etwa 40 x 28 cm) ausrollen und auf ein Backblech (mit Backpapier belegt) legen.

7. 50 ml der Hafercuisine auf dem Teig verstreichen und ein Viertel des Belages darauf verteilen. Das Backblech in den vorgeheizten Backofen schieben, den Flammkuchen **10–12 Minuten backen** (bei Heißluft zwei Flammkuchen auf einmal backen).

8. Den restlichen Teig und die restlichen Zutaten auf die gleiche Weise verarbeiten.

9. Die Petersilie abspülen, trocken tupfen, die Blätter abzupfen, grob hacken und auf die Flammkuchen streuen.

WELS MIT GURKENSALSA

Zubereitungszeit: 30 Minuten
Garzeit: 15–20 Minuten

ZUTATEN FÜR 4 PORTIONEN

FÜR DIE SALSA:

1 Salatgurke (500 g)
1 kleine rote Chilischote
30 g Korinthen
Salz
3 Frühlingszwiebeln (60 g)
½ Bund glatte Petersilie
1-2 TL Agavendicksaft

Für den Wels:
1 Bio-Zitrone (unbehandelt, ungewachst)
½ Bund glatte Petersilie
4 Stücke Welsfilet (je etwa 150 g, ohne Haut und Gräten)
Salz
8 Scheiben luftgetrockneter Schinken (etwa 120 g)
2 EL Olivenöl

PRO PORTION:

E: 33 g, F: 28 g, Kh: 11 g, kcal: 441

1. Für die Salsa Salatgurke abspülen und trocken tupfen. Gurke der Länge nach durchschneiden. Mit einem Löffel die Kerne aus den Gurkenhälften entfernen. Die Hälften in kleine Würfel schneiden. Die Chilischote aufschneiden, die Kerne entfernen, die Schote abspülen und fein hacken.

2. Die Korinthen in einem Sieb mit heißem Wasser abspülen und abtropfen lassen. Korinthen, gehackte Chili, Gurkenwürfel und 1 Messerspitze Salz in einer Schüssel verrühren und zugedeckt kühl stellen.

3. Den Backofen vorheizen.
Ober-/Unterhitze: etwa 180 °C
Heißluft: etwa 160 °C

4. Für den Wels die Zitrone heiß abwaschen und trocken tupfen, die Hälfte der Schale fein abreiben. Die Zitrone für die Salsa beiseite legen. Petersilie abspülen und trocken schütteln. Die Petersilienblätter abzupfen, fein hacken und mit der Zitronenschale mischen.

5. Die Welsfilets mit Küchenpapier trocken tupfen. Die Filetstücke rundherum mit Salz und Zitronen-Petersilien-Mischung einreiben. Jeweils zwei Scheiben Schinken leicht überlappend aneinanderlegen. Jeweils 1 Fischstück damit umwickeln und mit der offenen Schinkenseite nach unten auf ein Backblech (mit Backpapier belegt) legen.

6. Das Backblech in den vorgeheizten Backofen schieben. Die Welsfilets **15–20 Minuten garen.**

7. Inzwischen die Frühlingszwiebeln für die Salsa putzen, abspülen und in feine Ringe schneiden. Die Petersilie abspülen und trocken schütteln. Die Blätter fein hacken. Petersilie und Zwiebelringe zur Salsa geben. Die beiseite gelegte Zitrone halbieren und auspressen. Die Salsa mit Zitronensaft, Salz und Agavendicksaft abschmecken. Die Salsa zum Welsfilet servieren.

BEILAGE:

Baguette.

WILDGULASCH MIT WEISSBROTKRUSTE

Zubereitungszeit: 40 Minuten
Garzeit: etwa 20 Minuten

ZUTATEN FÜR 4 PORTIONEN

FÜR DAS GULASCH:

300 g Zwiebeln
1 Knoblauchzehe
500 g Rote Bete
2 TL Wacholderbeeren
750 g Wildgulasch (z. B. Hirsch, Reh oder Wildschwein)
Salz
gem. Pfeffer
1 Msp. gem. Gewürznelken
3 EL Olivenöl
1 EL Tomatenmark
300 ml Gemüsebrühe
2 Lorbeerblätter

FÜR DIE WEISSBROTKRUSTE:

250 g Weißbrot (vom Vortag)
1 Bund glatte Petersilie
250 ml Milch
2 Eier (Größe M)
50 g ger. Parmesan

ZUSÄTZLICH:

1 Auflaufform (etwa 34 x 25 cm)

PRO PORTION:

E: 57 g, F: 24 g, Kh: 48 g, kcal: 641

1. Für das Gulasch Zwiebeln und Knoblauch abziehen und in kleine Würfel schneiden. Rote Bete schälen, abspülen, halbieren und in sehr dünne Spalten schneiden.

2. Die Wacholderbeeren in einem Mörser zerdrücken. Das Fleisch mit Küchenpapier trocken tupfen, in eine Schüssel geben und mit Salz, Pfeffer, Wacholder und Nelken würzen.

3. Etwas Olivenöl in einer großen Pfanne erhitzen, ein Drittel der Fleischwürfel rundherum darin anbraten und in die Auflaufform geben. Restliches Fleisch im restlichen Öl anbraten. Bei der letzten Portion Fleisch zum Schluss Zwiebeln und Knoblauch mit anbraten. Das Tomatenmark dazugeben und kurz unterrühren.

4. Brühe und Lorbeerblätter dazugeben und kurz aufkochen. Das Ganze zum Fleisch in die Auflaufform geben. Die Zutaten in der Form mit Salz und Pfeffer würzen.

5. Den Backofen vorheizen.
Ober-/Unterhitze: etwa 180 °C
Heißluft: etwa 160 °C

6. Für die Kruste das Weißbrot in Würfel schneiden, auf ein mit Backpapier belegtes Backblech geben und während des Aufheizens für 5 Minuten in den Backofen schieben.

7. Inzwischen die Petersilie abspülen, trocken tupfen, die Blätter abzupfen und hacken. Milch mit den Eiern und den Kräutern verrühren. Die angetrockneten Weißbrotwürfel in eine Schüssel geben. die Kräutermilch auf die Brotwürfel geben und alle Zutaten vermengen. 5 Minuten durchziehen lassen.

8. Weißbrotwürfel auf das Gulasch geben, verteilen und mit Käse bestreuen. Die Form auf dem Rost in den vorgeheizten Backofen schieben. Das Gulasch **etwa 80 Minuten garen.**

BEILAGE:

Einen grünen Blattsalat oder ein Pilzgemüse aus gemischten Pilzen dazu servieren.

WILDSCHWEINROLLBRATEN

- Zubereitungszeit: 30 Minuten
  Garzeit: etwa 5 Stunden
- ▲ Mit Alkohol

ZUTATEN FÜR 8 PORTIONEN

1 Wildschweinkeule (ohne Knochen, etwa 1,6 kg)
2 Stangen Lauch
2 Zwiebeln
Salz
gem. Pfeffer
300 g Thüringer Mett (gewürztes Schweinemett)
4 EL Olivenöl
1 EL Tomatenmark
400 ml heiße Fleischbrühe
300 ml Rotwein
3 Salbeiblättchen
1 TL Rosmarinnadeln
1 TL gerebelter Zitronenthymian
1 EL Speisestärke
150 g Crème fraîche

ZUSÄTZLICH:

Küchengarn

PRO PORTION:

E: 48 g, F: 38 g, Kh: 5 g, kcal: 571

1. Den Backofen bei Ober/-Unterhitze auf 95 °C vorheizen.

2. Die Wildschweinkeule mit Küchenpapier trocken tupfen, evtl. enthäuten und entsehnen. Die Keule nach Belieben etwas aufschneiden, sodass eine größere Fläche für die Füllung entsteht.

3. Lauch putzen, Stangen längs halbieren, gründlich waschen und in größere Stücke schneiden. Zwiebeln abziehen und fein würfeln.

4. Die Keule mit Salz und Pfeffer würzen, mit Mett bestreichen und 2–3 Lauchstücke in die Mitte des Fleischstückes legen. Das Fleisch aufrollen und mit Küchengarn fest zusammenbinden.

5. Olivenöl in einem Bräter erhitzen. Den Rollbraten darin etwa 10 Minuten von allen Seiten anbraten. Zwiebelwürfel und restliche Lauchstücke hinzufügen, kurz mit anbraten, Tomatenmark unterrühren. Brühe, Rotwein, abgespülte, trocken getupfte Salbeiblättchen, Rosmarin und Thymian hinzugeben. Die Zutaten aufkochen lassen.

6. Den Bräter auf dem Rost in den vorgeheizten Backofen (unteres Drittel) schieben. Den Rollbraten **etwa 5 Stunden garen,** dabei 2–3-mal wenden.

7. Den gegarten Wildschweinrollbraten aus dem Bräter nehmen und warm stellen. Den Bratenfond zum Kochen bringen. Salbeiblättchen entfernen. Den Bratenfond pürieren. Speisestärke mit etwas kaltem Wasser anrühren, in die Sauce rühren und unter Rühren aufkochen lassen. Crème fraîche unterrühren. Die Sauce mit Salz und Pfeffer abschmecken.

8. Den Wildschweinrollbraten (Küchengarn entfernen) in Scheiben schneiden und mit der Sauce servieren.

TIPP:

Der Rotwein sollte eher trocken sein. Möchten Sie das Rezept ohne Rotwein zubereiten, können Sie ihn durch Fleischbrühe oder ungesüßten roten Traubensaft und zusätzlich 1 Esslöffel Zitronensaft ersetzen.

LECKER DAZU:

Herzoginkartoffeln oder Kroketten.

WINTERAUFLAUF MIT POLENTA-NOCKEN

- Zubereitungszeit: 45 Minuten
  Garzeit: 25–35 Minuten
- Glutenfrei
- Vegetarisch

ZUTATEN FÜR 4 PORTIONEN

500 g Rosenkohl
1 TL Salz
150 g Staudensellerie
200 g Pastinaken
250 g Möhren
200 g Schlagsahne
500 ml Gemüsebrühe
gem. Pfeffer
ger. Muskatnuss
150 ml Milch (3,5 % Fett)
3 Eier (Größe M)
140 g Polenta (feiner Maisgrieß)
2–3 Stängel Salbei
200 g Ziegengouda mit Chili (Sambal) oder ein anderer Schnittkäse mit Chili

ZUSÄTZLICH:

1 große Auflaufform

PRO PORTION:

E: 27 g, F: 40 g, Kh: 42 g, kcal: 645

1. Den Rosenkohl putzen und etwas von dem Strunk abscheiden. Die Rosenkohlröschen am Strunk kreuzförmig einschneiden, abspülen und abtropfen lassen. Wasser in einem Topf zum Kochen bringen. Rosenkohl und Salz hinzugeben, zum Kochen bringen. Rosenkohl bei schwacher Hitze etwa 8 Minuten zugedeckt garen. Dann den Rosenkohl auf einem Sieb abtropfen lassen und evtl. halbieren.

2. Inzwischen den Staudensellerie putzen, abspülen, abtropfen lassen und in feine Scheiben schneiden. Die Pastinaken und Möhren putzen, schälen, abspülen, abtropfen lassen und in Scheiben schneiden.

3. Sahne mit Brühe in einen Topf gießen und aufkochen. Sellerie- und Möhrenscheiben darin zugedeckt bei schwacher Hitze etwa 6 Minuten garen. Dann die Pastinakenscheiben zugeben und alles weitere etwa 4 Minuten garen.

4. Das Gemüse mit einem Schaumlöffel aus dem Topf nehmen und in einer großen Auflaufform (gefettet) verteilen. Gemüsekochflüssigkeit beiseitestellen. Den Rosenkohl ebenfalls in die Form geben. Das Gemüse mit Salz, Pfeffer und Muskat würzen.

5. Den Backofen vorheizen.
Ober-/Unterhitze: etwa 200 °C
Heißluft: etwa 180 °C

6. Die Milch mit den Eiern verschlagen, mit Salz, Pfeffer und Muskat würzen und über das Gemüse gießen. Die Form auf dem Rost in den vorgeheizten Backofen schieben und das Ganze **15–20 Minuten garen.**

7. Inzwischen die beiseitegestellte Gemüsekochflüssigkeit aufkochen. Polenta unter Rühren einstreuen. Den Topf von der Kochstelle nehmen. Die Polenta zugedeckt etwa 5 Minuten ausquellen lassen, mit Salz und Pfeffer abschmecken.

8. Salbei abspülen, trocken tupfen und die Blättchen von den Stängeln zupfen. Die Blättchen in Streifen schneiden und unter die Polenta rühren.

9. Die Form aus dem Backofen nehmen und auf einen Rost stellen. Polenta in kleinen Nocken auf dem Gemüse verteilen. Ziegengouda in Scheiben schneiden und auf dem Auflauf verteilen.

10. Die Form wieder auf dem Rost in den Backofen schieben. Den Auflauf bei **gleicher Backofeneinstellung weitere 10–15 Minuten garen.**

TIPP:

Bei Ihnen in der Familie gibt es jemanden, der eine bestimmte Gemüsesorte nicht so gut verträgt oder gar nicht mag? Dann schichten Sie die Gemüsesorten am besten getrennt in die Form. Auch Brokkoli, Blumenkohl, Fenchel, Kohlrabi oder Porree schmecken in diesem Auflauf. Wenn Ihre Familie den Geschmack von Ziegenkäse nicht schätzt, verwenden Sie einfach einen mittelalten Gouda oder einen milden Bergkäse.

WINTERLICHES KIBA-QUARK-GRATIN

- Zubereitungszeit: 20 Minuten, ohne Ziehzeit
  Backzeit: etwa 25 Minuten
- \+ Glutenfrei
- \+ Vegetarisch

ZUTATEN FÜR 4 PORTIONEN

FÜR DAS KIRSCHKOMPOTT:

350–370 g abgetropfte Sauerkirschen (aus dem Glas)
Saft von den Kirschen (aus dem Glas)
1–2 EL brauner Zucker
1 Btl. Punsch- oder Glühwein-Gewürz
1 ½ EL Speisestärke (25 g)

FÜR DIE BANANEN-HIRSE-CREME:

200 g Bananen-Fruchtfleisch (vorbereitet gewogen, von 2–3 Bananen)
3 EL Zitronensaft
½ TL Geriebene Zitronenschale
200 g Magerquark
3 EL brauner Zucker
60 g Hirseflocken
2 Eiweiß (Größe S)
1 Prise Salz
2 Eigelb (Größe S)

ZUSÄTZLICH:

4 kleine Auflaufförmchen (je etwa 300 ml Inhalt)

PRO PORTION:

E: 13 g, F: 5 g, Kh: 70 g, kcal: 392

1. Für das Kirschkompott die Kirschen in ein Sieb geben, abtropfen lassen, den Saft auffangen und 4 Esslöffel davon abnehmen. Den restlichen Saft mit Zucker und Gewürz in einen Topf geben, erwärmen und etwa 5 Minuten ziehen lassen.

2. Speisestärke mit den 4 Esslöffeln Kirschsaft glatt rühren. Den Gewürzbeutel aus dem Saft entfernen. Den gewürzten Saft zum Kochen bringen. Die angerührte Speisestärke in den von der Kochstelle genommen Saft rühren, dann unter Rühren nochmals aufkochen und kurz köcheln lassen. Die Kirschen unterrühren und den Topf von der Kochstelle nehmen.

3. Für die Bananen-Hirse-Creme Bananen-Fruchtfleisch mit Zitronensaft, -schale und Magerquark in einen hohen Rührbecher geben. Die Zutaten mit einem Pürierstab gründlich durchmixen, bis eine glatte Creme entstanden ist. 1 ½ Esslöffel von dem Zucker mit den Hirseflocken unterrühren. Die Bananen-Hirse-Creme etwa 5 Minuten quellen lassen.

4. In der Zwischenzeit den Backofen vorheizen.
Ober-/Unterhitze: etwa 180 °C
Heißluft: etwa 160 °C.

5. Das Kirschkompott gleichmäßig in den Auflaufförmchen verteilen. Eiweiß und Salz mit einem Mixer (Rührstäbe) auf höchster Stufe sehr steif schlagen. Eigelb mit dem Mixer (Rührstäbe) auf niedrigster Stufe unter die Bananen-Hirse-Creme rühren. Den Eischnee vorsichtig unterziehen.

6. Die Bananen-Hirse-Creme gleichmäßig auf dem Kompott in den Förmchen verteilen, mit dem restlichen Zucker bestreuen. Die Förmchen auf dem Rost in den vorgeheizten Backofen schieben. Die Gratins **etwa 25 Minuten backen**.

7. Die Förmchen auf einen Kuchenrost stellen. Die Gratins etwas abkühlen lassen und lauwarm servieren.

WIRSINGLASAGNE MIT ZWIEBEL-NUSS-KRUSTE

Zubereitungszeit: 45 Minuten
Garzeit: 25–30 Minuten
+ Vegan

ZUTATEN FÜR 4 PORTIONEN

FÜR DIE LASAGNE:

1 kg junger Wirsing
70 g getrocknete Tomaten, in Öl eingelegt

FÜR DIE SAUCE:

100 ml vegane Gemüsebrühe
500 ml Sojamilch (Soja-Drink oder z. B. Mandel- oder Reis-Drink)
200 ml Soja-Kochcreme
1 Schalotte
45 g vegane Margarine
2 TL Tomatenmark
40 g Weizenmehl
Salz, gem. Pfeffer
ger. Muskatnuss
9 vegane Lasagneplatten (ohne Vorkochen, etwa 165 g)

FÜR DIE KRUSTE:

25 g kernige Haferflocken
30 g Haselnusskerne
2 mittelgroße Zwiebeln
40 g vegane Margarine

ZUSÄTZLICH:

1 große rechteckige Auflaufform

PRO PORTION:

E: 21 g, F: 41 g, Kh: 57 g, kcal: 687

1. Für die Lasagne Wirsing putzen, evtl. äußere, welke Blätter entfernen. Den Kohl vierteln, abspülen, abtropfen lassen und jeweils den Strunk herausschneiden. Kohl in feine Streifen schneiden. Tomaten abtropfen lassen, dabei das Öl auffangen und 2 Esslöffel abmessen. Tomaten in feine Streifen schneiden.

2. Das Tomatenöl in einer großen Pfanne erhitzen. Die Wirsingstreifen evtl. in 2 Portionen hinzugeben, mit Salz und Pfeffer würzen und unter Rühren etwa 3 Minuten andünsten. Tomatenstreifen hinzugeben und unterrühren.

3. Für die Sauce die Brühe, Sojamilch und Soja-Kochcreme verrühren. 150 ml der Brühemischung abmessen und zum Wirsing in die Pfanne geben. Das Ganze 8–10 Minuten zugedeckt dünsten, bis der Wirsing um etwa die Hälfte zusammengefallen ist, dabei gelegentlich umrühren.

4. Die Schalotte abziehen, fein würfeln. Margarine in einem Topf zerlassen. Schalottenwürfel darin unter Rühren glasig andünsten. Tomatenmark unterrühren. Mehl daraufstäuben, unterrühren. Restliche Brühemischung hinzugießen, mit einem Schneebesen durchschlagen, dabei darauf achten, dass keine Klümpchen entstehen. Sauce aufkochen, etwa 3 Minuten köcheln lassen, mit Salz, Pfeffer und Muskat würzen.

5. Den Backofen vorheizen.
Ober-/Unterhitze: etwa 180 °C
Heißluft: etwa 160 °C

6. Den Boden einer großen, rechteckigen Auflaufform dünn mit einer Schicht Sauce bestreichen, darauf eine Schicht Lasagneplatten legen. Darauf etwa die Hälfte vom Wirsinggemüse verteilen. Darauf nacheinander wieder Sauce, Lasagneplatten und Wirsing so einschichten, dass die oberste Lasagneschicht mit Sauce bedeckt ist.

7. Für die Kruste Haferflocken und Nüsse in einer Pfanne ohne Fett rösten, bis sie zu duften beginnen. Die Haferflocken-Nuss-Mischung auf einen Teller geben.

8. Zwiebeln abziehen und in feine Scheiben schneiden, dann in Ringe teilen. Margarine in der Pfanne zerlassen. Die Zwiebelringe darin glasig dünsten. Haferflocken-Nuss-Mischung hinzugeben und unterrühren. Die Mischung auf der Lasagne verteilen.

9. Die Form auf dem Rost in den vorgeheizten Backofen schieben. Die Wirsinglasagne **25–30 Minuten garen.**

TIPPS:

Die Lasagne schmeckt auch mit feinem Spitzkohl oder Pak Choi ganz köstlich.
Beachten Sie bitte die Garzeiten der Lasagneplatten. Je nach Hersteller unterscheiden sich die Zubereitungszeiten der vorgegarten Lasagneplatten um bis zu 10 Minuten.

WURZEL-KARTOFFEL-AUFLAUF

Zubereitungszeit: 30 Minuten
Garzeit: 60–70 Minuten
+ Vegan

ZUTATEN FÜR 4 PORTIONEN

100 g Zwiebeln
3 EL Sonnenblumenöl
175 g Möhren
175 g Rote Bete
500 g Knollensellerie
750 g vorwiegend festkochende Kartoffeln
125 g veganer Kochschinken
500 ml Sojasahne
½ EL Kümmelsamen
½ EL getrockneter Majoran
Salz
gemahlener Pfeffer
geriebene Muskatnuss

50 g veganer Pizza-Schmelzkäse
½ Bund Schnittlauch
35 g Meerrettichwurzel

PRO PORTION:

E: 18 g, F: 36 g, Kh: 41 g, kcal: 573

1. Die Zwiebeln abziehen und fein würfeln. Das Sonnenblumenöl in einer Pfanne erhitzen. Die Zwiebelwürfel unter Rühren goldbraun anbraten.

2. Möhren und Rote Bete putzen. Möhren, Rote Bete, Sellerie und Kartoffeln schälen, abspülen, abtropfen lassen und in feine Scheiben hobeln.

3. Veganen Kochschinken fein würfeln. Die Zwiebelwürfel mit den gehobelten Gemüsescheiben, den veganen Schinkenwürfeln, der Sojasahne, dem Kümmel und dem Majoran mischen, mit Salz, Pfeffer und Muskatnuss würzen.

4. Den Backofen vorheizen.
Ober-/Unterhitze: etwa 180 °C
Heißluft: etwa 160 °C

5. Die Auflaufmischung in einer großen Auflaufform (gefettet) verteilen. Die Form auf dem Rost im unteren Drittel in den vorgeheizten Backofen schieben. Den Auflauf **etwa 35 Minuten garen.**

6. Dann Pizza-Schmelzkäse auf den Auflauf streuen. Den Auflauf **weitere 25–35 Minuten garen.**

7. Inzwischen Schnittlauch abspülen, trocken tupfen und in Röllchen schneiden. Den Meerrettich putzen, schälen und kurz vor dem Servieren fein reiben.

8. Den Auflauf mit Schnittlauchröllchen und Meerrettich bestreut servieren.

TIPPS:

Probieren Sie den Auflauf statt mit veganem Kochschinken doch einmal mit veganem Kasseler. Wenn Sie keine Rote Bete mögen, können Sie auch andere Wurzeln, z. B. Pastinaken, Petersilienwurzeln, verwenden oder die Rote Bete durch Steckrüben oder Kürbis ersetzen.

ZUCCHINI-LAUCH-TARTE

- Zubereitungszeit: 50 Minuten, ohne Abkühlzeit
  Backzeit: 35–40 Minuten
- + Vegetarisch

ZUTATEN FÜR 12 STÜCKE

100 g Lauch
450 g Zucchini
100 ml Olivenöl
2 EL Senfkörner
gem. Pfeffer
120 g Weizenmehl (Type 550)
30 g Hartweizengrieß
3 gestr. TL Backpulver
1 gestr. TL Salz
50 g Buttermilch
2 Eier (Größe M)
70 g ger. alter Gouda

ZUSÄTZLICH:

1 Tarteform (Ø 28 cm)
Fett für die Form
2 EL Semmelbrösel

PRO STÜCK:

E: 5 g, F: 11 g, Kh: 11 g, kcal: 169

1. Lauch putzen, der Länge nach halbieren, gründlich waschen und quer in etwa 1 cm breite Streifen schneiden. Zucchini abspülen, abtrocknen und die Enden abschneiden. Zucchini zuerst der Länge nach in etwa ½ cm dicke Scheiben, dann quer in dünne Streifen schneiden.

2. Zwei Esslöffel Olivenöl in einem kleinen Topf erhitzen. Lauchstreifen darin zugedeckt etwa 3 Minuten dünsten. Zucchinistreifen und Senfkörner hinzufügen und kurz miterhitzen. Den Topf von der Kochstelle nehmen. Die Masse lauwarm abkühlen lassen, dann mit Pfeffer würzen.

3. Den Backofen vorheizen.
Ober-/Unterhitze: etwa 180 °C
Heißluft: etwa 160 °C

4. Mehl, Grieß, Backpulver und Salz in einer Rührschüssel mischen. Buttermilch, Eier und restliches Olivenöl hinzugeben und mit einem Mixer (Rührstäbe) unterrühren. Jeweils drei Viertel der Gemüsemasse und des geriebenen Käses unter den Teig rühren.

5. Teig in die Tarteform (gefettet, mit Semmelbröseln ausgestreut) füllen und glatt streichen. Restliches Gemüse darauf verteilen und mit restlichem Käse bestreuen. Die Form auf dem Rost in den vorgeheizten Backofen schieben. Die Tarte **35–40 Minuten backen.**

6. Die Form auf einen Kuchenrost stellen. Die Tarte lauwarm oder kalt servieren.

BEILAGE:

Grüner Blattsalat.

VARIATIONEN:

Verwenden Sie statt des Lauchs 100 g Frühlingszwiebeln. Ersetzen Sie den alten Gouda durch geraspelten Greyerzerkäse. Würzen Sie statt mit Senfkörnern mit 1 Teelöffel gerebeltem Thymian.

ZUCCHINI MIT AMARANTH, MANDELN UND MOZZARELLA GEFÜLLT

Zubereitungszeit: 70 Minuten
Garzeit: etwa 20 Minuten
+ Vegetarisch

ZUTATEN FÜR 4 PORTIONEN

1 l Gemüsebrühe
200 g Amaranth
4 mittelgroße Zucchini (etwa 800 g)
1 rote Zwiebel
1 Knoblauchzehe
je 1 rote und gelbe Paprikaschote
2 große Tomaten
1 Topf Basilikum
250 g abgetropfter Mozzarella
3 EL Olivenöl
Salz, gem. Pfeffer
50 g gehobelte Mandeln
8 Stängel Zitronenthymian

PRO PORTION:

E: 26 g, F: 40 g, Kh: 45 g, kcal: 643

1. Brühe mit Amaranth in einem Topf zum Kochen bringen und zugedeckt etwa 30 Minuten bei schwacher Hitze garen.

2. In der Zwischenzeit Zucchini abspülen, abtrocknen und die Enden abschneiden. Zucchini der Länge nach halbieren. Zucchinihälften mit einem Löffel so aushöhlen, dass ein Rand stehen bleibt.

3. Zwiebel und Knoblauch abziehen, klein würfeln. Paprikaschoten halbieren, entstielen, entkernen und die weißen Scheidewände entfernen. Schoten abspülen, abtropfen lassen, klein würfeln.

4. Die Tomaten abspülen, trocken tupfen, vierteln und die Stängelansätze herausschneiden. Tomatenviertel ebenfalls klein würfeln. Basilikum abspülen und trocken tupfen. Die Blättchen von den Stängeln zupfen. Blättchen grob zerschneiden. Mozzarella klein würfeln.

5. Den Backofen vorheizen.
Ober-/Unterhitze: etwa 180 °C
Heißluft: etwa 160 °C

6. Olivenöl in einem Topf erhitzen. Die Zwiebel- und Knoblauchwürfel darin andünsten. Paprika-, Tomatenwürfel und Basilikum hinzufügen. Den Topf von der Kochstelle nehmen. Gemüse mit Salz und Pfeffer würzen. Amaranth in ein feines Sieb geben, dabei die Brühe auffangen. Amaranth mit den Gemüsewürfeln, den Mandeln und den Mozzarellawürfeln vermischen.

7. Die Gemüse-Mozzarella-Masse in den Zucchinihälften verteilen und in eine Gratinform (gefettet) setzen. Zucchinihälften mit der aufgefangenen Brühe umgießen. Thymian abspülen und trocken tupfen. Die gefüllten Zucchini mit je 1 Stängel Zitronenthymian belegen.

8. Die Form auf dem Rost in den vorgeheizten Backofen schieben. Die gefüllten Zucchini **etwa 20 Minuten garen.**

ZUCCHINIPIZZA

Zubereitungszeit: 1 Stunde
Ruhe-/Teiggehzeit: etwa 55 Minuten
Backzeit: 12–14 Minuten je Backblech
+ Vegetarisch

ZUTATEN FÜR 12 PORTIONEN

FÜR DEN TEIG:

20 g frische Hefe
40 ml lauwarmes Wasser
2 TL Zucker
800 g Weizenmehl (Type 550)
400 ml lauwarmes Wasser
2 TL Salz
4 EL Olivenöl

je 2 grüne und gelbe Zucchini (etwa 800 g)
2 rote Zwiebeln (etwa 200 g)
500 ml passierte Tomaten
Salz, gem. Pfeffer
50 g abgetropfte kleine Kapern
300 g abgetropfte, entsteinte schwarze Oliven
100 g grob geriebener Pecorino

PRO PORTION:

E: 12 g, F: 13 g, Kh: 54 g, kcal: 387

1. Für den Teig die Hefe zerbröckeln und in dem lauwarmen Wasser auflösen, Zucker unterrühren. Vier Esslöffel vom Weizenmehl unterrühren und das Ganze etwa 10 Minuten ruhen lassen, bis sich Blasen bilden.

2. Restliches Mehl in die Rührschüssel einer Küchenmaschine geben. Wasser, Salz, Olivenöl und den Hefeansatz dazugeben. Die Zutaten mit einer Küchenmaschine (Knethaken) zunächst auf niedrigster, dann auf höchster Stufe in etwa 5 Minuten zu einem glatten Teig verarbeiten. Den Teig zugedeckt so lange an einem warmen Ort gehen lassen, bis er sich sichtbar vergrößert hat, etwa 45 Minuten.

3. Zucchini abspülen, abtrocknen und die Enden abschneiden. Zucchini in etwa 3 mm dicke Scheiben schneiden. Die Zwiebeln abziehen und in dünne Spalten schneiden.

4. Den Hefeteig halbieren und jeweils auf der mit Mehl bestäubten Arbeitsfläche in Backblechgröße ausrollen. 2 Backbleche (je 30 x 40 cm, gefettet) mit dem Teig auslegen.

5. Den Backofen vorheizen.
Ober-/Unterhitze: etwa 220 °C
Heißluft: etwa 200 °C

6. Die passierten Tomaten dünn auf den Teigen verstreichen. Zucchini und Zwiebeln darauf verteilen, mit Salz und Pfeffer würzen. Kapern und Oliven darauf verteilen. Käse daraufstreuen. Die Backbleche nacheinander (bei Heißluft zusammen) in den vorgeheizten Backofen schieben. Die Pizzen **12–14 Minuten je Backblech backen.**

TIPPS:

Nach dem Backen die Pizzen mit etwas Olivenöl beträufeln und mit Basilikumblättchen bestreuen.

ZWIEBELN MIT BULGUR, HASELNÜSSEN UND PORTULAK GEFÜLLT

Zubereitungszeit: 60 Minuten, ohne Quellzeit
Garzeit: etwa 30 Minuten
+ Vegetarisch

ZUTATEN FÜR 4 PORTIONEN

6 milde, weiße Zwiebeln (je etwa 150 g)
50 g Bulgur
2 große Tomaten
½ Bund Petersilie
2 EL Rosinen
2 EL gehobelte Haselnusskerne
Salz
gem. Pfeffer
etwas Zitronensaft
2 EL Butter für die Form
200 ml Gemüsebrühe

200 g Portulak
200 g Cocktailtomaten
1 EL Himbeeressig
flüssiger Honig
1 EL Walnussöl
2 EL Sonnenblumenöl

PRO PORTION:

E: 7 g, F: 22 g, Kh: 28 g, kcal: 1428

1. Zwiebeln abziehen. In kochendem Salzwasser etwa 15 Minuten vorgaren. Vorsichtig mit einer Schaumkelle herausnehmen, in ein Sieb geben, kalt abspülen und abtropfen lassen. Zwiebeln waagerecht halbieren und mit einem Ausstecher aushöhlen, dabei einen Rand stehen lassen. Beiseite stellen. Das Zwiebelfleisch klein schneiden.

2. Bulgur mit kochendem Wasser übergießen und etwa 10 Minuten quellen lassen. Anschließend Bulgur in einem Sieb abtropfen lassen.

3. Den Backofen vorheizen.
Ober-/Unterhitze: etwa 180 °C
Heißluft: etwa 160 °C

4. Die Tomaten abspülen, abtropfen lassen, halbieren und die Stängelansätze herausschneiden. Tomatenhälften klein würfeln. Petersilie abspülen, trocken tupfen und die Blättchen von den Stängeln zupfen, Blättchen in Streifen schneiden. Bulgur mit dem klein geschnittenen Zwiebelfleisch, Tomatenwürfeln, Petersilienstreifen, Rosinen und Haselnusskernen vermischen. Mit Salz, Pfeffer und etwas Zitronensaft würzen. Die Bulgurmasse in den ausgehöhlten Zwiebelhälften verteilen.

5. Die gefüllten Zwiebeln in eine ofenfeste Form (mit Butter gefettet) setzen, Brühe hinzugießen. Die Form auf dem Rost in den vorgeheizten Backofen schieben. Gefüllte Zwiebeln **etwa 30 Minuten garen.**

6. In der Zwischenzeit Portulak putzen, abspülen, trocken tupfen. Die Tomaten abspülen, trocken tupfen, halbieren und die Stängelansätze herausschneiden. Himbeeressig mit Honig verrühren. Walnuss- und Sonnenblumenöl unterschlagen. Mit Salz und Pfeffer würzen. Portulak mit den Tomatenhälften und dem Dressing vermischen. Die gefüllten Zwiebeln mit dem Salat servieren.

BEILAGE:

Ofenfrisches Baguette.

ZWIEBELPIZZEN

Zubereitungszeit: 40 Minuten
Teiggeh-/Ruhezeit: 40–45 Minuten
Backzeit: etwa 25 Minuten je Backblech
+ Vegetarisch

ZUTATEN FÜR 4 PORTIONEN

FÜR DEN TEIG:

250 g Vollkorn-Weizenmehl
21 g frische Hefe
150 ml lauwarmes Wasser
2 EL Speiseöl
1 TL gerebelter Thymian, Salz

FÜR DEN BELAG:

je 150 g rote und weiße Zwiebeln
350 g schnittfeste Tomaten
1 TL Speiseöl
gerebelter Rosmarin, Oregano, Thymian
gem. Pfeffer
½ TL Zucker
100 g geraspelter Emmentaler

PRO STÜCK:

E: 17 g, F: 15 g, Kh: 49 g, kcal: 407

1. Für den Teig Mehl in eine Rührschüssel geben und in die Mitte eine Vertiefung eindrücken. Die Hefe hineinbröckeln. 50 ml Wasser hinzufügen und mit einer Gabel mit etwas Mehl zu einem Brei verrühren, 10–15 Minuten gehen lassen.

2. Restliches Wasser (100 ml), Speiseöl, Thymian und ½ Teelöffel Salz hinzufügen. Die Zutaten mit einem Mixer (Knethaken) zunächst kurz auf niedrigster, dann auf höchster Stufe in etwa 5 Minuten zu einem glatten Teig verarbeiten. Den Teig mit Mehl bestäuben und zugedeckt so lange an einem warmen Ort gehen lassen, bis er sich sichtbar vergrößert hat (etwa 30 Minuten).

3. Für den Belag Zwiebeln abziehen, zuerst in Scheiben schneiden, dann in Ringe teilen. Tomaten kreuzweise einschneiden und mit kochendem Wasser übergießen. Nach 1–2 Minuten herausnehmen und mit kaltem Wasser abschrecken. Tomaten häuten, halbieren und die Stängelansätze herausschneiden. Tomaten in Scheiben schneiden.

4. Den Backofen vorheizen.
Ober-/Unterhitze: etwa 200 °C
Heißluft: etwa 180 °C

5. Den gegangenen Teig leicht mit Mehl bestäuben, aus der Schüssel nehmen, auf der bemehlten Arbeitsfläche nochmals gut durchkneten und in 4 Portionen teilen. Portionen mit bemehlten Händen jeweils zu runden Fladen (Ø etwa 22 cm) formen und auf zwei Backbleche (mit Backpapier belegt) legen. Die Teigränder mit Speiseöl bestreichen (sie werden dann knuspriger). Die Fladen mit Tomatenscheiben belegen und mit Kräutern und Pfeffer bestreuen. Zwiebelringe darauf verteilen und mit Zucker bestreuen.

6. Backbleche nacheinander (bei Heißluft zusammen) in den vorgeheizten Backofen schieben. Zwiebelpizzen **etwa 20 Minuten je Backblech backen.** Zwiebelpizzen mit Käseraspeln bestreuen und bei gleicher Backofentemperatur **etwa 5 Minuten überbacken,** bis der Käse zerlaufen ist.

REGISTER

OFENGERICHTE MIT FISCH UND MEERESFRÜCHTEN

OFENGERICHTE MIT FLEISCH, WURST UND SCHINKEN

OFENGERICHTE MIT GETREIDEPRODUKTEN (REIS, BULGUR, COUSCOUS, GRIESS, POLENTA)

OFENGERICHTE MIT HÜLSENFRÜCHTEN

OFENGERICHTE MIT KARTOFFELN

OFENGERICHTE MIT NUDELN

OFENGERICHTE MIT TEIG

SÜSSE MAHLZEITEN

VEGANE OFENGERICHTE

VEGETARISCHE OFENGERICHTE

Für Fragen, Vorschläge oder Anregungen steht Ihnen der Verbraucherservice der Dr. Oetker Versuchsküche
Telefon: 00800 71 72 73 74
Mo.–Fr. 8:00–18:00 Uhr, Sa. 9:00–15:00 Uhr (gebührenfrei in Deutschland) zur Verfügung.

Kaiserstraße 14b
D-80801 München

ISBN: 978-3-7670-1704-7
2. Auflage 2017

Projektleitung: Carola Reich
Redaktion: Annette Riesenberg

Rezeptentwicklung und -beratung:
Anke Rabeler, Berlin
Nährwertberechnungen: Nutri Service, Hennef, Angelika Ilies, Langen

Foodfotografie:
Walter Cimbal, Hamburg (S. 177)
Fotostudio Diercks (Thomas Diercks, Kai Boxhammer, Christiane Krüger, Hamburg (S. 7, 9, 11, 12, 15, 16, 17, 18, 19, 28, 29, 30, 32, 33, 34, 36, 38, 41, 43, 45, 53, 55, 58, 62, 65, 67, 68, 69, 70, 73, 74, 76, 80, 83, 85, 89, 93, 95, 96, 103, 112, 115, 117, 118, 122, 125, 129, 130, 134, 135, 136, 142, 145, 146, 149, 151, 152, 155, 160, 161, 165, 166, 168, 171, 172, 176, 179, 182, 186, 188, 191, 192, 195, 206, 208, 210)
Eising Studio Food Photo & Video, München (S. 6, 21, 27, 35, 71, 77, 79, 90, 101, 109, 113, 121, 170, 183, 209, 211)
Janne Peters, Hamburg, (S. 5, 23, 24, 25, 37, 42, 46, 47, 49, 50, 52, 61, 81, 86, 87, 89, 91, 99, 105, 106, 110, 111, 126, 127, 139, 141, 156, 167, 175, 185, 189, 199, 203, 204)
Antje Plewinski, Berlin (S. 78, 97, 100, 169, 178, 181, 184, 200)
Hans-Joachim Schmidt, Hamburg: (S. 150, 162, 163)
Axel Struwe, Bielefeld (S. 14, 57, 114, 132, 133, 157, 159, 196)

Grafische Gestaltung: seidldesign, Stuttgart
Lithografie: Jan Russok
Herstellung: Büro 18, Friedberg / Bayern

Druck und Bindung:
Optimal media GmbH, Röbel

Die Bücher und E-Books unter der Marke Dr. Oetker Verlag erscheinen als Lizenz in der ZS Verlag GmbH.
www.oetker-verlag.de
www.facebook.de/Dr.OetkerVerlag
Die ZS Verlag GmbH ist ein Unternehmen der Edel AG, Hamburg.
www.zsverlag.de
www.facebook.de/zs-verlag